“绿典之路”丛书编委会

中国环境法典研究文丛

域外环境法典编纂的实践与启示

主　编　刘洪岩

撰稿人　［俄］阿·谢·施拉博科夫（A.C. Широбоков）
李　钧　李　铮　刘洪岩
马　鑫　施　珵　田时雨
王建学　岳小花　张燕雪丹
张忠利　竺　效

法律出版社
LAW PRESS · CHINA
北京

感谢阿里巴巴公益基金会为“中国环境法典研究文丛”提供的大力支持!

标示“绿典”之路（代总序）

对法律人而言，“法典”似乎是一个不可抵挡的诱惑。在我的阅读范围内，什么是法典，没有答案；但我知道，法典化是学术与实践紧密结合的过程，法学理论是法典的基础，法典是法学理论的规范性表达，没有法学和法学家，就没有法典！正因为有法学和法学家的存在，世界上从来不缺少推动法典化的力量，也未消失过反对的声音。不可否认，法典化运动是近代以来一个普遍的法律现象，在法典的制定上，法学家发挥着不可替代的作用。

十二表法是法典，抑或民法大全是法典？真的很难回答。在最宽泛的意义上，法典是一种成文的法律作品，主要是对某一法律领域最根本的原则和基础性的规范作出规定。法典是整体的、系统的，不是单一的法律，也不是对多部法律的简单汇编；法典是科学系统编纂的成果，是对法学和法律的提炼和结合，需要由法学家和法律家共同参与才能完成。法典化作为一种理想的立法模式和方法，各类法律不断地完善、补充以及体系化，最终都是以制定法典作为目标的。

即便如此，环境法人对环境法典依然有太多的疑问。从形式上看，大陆法系的一些国家制定了环境法典，更多国家没有环境法典；有的国家环境法律冠有“法典”之名，但学者们却认为其不是一部法典；有的国家环境法典连续多达数本，有的国家环境法典只有可怜的几十条。从内容上看，不同国家的环境法典更是千差万别，与具有基本相同体例的各国民法典相比，简直是“冰火两重天”。从法典化的过程看，有的国家经过三十多年的争论，多次启动环境法典制定，始终不得其果；有的国家几乎还没有开始环境保护，就在国外专家的帮助下，出台了环境法典;还有的国家环境法典已经制定完成,却因为种种原因不能或者不敢颁行……到底什么时候需要环境法典?环境法典是社会变革的必然结果吗?特定的个人或政治家对环境法典有怎样的作用?应如何认识环境法典与环境法学的关系?剪不断、理还乱,直叫人爱也法典,恨也法典!

在中国,环境法典同样是环境法人的不变“初心”,也始终走在坎坷崎岖的道路上。20世纪70年代,中国环境保护立法起步之始,就设定了法典化目标。1979年,在时任城乡建设环境保护部部长李伯超代表国务院向全国人大常委会所作的《关于〈中华人民共和国环境保护法(草案)〉的说明》中,就明确指出这部法律主要是规定国家在环境保护方面的基本方针和基本政策,应成为环境保护领域的基本法。虽然这部法律因种种原因以《中华人民共和国环境保护法(试行)》的方式颁布,但以基本法为龙头、单行法为骨干的环境立法体系一直延续至今,“体系化”这个法典的核心要素始终存在。在环境法理论研究中,法典化是一个永恒的课题,三十多年的中国环境法发展史上,不断有学者推出有价值的环境法典研究成果。2011年年底,全国人大常委会讨论启动《环境保护法》的修订时,将修订后的《环境保护法》作为环境法典总则加以考虑并为进行环境法典编纂奠定基础的建议再次提出,遗憾的是没有得到采纳。2014年,十二届全国人大常委会第八次会议审议通过的《环境保护法修订案》只是进一步明确了其在环境保护领域的综合法定位。在学者们看来,这是《环境保护法》地位的提升,但由此带来的立法实践“困扰”日显,随着《大气污染防治法》《海洋环境保护法》《水污染防治法》等环境保护单行法修订工作的展开,如何处理与《环境保护法》的关系,成为一个现实的问题。或者高度重复立法或者法律支离破碎的困境,使立法者开始关注并思考环境法典编纂的必要性及可行性;人大代表、政协委员关于环境法典编纂的议案、建议逐渐增多,将编纂环境法典纳入十三届全国人大常委会立法计划的呼声也日益高涨。

不得不承认,我们这一辈环境法人赶上了好时代!过去四十年经济社会高速发展所积累的生态环境问题成为制约中国未来的“瓶颈”

达至社会共识,用法治手段推进生态文明建设、打赢污染防治攻坚战的举措彰显坚定的政治意志,中国自己的立法、执法、司法经验和理论成果奠定了环境法体系化、整体化的基础。种种现象表明,展开法典化研究和推进环境法典编纂的一些必要条件已经具备;但是,这些客观现实均不能构成中国必须编纂环境法典的充分理由。中国是否需要环境法典,是否存在环境法典的替代方案?如果我们认为中国应该有环境法典,也必须回答中国需要怎样的环境法典、如何构建适应环境法典需求的环境法知识体系、如何在现有环境立法与资源立法的基础上进行建构、如何处理环境法典与民法典等传统法典的关系……别有滋味在心头,真让人喜也法典,忧也法典!

一个时代的学者有一个时代的使命,回答环境法典编纂的基本理论问题,是今天的中国环境法学者必须直面的时代课题。这需要学者们有时不我待的担当和舍我其谁的勇气,以严肃的学术态度、坚毅的学术精神、科学的学术方法、理性的学术论证,提出能够让立法决策者接受、让社会接受的成果。至于最后的结论,无论是圆梦环境法典还是梦碎环境法典,都具有同等的非凡价值。我们要做的,仅仅是忠实记录所走过的道路,并留下一个又一个路标,昭示后来人。

在我的心目中,“绿典之路”丛书就是这样一个树立路标的系统工程。之所以将环境法典称为“绿典”,是希望为我们的路标涂上最鲜明的底色,为每个行路人提供更高辨识度。面对可能前行、可能转折、可能返回的环境法典之路,希望既提供国外先行者的路线图,鼓励研究参照系、重走经典线,为可行或不可行之路插上绿色路标;也总结中国的经验,鼓励漫漫长路上下求索,逢山开路、遇水搭桥,为开辟康庄大道设定绿色标识。为此,“绿典之路”丛书设计了“各国环境法典译丛”“外国环境法典研究文丛”“中国环境法典研究文丛”“环境法典相关研究文丛”等若干子系列,从构建环境法典研究“生态系统”的角度,探索环境法典化的“生态平衡”。出现在“绿典之路”上的每一本论著,都应该既有独立的功能与作用,也能为提升生态系统的服务能力贡献智慧与力量。

我知道,任何国家制定法典,都有很多既偶然又必然的因素发挥作用,结果不可预测。在中国,环境法典的出台,也许很快,也许很慢,甚至慢到我们这一代人都无缘相见。但是,我更明白,学者对法典的追求,从来不是以被命名为法典的某个法律文件为直接目的。在法典化的进程中,创新和创造环境法知识体系、合理解释环境法社会现象、准确把握环境法运行规律、教授和传承环境法思维方式、巩固和提升环境法学术品质,都是学者为环境法典所做的准备和贡献。因此,“绿典之路”丛书是否可以在当下直接为中国环境法典编纂做出贡献,可遇而不可求。但是,记录环境法学的思维过程,记载环境法学人的心路历程,记忆环境法学科的品格养成,为后人标示中国环境法典化之路,一定可以实现。

2014 年的今天,全国人大常委会高票通过《环境保护法修订案》,这部“长出了牙齿”的法律,凝聚了几代环境法人的心血,是环境法理论成果与立法决策的有机结合,值得环境法人骄傲和自豪！2018 年春天,我们托起心中的向往,满怀信心再出发！期待在“绿典之路”上,环境法学者不断成长,环境法成果不断涌现,环境法学科不断完善,环境法品格不断成熟!

吕忠梅

2018 年 4 月 24 日

于北京太平桥大街 23 号

作者简介

刘洪岩　俄罗斯科学院国家与法研究所生态法学博士（2006 年），中国社会科学院法学研究所法理学博士后研究人员（2008—2010 年）。现为中国社会科学院法学研究所研究员、生态法研究室主任；中国社会科学院研究生院（中国社会科学院大学）教授、博士生导师。兼任中国环境科学学会环境资源法研究会副主任、中国法学会环境资源法研究会常务理事、北京市法学会环境资源法研究会副会长、北京市法学会生态法治研究会副会长。主要研究领域为生态法学、法理学及法哲学、比较法学（俄罗斯、东欧中亚法）。在国内外《法学研究》、《环球法律评论》、《俄罗斯东欧中亚研究》、《国家与法》（俄罗斯）、《国家与法：理论与实践》（俄罗斯）、《社会与法》（俄罗斯）、《外国立法与比较法》（俄罗斯）等期刊发表论文和译著百余篇；在国内外出版专著 5 部、合著和编著 10 余部；主持和参与国家社科基金、霍英东教育基金以及国家部委各类项目等 30 余项，参与国家环境与资源立法的起草和修订工作 20 余部，完成内部研究报告 40 余份。曾获得"教育部优秀海外留学人员""黑龙江省留学人员归国报国奖""黑龙江省杰出法学工作者"等荣誉称号。

阿列克谢·谢尔盖耶维奇·施拉博科夫（Широбоков Алексей Сергеевич）　俄罗斯联邦国立莫斯科大学法律系生态法学副博士，俄罗斯联邦国立司法大学副教授。研究领域为生态法学、比较生态法学。近年来发表论文数十篇，在生态法基本理论、生态损害赔偿、生态监控和生态法律规范化等研究领域有一定的建树。

李　钧　法学博士，现任职于中国人民大学法学院。2007 年毕业于中国人民大学法学院；后持意大利教育部颁发的全额国家奖学金就读于意大利罗马第二大学，2011 年获得博士学位。主要研究方向为罗马法与现代法的融合，出版专著《古罗马侵权法律制度与现代沿革》。

李　铮　天津大学法学院宪法学与行政法学专业博士研究生，主要从事宪法与环境法的研究，多次参与国家级和省部级课题的研究，在《现代法治研究》等刊物发表论文若干。

马　鑫　俄罗斯科学院国家与法研究所博士。2013 年毕业于北京师范大学，获得文学学士（俄语）、经济学双学士学位；后经国家留基委选派，赴俄罗斯攻读法学硕博学位，硕博分别研修国际私法、环境法。在中俄学术期刊共发表论文 20 余篇，参与编写法律著作 2 部，主持和参与国家级和省级科研项目 4 项等。

施　理　德国汉堡大学法学博士，现任职于天津大学法学院。主要研究方向为国际经济法、环境法。近年来主持和参与多项国家、省部级课题，发表论文十余篇，出版德文著作 1 部。

田时雨　法学博士，清华大学法学院博士后研究人员。主要从事环境与资源保护法学研究。曾在《中国人民大学学报》《中国行政管理》《吉林大学社会科学学报》等期刊发表论文，参与翻译《瑞典环境法典》。

王建学　法学博士，天津大学法学院教授、博士生导师，天津大学北洋学者长聘教授，国家社科基金重大项目首席专家。兼任中国法学会宪法学研究会理事、中国法学会立法学研究会理事，主要研究领域为中国宪法和比较宪法，在《中国法学》《法学研究》等刊物发表论文若干，出版专著《法国式合宪性审查的历史变迁》《作为基本权利的地方自治》。

岳小花 法学博士,中国社会科学院法学研究所助理研究员。2017 年被评为“北京市百名法学英才”;兼任中国环境科学学会环境法学分会委员、中国自然资源学会资源法学专业委员会委员等。曾获“第十二届法学家论坛征文奖”优秀奖、“董必武青年法学成果”提名奖等奖项。

张燕雪丹 爱尔兰都柏林大学法学博士,上海海洋大学讲师。研究方向为环境法、渔业法、海洋法。主持多个农业农村部及生态环境部项目,内容包括《渔业法》修订、养殖权、渔业公益诉讼、海洋环境执法等。成果被联合国亚洲及太平洋经济社会委员会(UNESCAP)、联合国贸易和发展会议(UNCTAD)、中国农业农村部等采纳。

张忠利 法学博士,中国社会科学院法学研究所助理研究员。主要研究领域为生态法、能源与气候法、自然资源法、国土空间治理法治化。

竺 效 法学博士,中国人民大学法学教授、博士生导师。“国家高层次人才特殊支持计划”哲学社会科学领军人才,教育部青年长江学者。曾获“宝钢优秀教师特等奖提名奖”。

目　　录

第二编　统一生态法典编

第三编　生态示范法典编

第四编　综　合　编

绪论　域外环境(生态)法典化研究与中国环境立法的体系化建构

推动环境立法的体系化,是十八大以来党和国家大力推动生态文明建设,强化其法治保障的题中之义,是生态文明领域全面深化改革不可或缺的组成部分。[1]

一、中国环境立法体系化的背景指向

党的十八大报告将生态文明建设纳入"五位一体"总体布局,对"大力推进生态文明建设"作出了全面要求,明确提出要"加强生态文明制度建设"。十八届三中全会不仅将发展和完善中国特色社会主义制度、推进国家治理体系和治理能力现代化确立为全面深化改革的总目标,也明确提出"建设生态文明,必须建立系统完整的生态文明制度体系"。党的十八届四中全会提出,要全面推进依法治国,"形成完备的法律规范体系、高效的法治实施体系、严密的法治监督体系、有力的法治保障体系"。2015 年中共中央、国务院印发的《生态文明体制改革总体方案》,既是对此前党和国家在生态文明领域战略决策部署的总结和巩固,也为未来很长时期内生态文明领域制度建设和体制改革的深化和拓展指明了方向,为实现生态环境领域国家治理体系和治理能

[1] 杨伟民:《建立系统完整的生态文明制度体系》,载《光明日报》2013 年 11 月 23 日,第 2 版;杨伟民:《用严格的法律制度保护生态环境》,载本书编写组编:《〈中共中央关于全面推进依法治国若干重大问题的决定〉辅导读本》,人民出版社 2014 年版,第 114 - 122 页。

力现代化奠定了政策基础。[1]

上述战略决策部署为推动环境法律体系化提供了正当性依据，并在高度、广度和深度方面为环境法律体系化提出了明确要求。总体来看，推动环境法律体系化，是在法治轨道上落实全面深化改革在生态文明建设领域各项战略决策部署并巩固其改革成果的必然要求。具体而言，推动环境法律体系化，是在生态法治领域主动践行全面深化改革的方法论，是落实党和国家在生态文明体制改革、深化国家机构改革和全面推进依法治国三个领域战略决策部署并巩固其成果的必然要求。

首先，环境法律体系化是在生态法治领域贯彻全面深化改革方法论的体现。党的十八届三中全会提出，必须更加重视改革的系统性、整体性、协同性。习近平总书记更是进一步明确指出，“注重系统性整体性协同性不仅是全面深化改革的内在要求，也是推进改革的重要方法”；深入推进改革，“既要抓改革方案协同，也抓改革落实协同，更抓改革效果协同，促进各项措施在政策取向上相互配合，在实施过程中相互促进、在改革成效上相得益彰”。[2] 此即指导全面深化改革的方法论。它意味着，系统性、整体性、协同性之要求是全方位和全过程的，是一个周而复始、循环往复与不断强化的过程，是需要从水平（全面深化改革的各项政策相互之间）和垂直（全面深化改革各项政策的制定、实施与效果评价方面）两个维度同时推进的。生态文明建设是全面深化改革的重要领域，环境法律体系则是生态文明建设的基石。从这个角度看，环境法律体系化作为生态文明建设的法制保障，是全面深化改革方法论在环境法治建设中的必然要求和直接体现。

其次，国家机构改革后环境法律碎片化问题凸显，迫切需要推进环境法律体系化。党的十九届三中全会提出，要坚持优化协同高效原则推进党和国家机构改革，通过组建自然资源部和生态环境部实现生态

〔1〕 莫纪宏：《论习近平新时代中国特色社会主义生态法治思想的特征》，载《新疆师范大学学报（哲学社会科学版）》2018 年第 3 期；莫纪宏：《国家治理体系和治理能力现代化与法治化》，载《法学杂志》2014 年第 4 期。

〔2〕 习近平：《习近平谈治国理政》（第 2 卷），外文出版社 2017 年版，第 109 页。

文明领域国家监管体制优化。2018 年第十三届全国人大第一次会议决定组建成立自然资源部和生态环境部之后，生态环境领域法律原本已经存在的理念陈旧、制度碎片化、缺乏体系协调等问题更加凸显。[1]尤其是生态环境部的成立，实现了监管职能的"五个打通"，即一是打通了地上和地下，二是打通了岸上和水里，三是打通了陆地和海洋，四是打通了城市和农村，五是打通了一氧化碳和二氧化碳。[2] 但是，与之对应的生态环境法律制度却未实现相应整合而仍呈现碎片化状态。从组织法与行为法相互协调、巩固生态环境监管体制改革成果的角度看，为强化生态文明领域国家治理体系和治理能力现代化的法治保障，应当尽快推进生态环境法律体系化。

再次，环境法律体系化是在生态环境领域全面推进依法治国的必然要求。习近平总书记在 2020 年中央全面依法治国工作会议上明确提出，要坚持"在法治轨道上推进国家治理体系和治理能力现代化"，"全面依法治国是一个系统工程，要整体谋划，更加注重系统性、整体性、协同性"。这意味着，十八大以来党和国家在生态文明建设领域的战略决策部署，不仅要实现法律化和法治化，而且其法律化和法治化的过程与结果也要注重系统性、整体性和协同性。就生态环境法律体系而言，该要求意味着必须通过立法或修法来推动实现环境法律体系化，[3]以强化和提高环境法律体系在法律规范、体系和理念三个层面的融贯性程度。[4]

最后，环境法律体系化是落实生命共同体理念和坚持人民为中心的指导思想的要求。《生态文明体制改革总体方案》明确提出，要"树立尊重自然、顺应自然、保护自然的理念"，树立"山水林田湖是一个生

[1] 吕忠梅：《将环境法典编纂纳入十三届全国人大立法计划》，载《前进论坛》2017 年第 4 期；吕忠梅：《环境法典编纂：实践需求与理论供给》，载《甘肃社会科学》2020 年第 1 期。

[2] 吴舜泽等：《做实"一个贯通"和"五个打通"推进国家生态环境治理体系和治理能力现代化》，载《中国环境报》2018 年 9 月 12 日，第 1 版。

[3] 徐以祥：《论我国环境法律的体系化》，载《现代法学》2019 年第 5 期。

[4] 雷磊：《融贯性与法律体系的建构——兼论当代中国法律体系的融贯化》，载《法学家》2012 年第 2 期。

命共同体的理念，按照生态系统的整体性、系统性及其内在规律，统筹考虑自然生态各要素、山上山下、地上地下陆地海洋以及流域上下游，进行整体保护、系统修复、综合治理”。但是，现行的生态环境法律仍然是按照大气、水、土壤等环境要素进行分别立法，未能按照生态系统的完整性及其空间规定性进行“区域—要素”的统筹立法。[1] 同时，党的十九届五中全会明确提出，要坚持“以人民为中心”的原则。这意味着以环境法律为管制对象设定的义务应当采取自下而上的方式进行整合，避免因为重叠规制或者重复收集相关信息而增加其守法成本和难度，但是现行环境法律的制定与实施仍然是自上而下的部门主导机制。解决上述两种问题需要推动环境法律体系化。

二、域外环境(生态)法典化研究与环境立法体系化的全球视野

从世界范围来看，推动环境法律体系化是各国环境立法共同追求的目标。制定环境法典，是以集成式系统性方式推动实现环境法律体系化的最佳路径。在研究国外环境法典文本的同时，还应当关注行政立法层面的环境法体系化问题。

(一)环境立法法典化在两大法系中的不同内涵

在很多有关环境(生态)法典化的文献中，体系化通常被认为是法典化的同义语，但是体系化概念的外延远大于法典化的概念外延似乎也是普遍共识。从形式理性角度看，无论是英美法系，还是大陆法系，都致力于实现某一特定领域法律制度的体系化，实现法律制度体系在整体上的融贯性，[2]确保法律实施能够实现预期效果。除了大陆法系国家将法典化作为法律发展的理想样态，英美法系国家也逐步出现了立法整合等法典化迹象，[3]两大法系在法典化方面呈现出明显的相互靠拢和融合的趋势。

但是，正如美国法学家埃尔曼所言，英美法系的法典“除了外观之

---

[1] 徐祥民：《环境的自然空间规定性对环境立法的挑战》，载《华东政法大学学报》2017年第4期。

[2] 宋方青：《立法质量的判断标准》，载《法制与社会发展》2013年第5期。

[3] 李艳芳、田时雨：《比较法视野中的我国环境法法典化》，载《中国人民大学学报》2019年第2期。

外,并没有表达与欧洲法典同样的文化内涵”。[1] 相对而言,法典化概念的言外之意其实就是制定一部法典特征的法律,其定位是相关领域的基础性、综合性和骨干性法律,它有着作为该领域法律体系之最大公约数的功能。法典化还蕴含着大陆法系国家崇尚法典的法律文化之意。梅里曼深刻地指出,独特的法典编纂观念,而非法典形式,才是法典化方面大陆法系区别于普通法系的重要标志。[2]

(二)环境法典在多层次环境立法体系化中的坐标

上文分析已表明,环境法律体系化实际上包含四个不同层面。第一个层面是推动环境法律在整体上的系统化,但实现该体系化目标的方法并不限于制定环境法典。[3] “整体上的系统化”,既包括各个同一位阶层面以及不同位阶层面环境法律之间的内部协调,也包括环境法律与环境相关法律之间的外部协调。换言之,制定环境法典虽在理论上能够较好地解决环境法律的体系化问题,但该途径既非不可或缺亦非具有唯一性。纵观世界各国环境立法,通过制定环境法典来解决环境法律体系化的国家在数量上呈现上升趋势,但总体而言仍是少数。比如,在欧盟层面并不存在诸如德国试图制定的环境法典,但欧盟一直以滚动方式推动环保领域的更好规制,通过对相关环境法律(规范)进行合并(法律汇编),来简化法律以推动环境法律体系化,[4]降低欧盟范围内企业的环境守法成本和难度,推动实现欧盟范围内的环境善治,进而提高欧盟企业的国际竞争力。[5]

第二个层面是通过制定一部调整范围尽可能广且法律规范尽可能严密的环境法典来推进环境法律体系化。其目的不仅是实现对现有环

〔1〕 [美]埃尔曼:《比较法律文化》,贺卫方、高鸿钧译,清华大学出版社2002年版,第39页。

〔2〕 [美]约翰·亨利梅·里曼:《大陆法系》(第2版),顾培东、禄正平译,法律出版社2004年版,第26-27页。

〔3〕 实际上《生态文明体制改革总体方案》可以作为制定环境法典并确定其调整范围的重要参照。

〔4〕 李明华、陈真亮:《环境法典立法研究:理念与方法》,法律出版社2016年版,第18-28页。

〔5〕 Hannes Veinla, *Theoretical Problems of Codification of Environmental Law in Estonia*, Rechtstheorie, Vol. 31:3-4, p. 505-520(2001).

境法律的整合与简化,更在于对环境立法理念、环境法律原则和制度等方面的系统性创新、升级与重塑。唯有如此,才能说“法典是每个时期法律制度文明的缩影与主要特征”[1]。此种情形下,按照覆盖范围不同,可将法典区分为针对特定范围的局部性法典和针对某一特定领域的综合性法典。比如,欧盟层面的《污染综合防治指令》(现修改为《工业污染排放指令》)就是以环境综合许可证为主要内容面向环境污染防治领域的法典。[2] 按照法典之立法成果详细程度不同,又可区分为框架法和法典,制定框架法可被视为法典编纂的初级阶段。比如,《韩国低碳绿色增长基本法》《南非空间规划与土地管理法》就具有明显的框架法特征。[3] 另外,有些国家的环境立法虽并未以环境法典命名,但却是实质意义上的环境法典。比如,最新制定的《荷兰环境与规划法》,对荷兰原有35部法律法规进行了整合,覆盖了生态环境和空间规划等两大领域。[4] 再如,《新西兰资源管理法》对原有50多部环境法律进行了整合,并将所有环境法规定整合到可持续性原则之下。[5] 若以基础性、综合性、骨干性、调整范围广、法律规范严密并且以法典命名作为环境法典的典型特征,上述针对局部领域或环节的综合立法、作为法典编纂初级阶段的框架法以及无法典之名却有法典之实的环境法典,可以被称为非典型环境法典。

第三个层面是推动实现环境法典之外的大环境法律(生态文明法律)的体系化。实现环境法律的“适度”法典化,是制定环境法典的普

---

〔1〕 周旺生:《法典在制度文明中的位置》,载《法学论坛》2002年第4期。

〔2〕 李挚萍:《论欧盟环境立法之融合——以污染防治立法为例》,载《中国地质大学学报(社会科学版)》2011年第4期。

〔3〕 彭峰:《法律进化与环境(生态)法典化的未来》,载《东方法学》2010年第6期。

〔4〕 周静、沈迟:《荷兰空间规划体系的改革及启示》,载《国际城市规划》2017年第3期。Willem K. Korthals Altes, *Planning Beyond Planning: The Debate on an Integrated Environment and Planning Act in the Netherlands*, 31 Planning Practice and Research 420 (2016).

〔5〕 Frederik H. Kistenkas et al, *Implementing Sustainable Development into One Integrated Domestic Environmental Legislative Act: A Law Comparison between Two Frontrunners: New Zealand and the Netherlands*, 6 European Energy and Environmental Law Reviews 240 (2020).

遍共识。[1] 这意味着,法律体系化问题实际上被切割为三部分:一是制定环境法典自身的体系化问题,二是环境法典之外的环境法律及其与环境法典之间的体系化问题,三是环境法典之外的环境法律相互之间的体系化问题。在制定环境法典之初,环境法律体系化问题必然处于混沌状态,因此该三个重心不同的问题相互之间确实不易区分。但是,随着环境法典立法工作不断推进以及环境法典调整对象趋向确定,环境法典外部的环境法律体系化问题将逐渐凸显,这是制定"适度"法典化之环境法典的必然结果。类似问题在制定民法典过程中已经出现并被学者所论及,即民法典与特别民法之间的关系处理问题。[2] 与制定民法典面临的体系化问题不同的是,在世界范围内不同国家均存在不同程度的不同领域环境法律发展的不平衡问题。比如,我国《土壤污染防治法》于 2019 年才生效实施,国土空间开发保护、国土空间规划、生物多样性保护、应对气候变化、生态补偿和国家公园等自然保护地等多个领域仍处于法律缺位状态,该相关领域的立法技术也不够成熟。从审慎立法与确保环境法典内容稳定性角度看,这些领域的立法都不宜直接写入环境法典。

第四个层面是环境(相关)行政立法层面的体系化问题。由于现代环境问题的复杂性,环境法律体系中必然包含大量行政法规和部门规章,而且环境法律体系化问题在很大程度上其实是由环境(相关)行政立法所引起,并且这些问题发生的原因很大程度上与行政组织法存在密切关系。这是因为,"现代国家的决策力和行动力系依其组织法之结构而定","行政管制的主要部分实即组织管制"。[3] 这正是我国 2018 年以实现优化协同高效为导向的国家机构改革的意义所在。从

---

〔1〕 李艳芳、田时雨:《比较法视野中的我国环境法法典化》,载《中国人民大学学报》2019 年第 2 期;吕忠梅、窦海阳:《民法典"绿色化"与环境法典的调适》,载《中外法学》2018 年第 4 期;张梓太:《中国环境立法应适度法典化》,载《南京大学法律评论》2009 年第 2 期。

〔2〕 参考孙宪忠:《头等舱理论:民法典之外的民法体系》,载《人民法治》2020 年第 11 期;孙宪忠:《我国编纂民法典中的几个重大问题》,载《中国人大》2016 年第 4 期。

〔3〕 [德]施密特·阿斯曼:《秩序理念下的行政法体系结构》,林明锵等译,北京大学出版社 2012 年版,第 225、230 页。

发生学角度看,环境法律在很大程度上是环境行政部门出台或者由其主导制定的环境政策法律化的结果。由于相当一部分环境法律体系化问题很大程度上是环境(相关)行政立法所暗含的部门利益法律化的结果,其发生界面处于作为环境法典下位法的环境行政立法层面,而且很可能是环境法典与其他环境相关法律之间的体系化问题,因此不能想当然地认为,将相关法律制度规定在同一法律中,其所引发的环境法律体系化问题就会自然消解。比如,2014 年修订后的《环境保护法》对排污许可制度和环境影响评价制度均作出相应规定,但是两者之间的关系在很长时间内很难理顺也是公开事实。虽然国家机构改革在很大程度上有助于解决该问题,但却不能根除环境(相关)行政立法层面的问题。比较典型的例证就是碳排放交易立法与能源消费总量控制制度之间重叠规制所引发的体系化问题。[1] 在 2018 年国务院机构改革之后,在国务院层面碳排放交易主管部门已经从国家发展改革委转隶为生态环境部,为包括碳排放交易制度在内的气候法律融入环境法律体系乃至将来制定的环境法典提供了可能,但环境法典能否将能源消费总量控制制度纳入其中仍存在很大疑问。即便两者同时被纳入环境法典,并且环境法典对两者之间的协调也作出了相应规定,那么该规定也只能是原则性和框架性的,两者之间的协调最终还是要交由行政立法来解决。除非建立相应的政策与法律制度统合机制,否则两者之间的协调能否以符合效率与效能的方式进行仍存在很大疑问。由于环境法律制度日益呈现肥大化、技术化、不统一和不确定的法律复杂化特征,导致现行环境法实施制度性交易成本高等诸多问题,[2] 因此需通过制定环境法典加以解决的推理固然正确,但也应认识到,制定环境法典不可能彻底解决环境法律体系化问题,环境(相关)行政立法层面的环境法律体系化问题仍有其相对独立性的事实亦不容否认。

---

〔1〕 张忠利:《中国语境下碳排放交易制度与节约能源法制之间的冲突与协调》,载中国能源法研究会编:《中国能源法研究报告 2016》,立信会计出版社 2017 年版,第 221 – 237 页;段茂盛:《全国碳排放权交易体系与节能和可再生能源政策的协调》,载《环境经济研究》2018 年第 2 期。

〔2〕 何江:《为什么环境法需要法典化》,载《法制与社会发展》2019 年第 5 期。

(三)域外环境立法法典化之于中国环境法典编纂的价值

1.域外环境(生态)法典化研究意义

当前,在我国赞成制定环境法典的观点似乎已经占主流。或者说,对于制定环境法典的必要性似乎已经达成初步共识。[1] 因此,环境法学界对环境法典问题研究的重点逐渐从前期的环境法典制定必要性的论证向如何制定环境法典进行转移,[2]即更多关注环境法典的立法技术[3]与立法模式、[4]环境法典的立法重心、[5]环境法典中重要法律条款(法律原则、法律制度等)的立法表达[6]等方面。

在这种情况下,对现行国外环境法典的立法背景与立法过程中面临的困难、环境法典的内部构造与立法技术(包括环境法典的基本概念体系、基本法律原则与制度、调整范围与篇章结构、环境法典与环境单行法/特别环境法关系的处理等)、国外环境法典文本的内容评价及其对我国的启示等进行比较深入的比较法研究,必将推动我国环境法学界对环境法典立法的研究走向深入。

2.域外环境法典编纂的实与虚

在世界范围内,国外的环境法典立法文本大致可以分为两种情形:一是直接以法典命名的环境法典文本;[7]二是未以法典命名但有法典之实的环境法典文本。

在前者中,已经生效实施的环境法典包括:《哥伦比亚可再生自然

---

〔1〕 张忠民、赵珂:《环境法典的制度体系逻辑及其表达》,载《湖南师范大学社会科学学报》2020年第6期。

〔2〕 王灿发、陈世寅:《中国环境法法典化的证成与构想》,载《中国人民大学学报》2019年第2期。

〔3〕 于文轩、牟桐:《生态文明语境下环境法典的理性基础与法技术构造》,载《湖南师范大学社会科学学报》2020年第6期。

〔4〕 党庶枫、郭武:《中国环境立法法典化的模式选择》,载《甘肃社会科学》2019年第1期。

〔5〕 郑少华、王慧:《环境法的定位及其法典化》,载《学术月刊》2020年第8期。

〔6〕 王晓钢:《环境法典风险预防原则条款研究》,载《湖南师范大学社会科学学报》2020年第6期。

〔7〕 可参考吕忠梅、窦海阳:《民法典的绿色化与环境法典的调适》,载《中外法学》2018年第4期。

资源和环境保护国家法典》(1974 年)、《菲律宾环境法典》(1977 年)、《瑞典环境法典》(1998 年)、《法国环境法典》(2000 年颁布,2018 年修订)、《意大利环境法规》(2006 年颁布,2017 年修订)、《哈萨克斯坦共和国生态法典》(2007 年)、《爱沙尼亚环境法典总则》(2011 年颁布)。另外,德国、俄罗斯、柬埔寨等也有专家或者政府主导的环境(生态)法典草案。独联体国家还形成了"独联体生态示范法典"用以指导各国立法,其总则部分于 2006 年通过,分则部分于 2007 年通过。

在后者中,目前已经发现的文本包括上文已经提及的《荷兰环境与规划法》、《新西兰资源管理法》以及《加拿大魁北克省环境质量法》[1]、《加拿大英属哥伦比亚省环境管理法》等多个无法典之名但有法典之实的环境法典文本。再者,在 20 世纪 90 年代的环境(生态)法典化浪潮中,比利时弗莱芒地区、波兰等国家或者地区也研究或者启动过环境法典立法工作,但是这些国家或者地区的环境立法成果最终并未以法典命名。因此,这类环境法典文本[2]目前为止似乎尚未引起环境法学界的关注和重视。这在一定程度上成为环境法典比较法研究的盲点,不利于我国在决定是否以及如何制定环境法典过程中,通过博观而约取做出全面分析和明智决定。它提醒我们,有必要分析上述以法典命名的环境法典是否真有法典之实。

3. 域外环境(生态)法典编纂研究的内容指向

本书中,我们在前期对德国、法国、俄罗斯、哈萨克斯坦、独联体国家、瑞典、意大利、菲律宾、爱沙尼亚等国家或地区的环境法典进行翻译的基础上,又进一步对这些国家或地区的环境法典之立法背景、主要内容、内容评析及其对我国的启示等进行了更为深入的研究。在这项研

---

〔1〕《加拿大魁北克省环境质量法》共包括两编,其中第 1 编共 15 章内容,第 2 编则专门适用特定区域。因此,其在内容上显然属于实质上的环境法典的范畴。

〔2〕比如,现行《波兰环境保护法》(2001 年颁布)共包括 9 编 442 条规定,内容涵盖总则(第 1 编)、环境资源保护(第 2 编)、污染预防(第 3 编)、主要环境事故(第 4 编)、金融和法律工具(第 5 编)、环境法律责任(第 6 编)、环境管理机关与其他机构(第 7 编)、环境守法项目(第 8 编)、附则(第 9 编)等。若从该法的容量及其调整范围而言,将其认定为实质上的环境法典似乎未尝不可。

究中,我们试图重点对这些国家或者地区启动环境法典的背景或者环境(生态)法典化的主要驱动力、环境法典推进过程中面临的阻力或者环境法典立法失败的原因、环境法典立法过程中的难点和争议问题、环境法典的立法文本解析(包括环境法典建构的概念体系、立法目的与立法理念、基本法律原则与主要制度等方面的独特之处)等方面的问题进行深入剖析,以期为我国推进环境法律体系化和将来制定环境法典提供参考和借鉴。

总体来看,当然这项研究本身也具有初步性,相应研究成果主要集中在对各个国家或地区的环境法典本身的研究。对于各国环境法典之立法理念、基本原则和法律制度的创新之所在、各国环境法律体系中环境法典与其他环境单行法的关系以及协调两者关系的立法技术、各国环境法典文本核心要素方面的横向比较和分析、不同立法技术和内容安排的内在考量、新型环境问题(如应对气候变化问题、生态系统保护、生物安全等)、自然资源相关法律制度等内容在多大程度上以何种方式写入环境法典等问题都缺乏研究,这些问题应成为今后研究的重点。

在研究共识方面,目前国内环境法学者除普遍赞同应制定"适度化"的环境法典之外,[1]对于环境法典的立法模式和编纂模式问题仍存在较大争议。立法模式方面的问题表现为,是采取类似法国的汇编式环境法典模式,还是采取德国、爱沙尼亚等国家的实质性环境法法典化模式。法典编纂模式方面的问题主要表现为,环境法典编纂是分阶段推进(各编分别生效),还是整体推出(各编同时生效)。比如,荷兰、比利时弗莱芒地区、德国政府主导的环境法典立法都是采取前种方式,瑞典、葡萄牙、意大利和波兰则采取后种模式。[2]

三、环境(生态)法典化与中国环境立法体系化的建构理路

通过前述分析,本书认为在环境法律体系化四个层面的问题中,基

〔1〕 吕忠梅、窦海阳:《民法典的绿色化与环境法典的调适》,载《中外法学》2019年第2期。

〔2〕 沈百鑫:《德国环境法法典化的核心问题和受挫原因及对我国的启示》,载吕忠梅主编:《环境资源法论丛》第11卷,法律出版社2019年版。

于制定环境法典所面对的体系化问题与环境(相关)行政立法层面的体系化问题是解决环境法律体系化的重心所在。虽然这两个问题密切相关却非同一问题,而且后者才更应该是解决环境法律体系化问题的难点所在,但是该问题的解决在很大程度上有赖于制定环境法典工作的推进。通过推动研究和制定环境法典,可以发挥环境法典立法工作之"公共论坛"的平台作用,通过凝聚众智使环境法律体系化方面的问题得到集中挖掘、汇聚和暴露,并能深入分析环境法律体系化问题的发生机理。

解决环境(相关)行政立法的体系化问题,首先应分析该问题的发生机理。总体来看,环境(相关)行政立法体系化问题之所以发生,不仅与作为其制定具体的上位环境法有密切关系,而且与环境行政法前端的环境行政组织法(机构职能配置是否合理)有关,与居于环境法律上游的环境政策本身是否存在体系化问题有关,还与环境行政立法程序在解决体系化问题方面的管控机制是否健全有关。因此,解决环境(相关)行政立法体系化问题,不仅有赖于环境法典的制定,而且有赖于作为环境行政法前端的环境行政组织法的完善,有赖于作为环境立法依据的环境政策之制定机制的完善,[1]还有赖于环境行政立法之统合机制的完善。[2]

制定环境法典与解决环境(相关)行政立法体系化问题,还应跳出问题本身,从坚持党的全面领导的国情出发,分析十八大以来党和国家在生态文明领域的重要战略决策部署,尤其从贯彻、落实和巩固《生态文明体制改革总体方案》和 2018 年生态环境领域国家机构改革的成果

---

〔1〕 比如,有学者就认为生态文明体制改革有待进一步整合。主要表现为:在《生态文明体制改革总体方案》8 大制度和 50 多项举措中,每个举措内部之间、同一制度内部的不同举措之间、不同制度之间都存在缺乏统筹的问题。参见樊杰:《我国空间治理体系现代化在"十九大"后的新态势》,载《中国科学院院刊》2017 年第 4 期。

〔2〕 中共中央《关于制定国民经济和社会发展第十四个五年规划和二〇三五年远景目标的建议》明确提出"完善生态文明领域统筹协调机制"。参见本书编写组:《〈中共中央关于制定国民经济和社会发展第十四个五年规划和二〇三五年远景目标的建议〉辅导读本》,人民出版社 2020 年版,第 44 页。

出发,从注重全面深化改革的系统性、整体性、协同性之总体要求出发,分析和研究我国制定环境法典的客观需要与体系价值,分析如何能够更好地通过制定环境法典对生态文明领域全面深化改革的决策部署和改革成果加以法律化、制度化和体系化,在客观理性分析环境法典在实现环境法律体系化方面之局限性基础上,研究制定推进我国环境法典立法工作的路线图。因此,与其认为制定环境法典是最终目标,不如认为环境法典是解决环境法律体系化的主要载体和必要阶段,其最终目标是通过制定生态环境领域的良法来实现良善行政与良善治理,实现生态环境领域国家治理体系和治理能力的现代化。

放眼当今世界,中国作为负责任的大国,启动和推动制定环境法典,必将会对推动全球的环境法治建设和环境治理起到强大的外溢效应和示范效应。2020 年 9 月,习近平总书记在联合国一般性辩论大会上庄严承诺,将会于 2030 年前实现碳排放达峰,于 2060 年前实现碳中和目标,为全球环境治理和人类命运共同体建设注入新的生机和活力。它表明,中国政府致力于推动和引领低碳绿色发展之路,为在世界范围内积极推动人类命运共同体建设增添动力。推动制定环境法典,不仅有助于推动中国政府更好地实现 2030 年可持续发展议程设定的目标,也能搭乘"一带一路"倡议促进和带领世界各国更好地实现 2030 年可持续发展议程设定的目标。因此,中国适时启动制定环境法典,将是顺应历史潮流、增进人类福祉的重大历史性工程。

第一编　统一环境法典编

第一章　德国环境法法典化：从“历史传统”到“现代困境”

工业革命以后，以蒸汽机为代表的机械动力改变了以往人们传统的亲力亲为的生产方式。虽然生产力的提高带来了更大的经济效益，但随之而来的环境破坏程度和之前几千年的比起来却是呈指数增加。第二次世界大战不仅使德国战败分裂，而且使整个国家满目疮痍，基础设施和建筑的破坏迫切要求经济的复苏和增长，因此德国开始大力发展工业和制造业产业。

德国经济短时间内的高速发展迅速带领人们走出了战争的阴霾。在这个阶段，人们高度重视经济发展而对别的问题视而不见。然而，被严重破坏的种种自然资源、急剧下降的环境质量以及随之而来的人们健康状况的恶化，使环境问题无法再被忽视，直至其最终发酵到一个相当严重的地步时，人们终于开始对先前从未质疑的以经济利益为导向的发展方式产生怀疑。环境立法得到了重视，并发展为独立的法律部门。

在社会公众环保意识不断提高的背景下，环境立法得到了相应的重视。但是，各种不同的环境规制太多，既涉及德国各州层面的环境立法，又涉及联邦层面的环境立法，还有欧共体层面（欧盟的前身）的环境立法。环境法律的繁杂，使德国在历史上希望制定宽泛且体系化的环境法典。德国立法者也确实展开了多次尝试，最后一次尝试发生在2009年年初，在德国第16次立法会议期间，环境法典草案被提交讨论，但是并未通过。

本章拟首先分析德国环境(生态)法典化运动的启动原因,并梳理德国环境(生态)法典化立法实践历史,在此基础上总结其面临的困难和其失败的经验教训,并试图探讨对我国的启示。

第一节 德国的法典化传统与环境法法典化的肇起

在探究德国环境(生态)法典化立法实践之前,有必要先明确法典化的本质。法典化这个概念既没有在法律上作出规定,也没有在法学学科中给出统一概念。[1] 法典化的概念最早应当追溯至罗马法时代。东罗马帝国皇帝优士丁尼(Justinianus)在其统治时期开展了法典编纂活动,并使用了“法典”(codex)一词用于描述《优士丁尼法典》(Codex Justinianus)。但是罗马法时期的“法典”一词的含义与现代意义的“法典”尚不一样,更多的是一种汇编,而非系统性的编纂。[2]

一、德国法典编纂的历史进路

(一)德国法典编纂的历史背景

在启蒙运动时期,“法典”一词被进一步赋予了“自然法”的概念,法典编纂也被约翰·洛克(John Locke)认为是一种自然而然的结果。[3] 因此,一系列被赋予具有理性特征的“自然法法典”被颁布,如德国(当时的普鲁士帝国)在1794年通过《普鲁士一般州法》(Das Allgemeine Landrecht für die Preußischen Staaten)。后期边沁在“自然

---

〔1〕 Hans Hermann Seiler, Die Bewahrung von Kodifiationen in der Gegenwart am Beispiel des BGB, in Okko Behrends & Wolfgang Sellert (Hrsg.), Der Kodifikationsgedanke und das Modell des Bürgerlichen Gesetzbuches (BGB), Göttingen: Vandenhoeck & Ruprecht Verlag, 2000, S. 105 – 117, hier S. 105.

〔2〕 [德]莱因哈德·齐默尔曼:《法典编纂的历史与当代意义》,朱淼译,载明辉、李昊主编:《北航法律评论》2012年第1辑,法律出版社2012年版。

〔3〕 [德]莱因哈德·齐默尔曼:《法典编纂的历史与当代意义》,朱淼译,载明辉、李昊主编:《北航法律评论》2012年第1辑,法律出版社2012年版。

法”影响下,对法典概念再次做出巨大贡献,其在总结普通法缺点基础上认为法典应当是针对普通法弊端的有效手段,且其必须符合四个标准:一是必须完整,从而不需要注释和判例予以补充;二是应当达到最大可能的普遍性;三是必须以严格的逻辑顺序表达出来;四是必须使用一致的术语使得表达可以有准确界定。[1] 这时期最为代表的自然法法典就是1804年的《法国民法典》,其同样采用与边沁相同的法典理解,试图通过完整性的规划通过重构法律规则将社会生活建立在一种理性的基础上。[2] 总而言之,在启蒙运动期间,自然法法典是指将在一本法律文本立法中建立显著的全面而系统的立法内容,其特征表现在以一般易懂的法律风格为标志,避免使用诡辩,并且应有意避免司法裁量权和拒绝历史偶然性。[3]

但是,随着拿破仑退位流放至地中海以及法国对欧洲的霸权终结,带有启蒙时期理性特征的自然法法典编纂运动也随之没落下去。同时期,德国长期分裂的状态使得德国国民希冀实现民族统一、自由以及法律事业的统一化,在法学领域具体表现为是否要制定全国统一的民法典,从而引起了著名的以蒂堡(Thibaut)为代表的自然法学派与以萨维尼(von Savigny)为代表的历史法学派有关法典编纂的争论。[4] 蒂堡在其1814年发表的文章《论统一民法对德国必要性》中指出,一部“智慧的、经过深思熟虑的、简洁的并且富有远见的”法典对于统一的德意志帝国(而非各邦国)是必不可少的,[5]因为一部简洁的民族法典(national - gesetzbuch)可以使普通人也足以接近和了解法律的全部内

---

〔1〕 徐国栋:《边沁的法典编纂思想与实践——以其〈民法典原理〉为中心》,载《浙江社会科学》2009年第1期。

〔2〕 [德]莱因哈德·齐默尔曼:《法典编纂的历史与当代意义》,朱淼译,载明辉、李昊主编:《北航法律评论》2012年第1辑,法律出版社2012年版。

〔3〕 Weyland Raphael, Das Umweltgesetzbuch: Neugeburt oder Scheitern eines Jahrhundert-projects, 2015, S. 42.

〔4〕 舒国滢:《德国1814年法典编纂论战与历史法学派的形成》,载《清华法学》2016年第1期。

〔5〕 舒国滢:《德国1814年法典编纂论战与历史法学派的形成》,载《清华法学》2016年第1期。

容,统一的民法有助于德意志民族保持“兄弟般的相同思想”(ein brüderlicher gleicher Sinn),[1]有助于“实现分裂的国家共同成长为统一的理性统一实体”(Zusammenwachsen der zersplitterten Nation zur Gesinnungseinheit)。简言之,统一的法典编纂被当时以蒂堡为代表的自然法学派学者认为是实现德国统一的重要手段,从而被赋予了重要的爱国情怀,蒂堡的言论也被视为“爱国者的建议”。

历史法学派代表萨维尼在其发表的文章《论立法与法学的当代使命》(Vom Beruf unserer Zeit für Gesetzgebung und Rechtswissenschaft)中认为要实现整个德意志民族大道共同不是通过制定统一的法典,而是通过“有机进展的法学”来实现,即法律不是通过国家意志制定出来,而是通过民族信念(volksüberzeugung)成长起来的。[2] 因此,萨维尼认为法律是有机生成的产物,而法典编纂就不是蒂堡提出的“必要性”问题,而是一个时机的问题,在具备条件和能力的时候才能编纂法典。[3] 在萨维尼看来,法典编纂要求在内容上应该保障最大范围内的确定性以及法在适用上的安全性。这也就要求法典在内容上必须具备完整性;在形式上要做到使用严密精确的语言。[4] 萨维尼认为,当时的德国不具有相应的能力制作这样的法典,这主要体现在萨维尼认为德国还没有能力构建一套严密的逻辑体系使法律达到完备性,而如果不能达到内容上的完备性,就要求法官必须发挥能动性,使得法官享有决断的自由,而这是其不能接受的。

在以萨维尼为代表的历史法学派坚持下,德国民法典的诞生推迟,直至潘德克顿体系建构的完成,德国具备编纂法典能力后,德国民法典

---

〔1〕 舒国滢:《德国1814年法典编纂论战与历史法学派的形成》,载《清华法学》2016年第1期。

〔2〕 舒国滢:《德国1814年法典编纂论战与历史法学派的形成》,载《清华法学》2016年第1期。

〔3〕 舒国滢:《德国1814年法典编纂论战与历史法学派的形成》,载《清华法学》2016年第1期。

〔4〕 薛军:《蒂堡对萨维尼的论战及其历史遗产——围绕〈德国民法典〉编纂而展开的学术论战述评》,载《清华法学》2003年第2期。

才诞生——从自然法法典转变为所谓的“潘德克顿学派[1]”(Pandek-tistische Kodifikationen)法典,《德国民法典》的法典编纂也体现出特殊的抽象水平、体系化程度和精准的法律术语。[2]

德国历史上关于法典编纂的论战表明,法典的本质在不同学说代表下是多样的,法典的概念也是受到时代特征极大影响的。但是,各个法典的概念都或多或少认为法典是对法律规则的综合广泛的汇编,并且这种汇编还要体现规则内容间的体系化。

自《德国民法典》诞生后,德国又陆续颁布了更多的法典,如《德国刑法典》《德国商法典》《德国社会法典》,为德国在编纂法典方面积累了许多经验。

(二)德国环境法法典化的提出

环境法法典化的概念在德国第一次提出是在1976年的联邦政府所作的环境报告中,其提出“在最近几年中环境保护领域法条的数量越来越多、复制性越来越大以及其分散于无数的法条和执行规定中引出是否可以将其规制在统一的法律中这一问题”。[3] 之后1978年德国环境署进一步研究了环境法统一的可能性。[4] 但是在20世纪七八

[1] 也被翻译为“学说汇纂学派”,这个学派在法学上有三大原理引人瞩目:一是坚持“涵摄(归类)理论”,即根据演绎推理,将案件“事实”(小前提)涵摄于法律规范(大前提)之下,以确保在具体案件中实现公正;二是倡导“法律体系逻辑完备的原理”,即如普赫塔那样,将既存的法秩序设想为法(权利)概念的“公理的”“封闭的”“无漏洞的”体系;三是在法律解释上主张客观解释,即认为所有法律之决定性的意义并非来源于历史上的立法者之主观意图,而是来自其所处关联语境的客观的体系性含义,取决于它身处其中的体系的参照。参见舒国滢:《19世纪德国“学说汇纂”体系的形成与发展 基于欧陆近代法学知识谱系的考察》,载《中外法学》2016年第1期。

[2] Uwe Wesel, Geschichte des Rechts - von den Frühformen bis zur Gegenwart, 4. Aufl. 2014, § 17 Rn. 295.

[3] 原文是“Die große Zunahme der Rechtsvorschriften auf dem Gebiete des Umweltschutzes in den letzten Jahren, ihre wachsende Kompliziertheit und ihre Verstreutheit auf zahlreiche verschiedene Gesetze und Durchführungsvorschriften haben zu der Frage geführt, ob sie nicht in einem einheitlichen Gesetzeswerk - geordnet in einen Allgemeinen Teil und einzelne Fachteile - zusammengefasst werden könnten”。Umweltbericht der Bundesregierung, BT - Drs. 7/5684, S. 23, Rz. 109.

[4] Bericht 8/78 des Umweltbundesamts.

十年代，受到萨维尼思想的影响，德国法学界认为编纂环境法典的时机并不成熟，应该在具备条件的时候才能编纂环境法典。

萨维尼对民法典要求的“完备性”标准对德国环境法的法典化编纂也产生了很大的影响。在当初20世纪70年代时，德国法学界反对环境法典编纂的一个重要理由就是环境法典几乎不可能实现完备性。[1]理由之一在于：环境法界限难分。在编纂环境法典这个概念提出之初，由于环境保护是跨学科专业，关于哪些法律规范应当被纳入环境法也引起争议，是采取广义的环境法还是狭义的环境法？比如，狭义的环境法包括水保护法、土地保护法、自然保护法，但是诸如资源消费、能源法以及土地利用法则并不在狭义的环境法范围内，因此德国法学界认为环境法典概念需要明晰界定。理由之二在于：环境问题的多样化以及不确定性导致在可预见的时期内环境保护一直处于变化中，相应的环境法律规定也一直处于修订和变化中，这种变化使环境法没有能力构建一套严密的逻辑体系，很难满足法典要求的完备性。

也正因如此，在环境法典概念提出之初，需要摆脱“完备性”掣肘，为此支持法典化的学者指出“在当前社会民主法治国家的立法环境下去实现法典最初的目标是不现实的”，[2]“强调法典时代的法律合理性与我们所处时代之间的矛盾是危险的，因为这可能会鼓励规范泛滥，并放弃新的法典工作开展进一步的工作”。[3] 总而言之，学者们努力希望环境法典在当代情况下也能够实施，因为越来越多的例子证明法典也可以成功实现，如法国、芬兰、意大利、荷兰、瑞典和瑞士均颁布了环境法典，即使其未满足“完备性”要求。法典编纂也成为德国环境法学者尝试的方向——编纂尽可能持续稳定但具备弹性修订空间的法典。

---

[1] Weyland Raphael, Das Umweltgesetzbuch: Neugeburt oder Scheitern eines Jahrhundert-projects, 2015, S. 46.

[2] Breuer Rüdiger, Das Umweltgesetzbuch – über das Problem der Kodifikation in der Gegenwart, UPR10(1995), S. 366f.

[3] Weyland Raphael, Das Umweltgesetzbuch: Neugeburt oder Scheitern eines Jahrhundert-projects, 2015, S. 47.

二、环境法法典化的肇起动因

环境法的保护对象是人类赖以生存的自然资源和环境，规制的是破坏生态环境的各种行为，这个本质特点导致了环境法律体系必然因为环境媒介的多样性和破坏行为的复杂性而庞大繁复。

(一)环境法去"破碎化"，实现统一与协调之需

作为世界上环境保护体系最完善的国家之一，德国环境保护法律条款也相应地十分全面而繁杂。德国联邦层面的环境法数量极多，有数十部的环境法律、无数的法律条例和行政规范，此外还有大量地位等同于规范的规定。

法律体系的庞大臃肿导致体系内部的协调性和一致性相应地下降。德国环境立法的发展是基于德国环境恶化的事实背景，所以当时制定的环境保护法律大多是应急的，而且往往是针对个别环境客体面临的环境问题而作出的规制，因此在制定环境法律规定时很容易缺少协调性，如在不同的法律中出现不同的法律概念。此外，过多的环境法律规定导致出现法律规定的规制范围重叠或规定重复，或者规定矛盾或不一致[1]的问题，最终加剧了环境法律体系层次不清、碎片化的问题。德国环境法律体系也被德国学者描述为"充满污点的地毯"(flecken teppich)。[2]

以立法为例，德国联邦矿业法与德国现有的联邦自然保护法、联邦土地法、联邦水资源维护法以及环境影响评价法均有重复。再如，联邦自然保护法中有关自然保护社团的共同参与权与环境救济法中的规定存在重复。此外，法律规定的规划工具洪水防范规划、水法经济规划和自然保护法中的土地规划都有交叉重复。

在这种情况下，继续颁布环境单行法只会让整个体系更加混乱，环境法内各法律法规之间的冲突矛盾也影响环境整体效益的实现。所以

---

[1] Susan RoseAckerman, *Environmental Policy and Federal Structure: A Comparison of the United States and Germany*, Vanderbilt Law Review, Vol. 47:5, p. 1587 - 1622(1994).

[2] Michael Kloepfer, Sinn und Gestalt des kommenden Umweltgesetzbuchs, UPR5 (2007), S. 161.

德国试图通过大刀阔斧地走环境法法典化的道路以期厘清环境法律系统的内部逻辑,增删相应法律,从而实现德国环境法的统一与协调。

面对德国环境法律体系的破碎化现象,实现环境法的统一与协调的愿望在德国法律界越发强烈。德国法学界希望环境法律规定以全面且富有效率的方式实现协调,以期实现环境法律体系之间的"浑然一体"且环境问题可以用更少的规范予以规制。[1] 因此,环境法的协调化目标也就自然地表现出要求立法者创设出对法律适用者和司法人员都统一适用的法律规范和同质性的表述,以有利于加强执行。为了实现这一协调化目标,德国希望通过环境法典以克服环境法律体系破碎化的问题,而这也被认为是德国希望引入环境法典的最重要原因。[2]

一般认为,环境法典编纂可以提供一种内在精致化的机会,通过环境法典编纂简化、协调、汇总现有复杂的环境法律文件,减少环境法律数量,可以提升环境法的协调性,加强环保意识和改善环境法的自觉遵守与行政执行。[3]

(二)环境法就简去繁,加强企业竞争力之需

自 1992 年里约会议确认了可持续发展为国际环境法的基本原则之后,可持续发展和环境保护的理念越发深入人心,人们对环境法治的要求水平大大提高。但是德国环境法律条例众多、体系庞大,除此之外还需要遵守欧盟的环境法律。另外,随着市场变化而新兴的环境税、可交易的排放权这些环境管制工具的出现,也需要新的环境法律来规制。[4] 按照技术进步和经济发展的趋势看,各种环境问题只会层出不穷。如果再继续制定单行法律,德国环境法律体系势必将进一步庞大。

---

〔1〕 Michael Klopfer, Empfiehlt es sich, ein Umweltgesetzbuch zu schaffen, gegenbenfalls mit welchen Regelungsinhalten?, JZ47(1992), S. 818.

〔2〕 BMU(Hrsg.), Entwurf der Unabhängigen Sachverständigenkommission zum Umweltgesetzbuch beim Bundesministerium für Umwelt, Naturschutz und Reaktorsicherheit, Duncker & Humblot GmbH, 1998, S. 72.

〔3〕 [德]Eckard Rehbinder:《欧洲国家的环境法法典化》,沈百鑫译,载徐祥民主编:《中国环境法学评论》总第 9 卷,科学出版社 2013 年版。

〔4〕 Veinla Hannes, *Codification of Environmental Law*, Journal of Periodontology, Vol. 76:8, p. 1374 – 1385(2007).

总而言之,环境法发展的不同历史条件、整体性理念和策略的不足、不同的立法技术、不同的制度组合和处于不同法律法规位阶的规则以及政策中的妥协决策,[1]使环境法呈现多维度规制、不透明、晦涩难懂的特征。[2]

繁杂冗长的法律意味着公民需要熟悉并运用的法律也变多。层次混乱的环境法实施难度十分高,这影响了环境法律的治理效果和治理效率,对环境保护的力度也因为法律体系的混乱而受到影响。[3] 比如,就环境行政许可证审批而言,由于保护的各种资源所属部门不同,在环境立法和执法的过程中,各部门有自己的考量。不同部门有不同流程,同一个企业在针对一个项目申请不同的环境许可时往往需要向不同的主管部门多次办理手续,办理周期长且手续繁琐。[4] 出于效率性和经济性的考量,简化环境法不但可以显著提高环境保护的效果,增强法律的可操作性,还能增加企业的竞争力。因此,德国的经济界期盼通过简化环境法将经济发展和环境保护有机地结合成一个目标,并认为法典可能是实现减少规制和去官僚化的重要方法——如通过制定更缩减的法律、删除冗余条款,或者是通过法典式整合、简化和协调规范推动行政程序简化。[5]

---

〔1〕 Eckard Rehbinder, Kodifikation des Umweltrechts in Europa – Rechtsvergleichende Betrachtungen, in Klaus – Peter Dolde & Stefan Paetow & Eberhard Schmidt – Aßmann & Klaus Hansmann (Hrsg.), Verfassung – Umwelt – Wirtschaft: Festschrift für Dieter Sellner zum 75. Geburtstag, München: Verlag C. H. Beck, 2010, S. 89ff, hier S. 93.

〔2〕 Weyland Raphael, Das Umweltgesetzbuch: Neugeburt oder Scheitern eines Jahrhundert-projects, 2015, S. 65.

〔3〕 戚娟:《环境法法典化趋势及我国之借鉴——以瑞典和德国两国为例》,载《学理论》2011年第23期。

〔4〕 夏凌:《国外环境立法模式的变迁及中国的路径选择》,载《南京大学法律评论》2009年第1期。

〔5〕 Reiner Schmidt, Berücksichtigt das geltende Umweltrecht in ausreichendem Maße die Anforderungen der Wirtschaft? in Rolf Stober & Hanspeter Vogel (Hrsg.), Umweltrecht und Umweltgesetzbuch aus wirtschaftsrechtlicher Perspektive, Köln: Carl Heymanns Verlag, 2001, S. 11ff, hier S. 21.

第二节　德国法典化运动:从整体化编纂到分阶段编纂

为了克服前述环境法存在的问题,德国开启了环境法法典化运动,共历经两次编纂的尝试。德国两次环境法典编纂尝试共涉及四个草案。第一次编纂始于 1988 年,由教授委员会起草并于 1994 年完成,也被称为“教授草案”;在此之后是基于教授草案总则部分于 1992 年由各行业的专家组成的专家委员会着手编制并在 1997 年 7 月公布的“专家委员会”草案。第三个草案是工作草案,由德国联邦环境部(BMU)[1]于 1999 年完成,但在不久之后被联邦各部门拒绝。最后一部草案是在第二次环境法法典化过程中产生的,即 2006 年在联邦与州共同组成的工作小组的带领下开始编纂,并于 2008 年完成,2009 年因受到基督教社会联盟(Christian Social Union, CSU)和巴伐利亚州的反对而宣告失败。

虽然因为各种原因并未成功,但这两次努力不是毫无价值的,通过对德国环境法法典化运动的过程总结,可以得出德国环境法典运动失败的经验教训,更全面地认识到环境法典编制的难度,为我国未来可能的环境法典编纂提供经验。

一、第一次环境法典草案编纂(1988～1999 年)

在经过长时间的思考与酝酿后,德国终于在 20 世纪 70 年代后期决定尝试对环境法典进行编纂,在慎重地进行了技术研究并得出两份报告之后,联邦环境署和联邦环境部证明制定环境法典的总则部分是可行的,自此德国第一次环境法典编纂运动于 20 世纪 80 年代末开始了教授草案。

---

[1] 德国联邦环境部全称是德国联邦环境、自然保护和核安全部(Bundesministerium für umwelt, Naturschutz und Nukleare Sicherheit),为行文便利起见,本书简称为德国联邦环境部。

(一)教授草案

1. 教授草案的编纂过程

1988 年，联邦环境部部长托普弗(Töpfer)召集了高校教授[1]组成委员会，并委托其起草环境法典。教授草案采用了德国的经典两分法的思想，将环境法草案的编制工作分为总则和分则两个部分，体例上类似于传统的《德国民法典》，符合环境法涵盖对象范围广的部门特点。这凸显了德国法典化的目标宏大。

1990 年由教授组成的委员会完成了环境法典教授草案的总则部分。作为对总则部分的补充与展开，教授草案的分则部分于 1994 年完成并出版。教授草案试图在内容上通过对大量的现有环境法规范展开研究并确认出共同点，并以“提取公因式”的方式归纳总结，从而在协作中顺利梳理了繁杂的环境法律的逻辑和层次，也实现了草案内容不局限于单纯的环境法的总结，并实现了对现有法律深度发展的追求。[2]

2. 教授草案的框架体系和调整对象

(1)总则部分

教授草案采取总则和分则两部分，其中总则涵盖十一章共 169 条，从整个环境领域的视角规定了环境法的普遍性原则、目标、一般性规范、环境保护的手段和行政程序规定等指导性、框架性的内容，分别如下：

第一章：一般规定(涵盖环境法的基本原则和指导思想)

第二章：环境义务和环境权利

第三章：规划(尤其是针对跨媒介具体环境的环境规划)

---

[1] 教授草案的总则部分编写人员有迈克尔·克洛普弗(Michael Kloepfer)教授、艾克哈德·雷炳德(Eckard Rehbinder)教授、埃伯哈德·施密特·艾曼(Eberhard Schmidt – Aßmann)教授，后期菲利普·库宁(Philip Kunig)教授也加入；分则部分编写人员除总则编写人员外，还包括汉斯·贾拉斯(Hans D. Jarass)教授、汉斯·于尔根·帕皮尔(Hans – Jürgen Papier)教授、弗朗茨·约瑟夫·佩恩(Franz – Joseph Peine)教授以及于尔根·萨尔茨韦德尔(Jürgen Salzwedel)教授。

[2] Weyland Raphael & Das Umweltgesetzbuch, Neugeburt oder Scheitern eines Jahrhundert-projects, 2015, S. 6.

第四章:环境影响评价

第五章:直接监管(尤其是规制禁止行为的一般特征以及许可构成的一般原则,这部分需要分则部分的进一步具体规定)

第六章:间接监管(尤其是关于环境税和环境补贴)

第七章:环境信息(尤其是关于环境相关的警示和建议的规制)

第八章:环境责任(尤其是关于环境影响发生时的责任和环境损害赔偿责任)

第九章:社会团体和公众参与(尤其是关于环境社会团体以及公众的参与权利和参与程序)

第十章:法律执行(尤其是关于法律条例和行政规定的颁布规则)

第十一章:组织和职权

(2)分则部分

作为对总则部分的补充,教授草案的分则部分着眼于环境保护的不同对象,内容上共起草了八个章节 598 条,涵盖自然保护、水域保护和水管理、土壤保护、原子能管理、污染防治与废物治理等方面。对各种环境媒介的保护作出了谨慎又不失创新的具体规定,分别如下:

第一章:自然保护和景观维护

第二章:水域保护和水管理

第三章:土壤保护

第四章:污染影响(immission)

第五章:核能和辐射防护

第六章:危险物质(为结合欧共体化学物质法而作出的规定)

第七章:废物管理和废物处理

第八章:附则条款(生效、过渡条款)

教授草案的分则部分在体系上与总则紧密相连,但是其内容主要限制在传统的环境法领域,即有关自然保护、水域保护和土地保护以及排污问题。此外,并未考虑与环境间接相关的问题,诸如交通和能源领域的环境问题。

3. 对教授草案的评价

教授草案在当时最大的功绩在于证明了在德国编纂环境法典是可

行的。教授草案的颁布为德国环境法典提供了雏形,使德国环境法典有了清晰和明确的框架,其不仅证明了编纂环境法典是可行的,同时也为进一步推进这个想法打下了一个良好的基础。1992 年,在汉诺威举行的第 59 届德国法学家日上,尽管有一个反对的鉴定和两个倾向于怀疑的报告,但是大多数的与会人士还是公开表达了对创制一部环境法典的支持。[1]

如果结合教授草案起草时的环境立法情况,可以发现,教授草案的总则部分规制的领域非常宏大,其涵盖的内容有些甚至在当时德国环境立法中尚未触及或未充分规制,如环境信息和与环境责任相关的内容,而且在当时首次规范了环境保护的重要原则。

但是,教授草案只是初步的草案,其仍然存在不少问题。尤其是其宏大的总则内容让当时的德国法学者质疑草案内容是否真的可以仅通过有限分则内容实现环境法的协调化。此外,也有学者质疑教授草案的内容是否足以应对未来发生的环境问题挑战,尤其是教授草案的内容更加偏向学理性,缺少实践性。[2]

(二)专家委员会草案

1. 专家委员会草案的编纂过程

在教授草案的分则部分还在编纂过程中,德国联邦环境部在 1992 年组成了独立专家委员会并委托专家委员会起草环境法典。专家委员会的成员来自各行各业,包括环境法学教授、律师、工程师、法官和政府官员,成员出身的多元化让他们能以不同的视角展开环境法典的修改工作,也体现了不同领域的利益诉求、目标和理解。

虽然专家委员会也参考了教授草案的内容,但是还是在 1997 年独立完成编制了专家委员会草案,并且其内容不仅仅限于专业的学理性,还充分考虑了政治过程中的妥协和达成的一致意见。

---

〔1〕 BMU(Hrsg.), Entwurf der Unabhängigen Sachverständigenkommission zum Umweltgesetzbuch beim Bundesministerium für Umwelt, Naturschutz und Reaktorsicherheit, Duncker & Humblot GmbH, 1998, S. 72.

〔2〕 Christian Schrader, Erster Schritt zur Einheit - zum Entwurf eines Umweltgesetzbuchs, IDUR1 (1991), S. 51f .

由于专家委员会草案编制之初,《里约宣言》的可持续发展思想已经深入人心,因此,相较于教授草案,专家委员会草案除了在遵循教授草案的立法目标外,更加注意可持续发展原则的贯彻,注重协调人与环境之间的关系。专家委员会希冀在草案中实现细化持续的、与环境相适应的发展的主导模式,创造与环境法典相匹配的、能促成生态和经济可持续发展的机制。专家委员会希望草案可以实现保护环境的目的,并被当作人类延续不可否认的媒介。[1] 在遵循该原则前提下,专家委员会对教授草案的总则进一步细化,尽量涵盖自然环境的各个方面,最终专家委员会草案的总则条文数量达到224条,多于教授草案总则的169条。比如,专家委员会认为环境行政许可对环境保护而言具有重要意义,因此将不同的行政许可内容改为在总则部分,而教授草案则是将其规定在分则章节"污染防治"(Immissionschutzrecht)中。

此外,专家委员会草案的编纂顺序不同于教授草案。教授草案是先起草总则内容,再起草分则内容,两部分内容不是同时展开。而专家委员会先从分则部分开始起草,并在此基础上,才展开总则部分的起草。这种从特殊到一般的归纳方式可以让总则和分则更好地衔接和协调,并在总则的内容确定下来后再修改分则部分的规定。这样使得所有的规定相互间协调起来。

2. 专家委员会草案的框架体系和调整对象

专家委员会草案总共有775条,与教授草案一样也分为总则和分则部分。

(1)总则部分

专家委员会草案的总则部分共分为八章224条,具体涵盖以下方面:

第一章:一般规定(尤其是规定了基本概念、环境保护基本原则、环境法律实施规则、社会团体的公众参与)

---

〔1〕 BMU(Hrsg.), Entwurf der Unabhängigen Sachverständigenkommission zum Umweltgesetzbuch beim Bundesministerium für Umwelt, Naturschutz und Reaktorsicherheit, Duncker & Humblot GmbH, 1998, S. 87.

第二章:规划(尤其是规定环境法的规划原则、环境基础规划、环境影响评价)

第三章:项目(尤其是规定不同类型下的项目许可)

第四章:产品(与产品相关的环保规则,尤其是生产者、消费者和使用者的产品责任)

第五章:干预措施和监督(包括传统的法律规制手段以及经济手段)

第六章:企业环境保护、环境责任和其他经济手段(尤其是规定了企业需要遵守的环境法规定、发生环境损害时的责任)

第七章:环境信息(规定获取环境信息的权利)

第八章:跨界环境保护(主要规定德国政府在国际上的环境保护合作)

(2)分则部分

根据对教授草案分则部分的参考,专家委员会草案也规定了着眼于环境保护的不同对象,内容上共起草了九个章节 531 条:

第九章:自然保护、景观维护和森林保护

第十章:土壤保护

第十一章:水体保护

第十二章:污染防治法和能源供给

第十三章:核能和辐射防护

第十四章:交通设施和管线设施

第十五章:基因技术和其他生物技术

第十六章:危险物质

第十七章:废物管理

需要注意的是,与教授草案的分则内容相比,专家委员会草案的分则内容除了环境法传统意义上的规制领域(自然保护和景观维护、水体保护和水资源管理、土壤保护、污染防治、核能和辐射防护、危险物质、固体废物管理)之外,专家委员会还在草案中新增了基因技术、能源供给和交通设施。其理由在于,专家委员会认为一部环境法典必须尽可能地兼顾当前所有重要的、立法机关有能力促成其解决的环境问题,从而形成一个清晰而系统一致的环境法典。[1]

在专家委员会看来,基因技术和与设施相关的规则上运用了和设施相关的污染防治法相似的形式,且与危险物质也有相近关系,因此需要列入法典草案;而关于道路规划和交通建设,考虑到建设和营运联邦铁路、联邦水道、机场都会对自然和景观产生影响,并且交通也会产生对人和环境有明显危害的物质,也有必要将这一部分规则纳入环境法典草案;能源供给则与气候保护相关,因此也应纳入环境法典草案。

3. 对专家委员会草案的评价

与教授草案一样,专家委员会草案也被认为是潜在的环境法典的范本。相较于教授草案,专家委员会草案的内容在整体性和一致性方面更为协调。主要在于专家委员会将环境各领域的法律规范在内容、概念以及形式方面的协调、统一、简化作为编纂法典的首要目标。[2]这从专家委员会草案的开篇即可发现。专家委员会草案第1条第1款明确环境法典专家委员会草案的目标是保护环境和人类以及人类健康和福祉;如果结合该草案第2条第1项对环境的定义,[3]生态系统则是环境的一部分;并结合该草案对生态系统的定义,[4]可以发现,专家委员会草案将土地、水、空气、臭氧层、气候、动物、植物和其他有生命的

---

[1] BMU(Hrsg.), Entwurf der Unabhängigen Sachverständigenkommission zum Umweltgesetzbuch beim Bundesministerium für Umwelt, Naturschutz und Reaktorsicherheit, Duncker & Humblot GmbH, 1998, S. 91.

[2] Walter Frenz, Berücksichtigt das geplante Umweltrecht die Anforderungen der Wirtschaft.? in Rolf Stober & Hanspeter Vogel (Hrsg.), Umweltrecht und Umweltgesetzbuch aus wirtschaftsrechtlicher Perspektive, Köln: Carl Heymanns Verlag, 2001, S. 37ff, hier S. 38.

[3] 专家委员会草案第2条第1项规定:"环境系指生态系统、景观、文化财产和值得保护的实物(环境要素),以及环境要素之间的互作用。" BMU(Hrsg.), Entwurf der Unabhängigen Sachverständigenkommission zum Umweltgesetzbuch beim Bundesministerium für Umwelt, Naturschutz und Reaktorsicherheit, Duncker & Humblot GmbH, 1998, S. 109.

[4] 专家委员会草案第2条第2项规定:"生态系统指的是土地、水、空气、臭氧层、气候以及局部气候、动物、植物和其他有生命的生物体(自然物)以及包括自然物之间的互相作用。" BMU(Hrsg.), Entwurf der Unabhängigen Sachverständigenkommission zum Umweltgesetzbuch beim Bundesministerium für Umwelt, Naturschutz und Reaktorsicherheit, Duncker & Humblot GmbH, 1998, S. 109.

生物体(自然物)及其之间的互相作用均纳入了环境法典的规制范围,意图从跨环境媒介的整体环境影响角度出发起草环境法典。在这一立法思路的影响下,该草案不再是单纯地将现有的立法规定予以罗列,而是将重要的环境法领域纳入草案中,但内容上更具有系统化。从其内容看,虽然其缩减了很多法律和法规的内容,但是其规制的环境保护水平并未低于当时的环保标准,甚至已经突破了当时德国环境法律仅针对单一环境媒介(如空气、土壤、水)面向单一环境领域的环境保护标准,尽可能高标准地从整体上保护环境。[1] 尤其是专家委员会草案在总则中对企业的专门规定以及环境项目相关的许可规定等综合规定更是展现出该草案的“从跨环境媒介整体视角起草”特征。专家委员会草案第 80 条第 1 款从程序角度规定应当统一地、跨环境媒介地决定可能影响多种环境要素的项目是否可获得项目行政许可(vorhabengenehmigung)。由此,专家委员会草案试图建立一种统一的行政许可类型,并且几乎适用于全部的项目许可。该草案第 81 条明确规定,这项统一的项目行政许可适用于会导致对环境或人类产生不利影响的设施及活动的建设和运营,包括如与污染防治法相关的设施、核技术设施、污水处理设施、基因技术设施、林地改造、开采海底矿藏、管线设施、垃圾填埋场、交通设施或者水体扩建等。该草案第 99 条第 1 款从法律实体效果方面明确规定,在取得项目行政许可后不再同时需要其他涉及该项目的有关当局的决定,尤其是不再需要行政许可和规划制定。[2] 专家委员会草案的起草者试图在项目行政许可审批时从跨环境媒介视角综合考虑环境要素之间的互相作用,以审查项目对保护客体的影响。

---

〔1〕 Walter Frenz, Berücksichtigt das geplante Umweltrecht die Anforderungen der Wirtschaft.? in Rolf Stober & Hanspeter Vogel (Hrsg.), Umweltrecht und Umweltgesetzbuch aus wirtschaftsrechtlicher Perspektive, Köln: Carl Heymanns Verlag, 2001, S. 37ff, hier S. 38.

〔2〕 专家委员会草案第 99 条第 1 款规定:“通过项目行政许可,项目的准入性全面予以确定,尤其在对于环境和人类的影响方面。不再同时需要涉及项目的其他行政部门之决定,特别是行政许可和规划制定。依《联邦矿产法》的行政许可作为例外。关于干预性措施的规定,和规定向其他行政部门征求意见或其他协作的规范,不受影响。”BMU(Hrsg.), Entwurf der Unabhängigen Sachverständigenkommission zum Umweltgesetzbuch beim Bundesministerium für Umwelt, Naturschutz und Reaktorsicherheit, Duncker & Humblot GmbH, 1998, S. 147.

此外,专家委员会草案突破了传统立法者的视角。[1] 虽然专家委员会草案在结构上也分为总则和分则部分,在内容上也参考了教授草案的规定,但是考虑到环境法处在立法、司法和科学的进一步发展的、无法抑制的动态中,专家委员会草案仍然融入许多独立的立法理念。比如,专家委员会草案在总则部分规定了环境规划和产品,在分则部分也将非传统的环境法规制对象如基因技术和危险物质纳入调整范围,破除了当时环境法律制度的系统性限制,使得那些一直以来都没有被纳入环境法核心的领域与环境法相协调。因此,专家委员会草案是德国环境法典草案的进一步阶段,更进一步加深了德国环境法律体系的协调和系统化。[2]

(三)工作草案

1. 工作草案的提交

在专家委员会草案颁布后,德国联邦环境部接手了专家委员会草案。同时,考虑到欧盟理事会在 1996 年 9 月 24 日颁布的《关于综合避免和减少环境污染指令》(96/61/EG)以及 1997 年 3 月 3 日通过的《关于特定环境公私领域的环境影响评价条例》(97/11/EG)需要分别截至 1999 年 3 月和 1999 年 10 月按照欧盟法律要求转换为国内法,德国联邦环境部希冀通过开放式、分阶段的方式来尽快实现德国环境法典立法项目,即在初始阶段仅制定总则中的重点领域和分则中的部分内容,而将专家委员会草案中涉及的部分环境法领域先予以排除。[3] 德国联邦环境部之所以会做出这样的计划,是因为当时德国缺少法律规定来具体执行欧盟的这两个条例,从而会引起各相关行政部门和企业等单位在执行时缺少法律确定性,所以联邦环境部亟须一部法律或行政

---

〔1〕 Weyland Raphael, Das Umweltgesetzbuch: Neugeburt oder Scheitern eines Jahrhundertprojects, 2015, S. 13.

〔2〕 Michale Kloepfer, Der Umweltgesetzbuch – Entwurf der Sachverständigenkommission(UGB – KomE): zum Entwurf der Unabhängigen Sachverständigenkommission zum Umweltgesetzbuch beim Bundesministerium für Umwelt, Naturschutz und Reaktorsicherheit, DVBL112 (1997), S. 1105.

〔3〕 沈百鑫:《两次受挫中前进的德国环境法典编纂》,载《中国人大》2018 年第 5 期。

法规层级上的立法规定来指导相关欧盟指令的执行。

因此在第一阶段中,德国联邦环境部更重点关注其能否起到纲领作用,是否能为今后新增的环境部门法律提供适用规则。德国联邦环境部在1998年3月5日第一次提交环境法典工作草案——被称为“第一书”(Erstes Buch)。对于这个工作草案,考虑到德国联邦环境部的“分步走”计划,以及德国当时面临将系列欧盟环境法方面的条例转化为德国国内法的立法任务,虽然工作草案在结构上仍然以专家委员会草案为依据,但是由于其面临需要尽快转换欧盟指令的紧迫情况,因此其面临无法将专家委员会草案的内容全部接受的现实情况。德国联邦环境部认为这部立法草案主要是体现提纲挈领的作用,且能够适用于未来的规定。所以,与教授草案和专家委员会草案相比,工作草案可以说是“不完整的”,但其内容基本源于专家委员会草案。

工作草案总共82个条文,也分为总则和分则两部分。其中总则部分涵盖的内容包括:第一章有7条涉及环境保护原则如预防原则、污染者付费原则(第3条)和可持续发展原则(第2条);第二章共34条涉及建设项目许可内容,包括捆绑式项目许可、规划项目许可以及简单项目许可;第三章有2条规定了法律实施的内容,包括服务于许可颁发的环境监管规定和执行规定;总则的最后部分规定了5条内容涉及跨界环境保护。分则部分主要围绕欧盟两个指令转换相关的内容,包括9条涉及与设施相关的排污;此外还规定了7条内容涉及水域保护,7条内容关于垃圾场,3条内容关于管道设施。

工作草案的核心内容是总则部分规定的建设项目许可内容。这主要是为了转换欧盟的指令使其在德国得到实施而引入的。[1] 欧盟《关于综合避免和减少环境污染指令》第7条规定,如有多个行政机关参与许可审批,则各成员国应当采取符合一体化和跨环境媒介特征的许可流程和许可义务。基于该欧盟指令要求,并参考专家委员会草案内容,

---

[1] Walter Frenz, Berücksichtigt das geplante Umweltrecht die Anforderungen der Wirtschaft.? in Rolf Stober & Hanspeter Vogel (Hrsg.), Umweltrecht und Umweltgesetzbuch aus wirtschaftsrechtlicher Perspektive, Köln:Carl Heymanns Verlag, 2001, S. 37ff, hier S. 57.

工作草案规定如可能引起环境影响的项目需要取得项目许可,[1]该项目许可将统一决定并基于跨环境媒介考量,并将产生集中的法律效果(Konzentrationswirkung)——在一定意义上超越了欧盟指令的要求,因为欧盟指令仅要求许可程序统一,并未强调颁发后的许可具有集中的法律效果。

2. 工作草案的受挫及其原因

(1)立法权限受限

工作草案在向各部委征求意见中受挫,因此,1999 年年中,联邦环境部突然撤回工作草案。理由主要是各联邦部门提出了反对意见,其中反对意见主要集中在联邦没有足够的立法权限。

联邦宪法部门和内政部以及司法部认为联邦没有权限,并且这样的立法违反了当时的《德国基本法》第 72 条第 2 款以及第 75 条第 2 款规定,即当时的宪法——《德国基本法》中规定了联邦和各州的立法权限:联邦并没有广泛的立法权限,仅在个别领域享有单独的立法权;而在另外规定的领域内联邦和各州的立法机构享有的是竞合性立法权或框架立法权,其中基于框架立法权,仅在例外情形下联邦才得以作出细则规定或具有直接效力的规定;而在《德国基本法》中没有提到的领域,各州立法机构则可以自由立法调整。[2]

《德国基本法》第 72 条和第 74 条规定的联邦竞合性立法权限领域涵盖核能使用(《德国基本法》第 74 条第 1 款第 11a 项)、海岸保护(《德国基本法》第 74 条第 1 款第 17 项)、土壤保护(《德国基本法》第 74 条第 1 款第 18 项)、动植物保护(《德国基本法》第 74 条第 1 款第 20 项),以及固体废物处理、空气清洁、噪声防治(《德国基本法》第 74 条第 1 款第 24 项)。此外,根据《德国基本法》第 75 条,联邦在自然保护和景观维护(《德国基本法》第 75 条第 1 款第 3 项)以及国土空间规划和水资源管理领域(《德国基本法》第 75 条第 1 款第 1 句第 4 项)享有框架性立法权限。

---

〔1〕 与专家委员会草案一样,同样不适用于矿产领域。

〔2〕 汝亚国:《德国环境立法的经验教训及其对我国的启示》,载《桂海论丛》2015 年第 5 期。

鉴于此，在修宪前，联邦在环境领域的立法权受限，仅能对其权限范围内的环境事项作出规定。而环境（生态）法典化的目标之一就是用一部完整的法律来调整全国的环境问题，这就要求联邦政府在环境法典涉及的所有领域内都有独占立法权。《德国基本法》对联邦在环境领域的立法权限限制成为法典推行的法理障碍。以水资源领域为例，在修宪之前，联邦立法机构在水资源保护和自然保护等方面的立法权力是弱于各州立法机构的，所以联邦只能就该方面的法律制定一个框架性规定，具体内容则需要由各州政府单独制定。但环境法典草案对水资源保护的定义、目的、基本义务等具有直接约束力的内容作出了规定，超出了《德国基本法》对联邦立法权限的规定。

（2）反对立法权限作为失败的原因

①《德国基本法》第 75 条第 2 款规定框架性立法权限在例外情形可以作出细则规定或有约束力的规定

当时德国有观点认为，虽然联邦立法权限受限，但是《德国基本法》第 75 条第 2 款对框架性立法权限作出了例外规定。

事实上，在专家委员会草案的导论部分就已经对立法权限作出说明，其认为：“各种立法权限整体为编纂联邦环境法典提供了充分的基础。这观点也适用于从竞争性权限和框架性权限的事务之整合角度，比如建设项目许可的规定就涉及了水法的构成要件和点状面的完整规定。”[1]因为，专家委员会认为根据《德国基本法》第 75 条第 2 款的一般规则，在例外情形下，在自然保护、景观维护以及水体保护领域，联邦的程序规则也可深入细节或者直接进行规定。

②《德国基本法》第 74 条第 1 款第 11 项规定联邦在经济领域有竞合性立法权

当时德国还有一种观点认为，联邦在水资源领域的立法权限可以得到《德国基本法》第 74 条第 1 款第 11 项经济领域立法权限（Recht

---

〔1〕 BMU（Hrsg.），Entwurf der Unabhängigen Sachverständigenkommission zum Umweltgesetzbuch beim Bundesministerium für Umwelt, Naturschutz und Reaktorsicherheit, Duncker & Humblot GmbH, 1998, S. 86.

der Wirtschaft)的支持。[1] 理由在于:在草案中,水资源领域涉及综合项目行政许可审批,该许可在事实上有利于企业减少处理烦冗的环境行政审批手续,因此这样的项目行政许可呈现出商事法上的许可特征(gewerberechtliche Erlaubnis)。当时的部分观点认为项目行政许可制度有利于企业的经济利益,虽然其在于对相关设施设备的运营从环保角度加以控制,但是在实际效果上是对经济、商事设备的建立和运营提供审批,因此与之相关的水法管理规定可以被视为服务于商法目的,进而可被归于经济领域的规定。[2]

基于上述原因,德国当时有观点认为联邦的立法权限受限并不是真实原因。

(四)导致第一次环境法典失败的原因

立法权限涉及的是关于联邦与各州立法权限的问题,然而,一个不能忽视的事实是当时联邦与各州都没有以立法权限为由来反对工作草案,相反以此为由的主要是联邦其他部门。[3] 部分德国学者认为,职权上的利己主义以及经济界的反对才是法典编纂失败的主要原因,[4] 这直接反映了联邦部门利益之争。[5] 在当时的立法过程中,联邦内政部和联邦司法部旨在保持"现状",而联邦环境部表现"无能"。联邦内政部认为环境法典草案的总则部分规定了过多应当由其主管的行政程序法领域事项,尤其是针对法典所要求的行政程序综合审批的要求,联邦内政部将其视为"眼中刺";德国联邦交通部认为,强化环境保护将

---

〔1〕 Walter Frenz, Berücksichtigt das geplante Umweltrecht die Anforderungen der Wirtschaft. ? in Rolf Stober & Hanspeter Vogel (Hrsg.), Umweltrecht und Umweltgesetzbuch aus wirtschaftsrechtlicher Perspektive, Köln: Carl Heymanns Verlag, 2001, S. 37ff, hier S. 42.

〔2〕 Walter Frenz, Berücksichtigt das geplante Umweltrecht die Anforderungen der Wirtschaft. ? in Rolf Stober & Hanspeter Vogel (Hrsg.), Umweltrecht und Umweltgesetzbuch aus wirtschaftsrechtlicher Perspektive, Köln: Carl Heymanns Verlag, 2001, S. 37ff, hier S. 42.

〔3〕 Weyland Raphael, Das Umweltgesetzbuch: Neugeburt oder Scheitern eines Jahrhundert-projects, 2015, S. 208.

〔4〕 Weyland Raphael, Das Umweltgesetzbuch: Neugeburt oder Scheitern eines Jahrhundert-projects, 2015, S. 208f.

〔5〕 沈百鑫:《两次受挫中前进的德国环境法典编纂》,载《中国人大》2018 年第 5 期。

长期影响到未来对全国交通网络道路的完善,如对于选址和建造标准的规定,限制了交通道路的建设。

但是,相比于其他与部门利益之争相关的理由,联邦在“立法权限”上受到限制这一理由更加显得正当,其他联邦各部门更倾向于以此为由提出反对。联邦政府最终接受了“联邦立法权限受限”这一理由,并声称环境法典事项将待联邦立法权能问题解决后再议,由此德国第一次编纂环境法典的尝试未能成功。

二、第二次环境法典草案编纂(2006~2009 年)

鉴于德国联邦政府认为第一次环境法典编纂的失败原因在于立法权限受限,因此在 2006 年 6 月 30 日德国议会在作出联邦制改革修改《德国基本法》后,德国联邦环境部再次启动了环境法典编纂运动。此次《德国基本法》的修改对联邦和州的立法权限重新作出了划分,从而解决了 1999 年工作草案中水法与自然保护法立法权限不足的问题。根据此次修改,原《德国基本法》第 75 条联邦的框架性立法权限被删除,德国联邦在空间规划、水域和自然保护领域的权限得到扩展。联邦与州处于竞争性立法的状态。[1] 这意味着联邦终于有了从环境法整体来调整全国相关领域的权力,这种管辖权的变更使环境法典的编纂成为可能。

同时,此次联邦制改革还在《德国基本法》第 72 条第 3 款引入了“偏离立法权”(Abweichungskompetenz)的概念,即在特定领域(以环境领域为例,包括:自然保护和景观维护、土壤分布、空间规划、水域)享有偏离联邦立法规定的权限。换言之,所谓的“偏离立法权”,即指联邦政府授权各州政府在规定范围内,对某些领域的法律享有在联邦法律基础上自行调整的权力,可以使该州的标准和措施更为严格,也可以为了促进经济发展等原因而放松对环境保护的限制。这种新型的立法权的初衷是考虑到各州的实际情况,最大限度地尊重每个州的专有立法权限,以调动他们的主观能动性,使联邦与各州可以更好地协调与合作。

在此背景下,以修宪完成的 2006 年为起始,联邦环境部再次开展

---

〔1〕 张璐璐:《德国环境法法典化失败原因探究》,载《学术交流》2016 年第 6 期。

了重新修编环境法典的工作,并由联邦和州共同编纂。

鉴于第一次环境法典编纂运动积累的丰富材料和宝贵经验,再加上执政党的大力支持,这一次的法典化进程速度较快。从2006年年初开始至2008年11月,第二次环境法典草案在向联邦各部以及其他利益相关方征求意见基础上经过多次修订,先后出现了三个版本,分别是2007年11月的版本、2008年5月的版本以及2008年11月的草案版本。[1] 鉴于2008年11月版本是最后一版的立法草案,因此本部分以2008年11月的最后版本为分析对象。

(一)立法草案的目标

根据针对环境法典立法草案的立法理由说明,起草环境法典的目的是更好地实现法律实施以及克服官僚主义,并实现环境法体系的协调化,因此环境法典应当是明晰、简洁并透明的。[2] 环境法典的核心是实现环境法更友好地执行,以实现环境、经济、政府共同"三赢"局面,同时保证环境得到高水平的保护。[3]

在此基础上,德国联邦环境部总结出环境法典的七大目标:(1)实现环境法的简洁和协调并克服官僚主义;(2)引入一体化项目许可审批以简化环境许可程序,提升企业竞争力;(3)实现环境法的友好执法;(4)确保环境法结构连续性;(5)通过综合环境保护加强环境保护;(6)转换欧洲环境法在德国的实施;(7)促进创新进程。[4]

---

[1] 德国环保署网站(https://www.umweltbundesamt.de/themen/nachhaltigkeit-strategien-internationales/umweltrecht/bessere-umweltrechtsetzung/umweltgesetzbuch#textpart-2)分别列出了2007年11月的版本、2008年5月的版本以及2008年11月的草案版本。

[2] Weyland Raphael, Das Umweltgesetzbuch: Neugeburt oder Scheitern eines Jahrhundert-projects, 2015, S. 21.

[3] 2008年12月4日立法草案第一册第A. I条(说明:2008年11月25日德国各邦举行了一场会议,对最后分歧点达成一致结论,并在2008年12月4日文本体现。官方将2008年12月4日版本也称为2008年11月版本)。

[4] Sigmar Gabriel, Das neue Umweltgesetzbuch als Beitrag für mehr Modernität und Effizienz in der Umweltpolitik, in UGB (Hrsg.), Herausforderung Umweltgesetzbuch – Tagung des Bundesministeriums für Umwelt, Naturschutz und Reaktorsicherheit, Berlin: Mercedes – Druck, 2007, S. ff, hier S. 13.

1. 实现环境法简洁和协调统一

环境法的简洁意味着高质量的环境法律规范,以及较少的环境法条文,即通过一部法典即可取代数十部法律并实现环境法律的结构上的体系化和内容上的一目了然。

法律的协调统一意味着法律的透明度更强。环境法缺少协调统一意味着重复规范、存在矛盾,缺少统一的概念。对于企业界的法律运用者而言,协调统一的法律意味着一方面有更确切的法律适用可以遵守——有法可依,在环境法繁冗复杂的情形下尤其是互相矛盾时,企业公众往往千头万绪,即便想认真守法,也往往因法律的矛盾而无所适从;另一方面可以有助于企业对于自身行为的环境法律后果形成清晰的认识。

环境法的简洁协调统一还可以实现法律之间的系统化,使环境法可以“浑然一体”,有助于环境保护。而且系统化的环境法律体系可以避免法律法规之间的相互矛盾,有助于保证高标准的环境保护。

2. 简化环境许可程序

“环境许可”一词意味着行政机关有权从环境因素角度考虑是否授予相对方建设项目的许可,一般而言在满足授予许可的前提下就应当赋予许可。环境许可的相关规定零散地规定在各个相关的环境法中,如建筑法、排污防护法等。当时的德国企业必须在不同的部门取得不同的环境许可,如噪声许可、排污许可以及自然保护许可。

考虑到这一情况,环境法典立法者试图简化环境许可的规定,即通过引入“一体化”项目许可审批制度将环境相关的建设项目许可和工业设施项目许可流程予以简化。所谓“一体化”,是指如果一个项目需要涉及多方面多部门不同的许可审批,则将各个不同方面的不同部门的许可审批事项一次性地融入一个许可审批程序中,从而简化许可流程。

起草者希望简化许可程序可以实现行政机关提供更多的服务,克服官僚化,相关参与主体也可以更加效率地取得许可。起草者认为环境法典提供将环境保护与经济利益相结合的机会。因而,简化许可审批流程是充分考虑到了经济界的利益诉求,尤其是减轻了中小企业的在行政审批方面的负担，通过将项目的各个资源审批流程结合在一起，能够有效改变受到诟病的平行、拖延的单独许可审批流程，减少企业之前最长接近两年半的等待时间。此外，"一体化许可审批制度"也降低了政府的行政费用，避免了双重审批。

3. 实现环境法友好执法

环境法得以友好实施是建立在法律的高透明度和简化基础上的。因为只有法律统一协调，具有高透明度，才可以实现行政机关"依法行政"。在法律非常明确透明的前提下，对于主管当局而言也意味着行政执法依据更为明确，从而行政机关将不再享有宽泛的自由裁量，减少了权力寻租的可能性，也有利于克服行政机关的官僚化。同时，环境法的适用者如企业可以更清楚地理解环境法的具体要求。

4. 结构体系化和连续化

德国环境法体系的撕裂性使环境法典立法草案的起草者寄希望于环境法典可以具有结构上的连贯性。

此外，德国联邦制改革后联邦在环境领域享有广泛的立法权限，而各州享有偏离立法权。立法者的设想是在联邦制改革后环境领域相关立法在大范围基础上都将由联邦颁布，仅在例外情形下才由各州偏离立法，以利于环境法体系化的形成，减少环境法的破碎化。[1]

5. 加强环境保护

立法草案的起草者也希望通过法典化突出强调环境保护的重要性。他们认为，相比于其他单行法，环境法典更可以突出环境保护的地位，并且可以实现从环境整体角度去保护环境。[2]

在立法草案第一册的第一章第1条，起草者就规定："环境法典的作用是保护人类与环境并对未来代际负责。"

---

〔1〕 Weyland Raphael, Das Umweltgesetzbuch: Neugeburt oder Scheitern eines Jahrhundert-projects, 2015, S. 23.

〔2〕 Sigmar Gabriel, Das neue Umweltgesetzbuch als Beitrag für mehr Modernität und Effizienz in der Umweltpolitik, in UGB (Hrsg.), Herausforderung Umweltgesetzbuch – Tagung des Bundesministeriums für Umwelt, Naturschutz und Reaktorsicherheit, Berlin: Mercedes – Druck, 2007, S. ff, hier S. 9.

6. 转换执行欧盟法

德国第二次环境(生态)法典化运动的另外一个目标是减轻实施欧盟环境法的负担。由于欧盟法律的要求，德国环境法在很多方面呈现出欧盟法律的规定。据统计，德国环境法至少有80%的规定是依据欧盟法作出的，尤其是自然保护法、水保护法、气候保护法的相关规定。[1]

德国作为欧盟成员国，其必须遵守欧盟法中对成员国和成员国公民有约束力的法律规定，有义务对欧盟发布的条例(regeulation)和指令(directive)予以在国内实施。但是欧盟法规相对而言也较为零散。因此，德国法学者希冀通过编纂环境法典，将欧盟的环境法规定集中反映在环境法典中，以降低欧盟环境法律转换为国内法的实施难度。

7. 促进创新进程

起草者认为环境法典中应当凸显加强环境保护的规定，提出高标准的环境保护要求。高要求的环境保护标准会促使企业加快技术革新，采取更多有利于环境的技术，从而促进社会技术进步。尤其是通过在环境法典中引入资源节约相关的内容，更能促进社会企业展开提供资源效率的技术。

总而言之，当时的起草者希冀通过环境法典实现有利于法律应用者的环境法律体系的简洁化与协调化，达到环境法的友好执行，加强跨媒介的环境保护。

(二) 立法草案的框架体系和调整对象

以立法草案2008年12月4日的最后版本为分析对象，本次环境法典立法草案共五册348条，并且除第一册外每册书均构成独立的法律并按序编号，从而试图实现法典的友好适用性，并且单独成册的方式也提供了在法典失败时可能被独立采用的可能性。事实证明，在环境法典第二次编纂失败后，包括水资源管理法、自然保护法在内的法典立法草案中的分则法规以新环境行政法的形式出台，并部分改变了环境

---

[1] Weyland Raphael, Das Umweltgesetzbuch: Neugeburt oder Scheitern eines Jahrhundert-projects, 2015, S.91.

法体系陈旧、赘余的情况，有限体现了环境法典综合保护的目标。

虽然第二次环境法典立法草案将跨媒介的一般规则规定与其他特定环境领域规则单独成册，但是立法草案本质上还是吸收了教授草案和专家委员会草案的基本结构，即内容分为总则（一般规则）和分则的两分法，且针对特定环境领域的单独成册内容也有“一般规则”的内容。

草案的第一册内容包括总则和“一体化许可审批制度”。第二册涉及水法的规定。第三册则是关于自然景观保护法，第四册的内容是关于非电离辐射防护，第五册是包括温室气体排放交易法在内的排污交易规定。此外，起草者还编纂了引导法（Einführungsgesetz），其中涉及过渡规定以及修订后果，同时还起草了除一体化项目许可之外的许可条例。

立法草案对环境法的主要原则包括预防原则、危险防御原则、污染者付费原则以及合作原则作出规定，同时通过强调对环境客体之间的转换关系的保护以及通过禁止环境负担在环境客体之间的转移来强调“一体化原则”。环境法典同时还承认高度保护环境的目标以及可持续发展原则。此外，立法草案还确立了“一体化许可审批制度”，作为环境相关建设项目许可的核心手段。

1. 立法草案第一册的框架体系和调整对象

立法草案第一册起到了环境法典总则的作用，其内容上分三章，共143条，分别涉及总则内容（48条）、一体化项目许可（91条）和附则规定（4条）。

（1）第一章：跨领域规定

第一章是总则内容，对整部环境法典均适用。其体系架构如下：

第1节：一般规定（主要规定立法目的、环境保护的一般原则、概念界定等）。与以往草案不同的是，立法草案在该节中强调了气候保护。产品责任以及环境正义的企业治理也都在这一章中作出了规定。此外还对技术标准作出了专门的界定。

第2节：战略环境影响评价。本质上，该节内容已经包含在“一体化许可审批”中。

第3节:企业环境保护。该节规定了关于环保专员的规定,这与当时在污染防治、水法和废物法中的规定类似。

第4节:环境损害规避。该节本质上是将当时的环境损害法的规定完整移入,而且还规定了容忍义务。

第5节:环境事项的法律救济规定(系将当时有效的环境救济法规定移入)。

第6节:相关群体的听证。

(2)第二章:一体化项目许可

第二章是整部环境法典的核心,主要规定了新型的“一体化许可审批制度”,其适用于某些对环境和空间具有重大意义的项目。该审批许可制度要求由一个主管部门按照统一的程序颁布许可,因此产生了强大的整合效果,并能促使立法决定表现得浑然一体,[1]旨在实施综合的环境保护。统一的许可审批需要满足一定的构成要件,以许可形式表现的“一体化许可审批制度”也由此构成了一个具有约束力且可主张诉讼的行政行为。

尽管规定了一体化许可审批制度,但是其表现形式多样:首先其作为许可(genehmigung)代替了至今在污染防治法和水法中适用的许可、授权和批准;其次,作为规划许可(planerische genehmig)代替了至今与空间规划项目(垃圾填埋场,管道系统,人工蓄水池,水体扩展,堤防和堤防扩展)相关的项目规划。

第二章具体体系结构如下:

第1节:一般规定。该节具体内容涉及许可与规划许可的区别;许可的程序,包括无公众参与的简易程序以及需公众参与的复杂程序;许可授予的相关基础义务。

第2节:许可。该节规定了许可批准的前提条件,尤其是需要履行基础义务且项目需具备合法性。此外,该节还规定了分阶段决定、提前开始、附属条款以及许可的法律效果、许可灭失和有关项目修改等相关

---

[1] Michael Kloepfer, Das Umweltgesetzbuch auf dem Weg zum Referentenentwurf eines UGB (UGB - RefE), Die Verwaltung41(2008), S. 210.

内容。

第 3 节:规划许可。该节规定了一体化项目许可中的特殊情形,即关于空间规划项目的许可。

第 4 节:环境影响评价。该节规定的是在"一体化项目许可审批"框架下的环境影响评价,包括环境影响评价的概念、义务以及例外。该节内容主要是对当时法律的参考与援引。

第 5 节:许可程序。该节规定的是与一体化项目许可相关的许可程序。主要作出了公众参与程序与简化程序之间的区别规定,以及计划批准中的特殊性规则。具体程序涵盖申请、主管部门的参与、向公众的通知与解释、程序的结束、公共当局与公众的跨界参与。

第 6 节:干预措施。该节规定的是相关职权部门的干预措施,如事后指令、不予审批和撤回。

第 7 节:监管。该节主要是规定职权部门的依职权监管和被授予许可单位的自我监督以及相应的成本费用。

第 8 节:现有规划。该节规定的是现有许可如何与一体化项目许可衔接的过渡阶段。

(3)第三章:附则规定

第三章是附则规定,涉及有关例外条款以及罚金等相关规定。

根据上述的立法草案第一册体系架构,可以发现,立法草案的起草者不但追求在第一册对环境法典的总则作出规制,还花费了大量精力起草了有关项目许可的内容,这也是与当时德国环境法相比最大的革新内容。

与专家委员会草案的总则相比,立法草案的总则从内容上看虽然更为单薄,完全未涉及环境规划、产品、环境信息以及跨界环境合作的内容,也没有对可持续发展作出概念和目标上的界定,但是,2008 年立法草案第一册提出了很多新的内容,尤其是"一体化项目许可制度",其完全构成了第一册的核心内容。

2. 立法草案第二册的框架体系和调整对象

立法草案的第二册实际上是水法的专门内容。通过联邦制改革,德国联邦层面实现了在水法领域的完全的立法权限。第二册内容由六章构成,共 93 条,其不仅包含联邦层面的水体保持法的内容,还引入了一系列联邦各州水法的规定。需要注意的是,在德国,由于补充或具体化需求的存在,除了联邦层面的水法外,各州的水法也需要保留,但是各州的水法可能与环境法典的内容不一致。

虽然第二册是专门规定水法的,但是在第一册总则部分中已经就水法作出了许多一般规定,包括水法保护原则(第一册第 2 条)、环境专员的内容(第一册第 20 条)、审计地点便利化(第一册第 24 条),这些规定都使当时有效的水法规定显得多余。而且,第一册还规定只要相应的项目是与水资源利用相关的,就适用一体化许可审批制度。同时,第一册规定如果一项与水资源相关的许可不在规划的范围内,则不适用一体化许可审批制度,这是按照第二册第 88 条规定的授权。

第二册的体系如下:

第一章:一般规定,即涉及立法目的和概念(共 5 条)。第一章第 1 条明确规定通过可持续的水管理保护水资源。

第二章:水资源管理(主要涉及就不同水资源适用的管理规划的规范)。具体包含 4 节内容,共 38 条,分别如下:

第 1 节:共同规定(就全部水资源适用的一般原则、公法上的水法相关许可手段以及不同的授权进行规定)

第 2 节:地上水管理

第 3 节:沿岸水域管理

第 4 节:地下水管理

第三章:特别水域管理(主要涉及就不同水域适用的管理规划的规范)。具体包含 7 节内容,共 38 条,分别如下:

第 1 节:公共水域预防、水资源保护区基本预防原则

第 2 节:废水处理

第 3 节:水污染物质的处理

第 4 节:洪水防护

第 5 节:水管理规划

第 6 节:水质变化责任(包括私法上的责任和公法上的责任)

第 7 节:容忍义务(当局为实施特定的水管理措施由相对方承担的

义务)

第四章:赔偿条款(包括赔偿的种类和范围、赔偿义务人、赔偿流程)(共4条)

第五章:水域监管的职责和职权(共2条)

第六章:罚金条款和过渡条款(对于违反行政行为的处罚规定以及现有许可的过渡性规定)(共6条)

立法草案第二册以第一册规定一般条款为基础,制定了关于水资源保护的跨学科规则和条款,如环境保护原则以及在综合项目批准制度中通过的特别重要的水管理项目的批准。但需要注意的是,在第二册中,对于水权方面的许可规定了额外的授予构成要件,[1]在满足这些构成要件前提下方可以明确用于水管理措施。因此,批评家认为所谓的项目实质性许可实际上仅限于"形式上的许可和程序集中"。[2]此外,有关水管理的规定主要还是将现有联邦法律规定纳入草案中,并没有作出实质更新。

3. 立法草案第三册的框架体系和调整对象

立法草案第三册规定了自然保护法。正如水法规定一样,起草者依据当时新赋予的立法权试图颁布一部完全可执行的联邦自然保护法。但是与水法一样,联邦各州同样享有在自然保护领域的偏离立法权。

第三册共十一章75条,体系如下:

第一章:一般规定(共7条)。该章规定第三册的目标是持续保护生物多样性、自然保持功能以及自然和景观的多样性、特殊性和美观性。该章还规定对于自然保护和景观保护措施,必须考虑与自然和景

[1] 德国环境法典立法草案第二册(2008年11月25日版本)第11条规定了许可的前提条件及自由裁量:"发生如下情形时,许可将不得颁发:(1)预期不可避免的或无法通过附带规定补偿的有害水变化;(2)未能满足环境法典或基于环境法典颁布的法规引起的其他要求;或(3)其他公法法规禁止使用。其他情形下由主管当局自由裁量决定许可的授予。"

[2] Wolfgang Durner, Die Reform des Wasserrechts im Referentenentwurf zum Umweltgesetzbuch, NuR30(2008), S. 295.

观兼容的农业、林业和渔业的特殊重要性。

第二章：景观规划（共5条）。该章规定了对于所需的自然规划和景观规划，必须进行战略环境评估。

第三章：自然和景观一般保护（共7条）。该章规定了自然景观保护的一般原则，即应避免、补偿、替换或以任何其他方式补偿污染者对自然和景观的重大损害。这是联邦法律首次规定关于赔偿金和生态账户的内容。

第四章：自然和景观的特别保护（共17条）。具体内容如下：

第1节：栖息地群落保护（系法定的栖息地保护和种群保护规定的移入）

第2节：欧盟自然保护区网络（系欧盟2000年自然保护法的移入）

第五章：野生动植物及其栖息地保护（共19条）。具体内容如下：

第1节：一般规定（种类保护的目的）

第2节：一般物种保护

第3节：特殊物种保护

第4节：主管当局

第5节：咨询权利以及费用

第6节：授权（尤其是授权提升某些物种保护地位的条例）

第六章：海洋生态保护区（关于近海、专属经济区和大陆架的规定）（共3条）。该章规定了沿海水域、大陆架和专属经济区的海洋物种保护以及在海洋领域干预措施的评估。

第七章：自然景观的修复（共4条）。该章规定了有关自然和景观修改规定的直接适用，并规定了土地所有者的责任受到限制以及水域和河岸的清理。

第八章：公认自然保护组织的共同参与（共2条）。除了第一册规定的被公认的自然保护组织共同参与情形下的法律救济规定和协会认可程序外，该章规定了自然保护组织参与和诉讼的具体规定。

第九章：财产关系和豁免（共4条）。该章规定所有权人有容忍义务，并且各州拥有自然保护区在内土地的优先购买权以及广泛的豁免授权。此外该章第70条还规定了补偿计划。

第十章:罚金和刑事处罚(共5条)。

第十一章:过渡条款(关于公认自然保护组织共同参与方面的过渡性规定)(共2条)。

环境法典立法草案第三册可以说是对2002年修订的《联邦自然保护法》的基本援引。此外,其还包含了对农业、林业和渔业管理有争议项目的干预措施、与自然保护社团诉讼平行的法规以及对欧盟2000年自然保护法规定的部分援引。因此,第三册的内容并没有过多的新的规定。也因此,第三册采用以前受州法管辖的个别规定,确保新的联邦法律不低于先前有效的法律状况的标准。当时的环境法学者对于第三册的内容也不是非常满意,主要在于其对于物种保护、栖息地保护的规定不足。

4. 立法草案第四册的框架体系和调整对象

环境法典立法草案第四册首次创建了非电离辐射(与电或电磁和光学辐射相关的非放射性辐射)的全面法律框架。其起草之目的在于预防非电离辐射的有害影响,如无线电信号、医疗设备等引起的非电离辐射。第四册的篇幅非常小,仅14条,但是分为六章,具体体系如下:

第一章:一般规定(包括目的和定义)

第二章:防止非电离辐射引起的有害环境影响(基本是对电磁条例的援引)

第三章:防止医疗设备之外的非电离辐射有害影响(主要是对人造辐射的预防)

第四章:防止医疗设备引起的非电离辐射有害影响(主要是对医学或牙科领域的最高值设置)

第五章:共同规定(主管当局的授权条款)

第六章:附则条款(如罚金条款等)

环境法典立法草案第四册的内容部分来源于联邦污染防治法(Bundes－Immissionsschutzgesetz),部分来自电磁场条例,并在此基础上作出进一步扩展规定。第四册的内容虽然少,但是与教授草案和专家委员会草案相比,该册内容是新设内容。该册之所以创设,主要的原因在于凸显立法草案内容上的创新。而且,与一体化许可审批制度这类法律技术上的创新相比,该册内容可能向社会公众传递德国环境法典立法草案具有内容上的创新性,[1]旨在宣传编纂环境法典的作用。

5. 立法草案第五册的框架体系和调整对象

立法草案起草之际,正是气候变化主题得到全球关注之际。因此,联邦环境部决定将气候变化相关内容纳入环境法典草案中,在立法草案第一册就将气候作为保护客体予以规定。此外,专门编制了第五册,其主要内容是与温室气体排放相关的排放权交易规定。第五册内容的体系如下:

第一章:一般规定(包括目的和定义)

第二章:许可和排放监管

第三章:权利分配(排放交易条例基本机制的实施,即排放权如何分配)

第四章:排放权交易(包括费用调整)

第五章:共同规定(主管当局的授权条款、费用规定)

第六章:制裁(报告义务和交付义务)

第七章:过渡条款和生效

第五册的内容反映了当时《德国温室气体排放交易法》的规定,而且基本没有对《德国温室气体排放交易法》作出修订。考虑到气候变化和可再生能源议题是当时德国非常关注的内容,而第五册仅将对特定领域有效的温室气体排放交易法规定纳入法典草案中,因此当时德国环境法学者对此不满意。当时的德国环境法学者认为,应当在环境法典中寻求解决气候变化的方案,[2]比如减少温室气体的手段诸如提升能源效率的手段、减少对化石燃料的使用等,但这些都没有在草案中加以规定;而且还有学者认为,对温室气体排放交易看起来似乎是非常任意地作出规定,因为草案中缺少了对可再生能源的规定,而这与气候

---

[1] Michael Kloepfer, Das Umweltgesetzbuch auf dem Weg zum Referentenentwurf eines UGB (UGB – RefE), Die Verwaltung41(2008), S. 221.

[2] Weyland Raphael, Das Umweltgesetzbuch: Neugeburt oder Scheitern eines Jahrhundertprojects, 2015, S. 34.

变化是关系十分紧密的。[1]

（三）立法草案的编纂过程

1. 立法草案的政治推动

与第一次环境法典编纂运动不同，第二次环境法典编纂运动得到了政治上的大力支持。在 2005 年 11 月 11 日德国大联盟[2]的联盟契约中明确提及要编纂德国环境法典，并同时将不同的许可程序缩减为一个一体化的项目许可。[3] 2006 年 7 月 5 日，德国联邦环境部部长宣布将再次呈交环境法典，并且再次呈交的环境法典将是在满足环境保护标准的同时满足简化且必要的条件。[4]

鉴于第一次环境法典编纂运动积累的丰富材料和宝贵经验，加上执政党的大力支持，以及时间上的紧迫性，这一次的法典化进程速度很快。2006 年年初联邦环境部建立起项目小组开始展开工作，并且所有利益相关者均有参加该项目小组。协调联邦与州的工作小组（联邦—州—环境法典工作小组）也在 2006 年 5 月成立，以保障取得联邦参议院的支持以及预防各州将来行使偏离立法权。[5] 2007 年 11 月 15 日和 16 日，联邦环境部表示带有“一体化许可审批制度”的环境法典得到大多数支持。2007 年 11 月底联邦环境部就将第一版的立法草案提交至部长级投票表决会议（Ressortabstimmung）表决。该版草案被称为

〔1〕 Weyland Raphael, Das Umweltgesetzbuch: Neugeburt oder Scheitern eines Jahrhundert-projects, 2015, S. 265.

〔2〕 德国人将由联盟党［由基民盟（CDU）和基社盟（CSU）组成］和社会民主党（SPD）这两个最大政党联合执政称为“大联盟”。

〔3〕 在大联盟契约中约定：“历史上大量增长的涉及不同专业领域以及在联邦与各州之间显著破碎的环境法与统一的环境政策要求并不相符。德国环境法应当是简化的，并且应当编纂为环境法典。不同的环境行政许可也将在环境法典中被一体化项目许可取代。” UBA, Umweltgesetzbuch, https://www. umweltbundesamt. de/umweltgesetzbuch # gde – fur – ein – umwe/tgezbuch, Besuchdatum: sept. 30th, 2019.

〔4〕 Weyland Raphael, Das Umweltgesetzbuch: Neugeburt oder Scheitern eines Jahrhundert-projects, 2015, S. 18.

〔5〕 Michael Kloepfer, Das Umweltgesetzbuch auf dem Weg zum Referentenentwurf eines UGB (UGB – RefE), Die Verwaltung41 (2008), S. 204.

“环境法典 2009”[1]该版草案在提交的时候包括总论部分和分论部分,其中总论部分包括的跨学科的环境材料,包括一般环境原则、与规划相关的内容尤其是一体化项目许可、环境责任、跨界环境保护以及环境救济法。总论部分被称为第一册(UGB I);分论部分则针对专业的环境事项如水法(第二册)、自然保护法(第三册)、辐射防护法(第四册)以及排污贸易(第五册),这些都独立成册构成环境法典的分论部分。在第一次部长级投票表决会上,联邦政府要求该草案应当由六部分册缩减为五部分册。其认为第六册关于可再生能源法的内容可以删除,原因在于现阶段不可能创建全面的环境法典,应首先规制重点领域,而且能源法的内容会引起经济界的担忧,认为其他有关能源法的内容也会被纳入环境法典。[2]

2008 年 5 月德国联邦环境部提交了新的版本草案,共五册,以供各联邦州和其他利益相关代表如企业和社会团体展开讨论。2008 年 6 月 5 日环境部长会上一致同意“环境法典 2009”中提出的“一体化项目许可制度”(integrierte Vorhabengenehmigung),即仅通过同一个审批程序就可以对项目的水资源、土地资源、空气等环境要素进行综合评估,最终给出一个包含项目整体的单一许可,取代之前对不同环境要素要进行多次不同审批流程,需经取得多个许可后方可开始项目建设的审批。

之后在 2008 年 6 月 17 日至 25 日,草案向各州和社会团体征求了意见,举行了听证,并再次基于听证结论对草案作出相应修改。各州的意见也被反映到修订案中。在 2008 年 6 月至 11 月,草案被多次修订和讨论,各联邦职能部门提出的 300 多条修改意见均被反映在修改中。在 2008 年 11 月 25 日的部长级投票表决会上,联邦环境部与联邦总理

---

〔1〕 之所以称为“环境法典 2009”,是因为德国当时希望在 2009 年宣布这部法典通过,也称“2009 年立法草案”。

〔2〕 Weyland Raphael, Das Umweltgesetzbuch: Neugeburt oder Scheitern eines Jahrhundertprojects, 2015, S. 19.

部、联邦经济技术部、联邦食品及农业部、联邦司法部达成一致意见。[1]

2. 立法草案的失败

尽管前期的准备工作都非常顺利，有政治上的支持，并且草案也经过多次修订且充分考虑了各州和利益团体的意愿，但是在 2008 年 11 月 25 日的部长级投票表决会后却出现了对环境法典抵制情况，并最终引起了德国第二次环境法典编纂运动的失败。

2008 年 12 月初，CDU 和 CSU 联盟党议会党团主席考达（Volker Kauder）与 CSU 的州团队主席拉姆绍尔（Ramsauer）提交了一份包含 28 个修订意愿的清单。2008 年 12 月 11 日考达和拉姆绍尔再次致信要求联邦环境部在其他方面做出进一步妥协，尤其是要求在环境法典中放弃具有实质性的"一体化许可审批制度"。之后，尽管联邦环境部同意接受在水法许可方面采纳例外条款，但是巴伐利亚州州长泽霍费尔（Seehofer）仍然坚持巴伐利亚州行使此方面的偏离立法权，以便巴伐利亚州仍然可以采取原来的许可审批流程，但这将导致德国有两条并行的审批流程。2008 年 12 月和 2009 年 1 月联邦环境部与 CSU/CDU 展开多次讨论与交涉，并且时任联邦环境部部长加布里尔（Gabriel）在 2009 年 1 月 26 日特意前往慕尼黑与 Seehofer 沟通，但最终依然未能达到一致。[2]

尽管有广泛的前期工作，但是最终在 2009 年 2 月 1 日，德国联邦环境部部长加布里尔宣布环境法典失败。[3] 德国的立法者始终未能在第 16 次德国立法期（legislaturperiode）成功制定环境法典，并且在之后的多次立法期也不再提及环境法典，甚至都没有在之后的党派竞选

[1] UBA, Umweltgesetzbuch, https://www.umweltbundesamt.de/umweltgesetzbuch#grunde-fur-ein-umweltgesetzbuch, Besuchdatum: Sept. 30th, 2019.

[2] Bundesministerium für Umwelt, Naturschutz und nukleare Sicherheit, Reformprojekt für ein neues Umweltrecht, https://www.bmu.de/ministerium/chronologie/reformprojekt-fuer-ein-neues-umweltrecht/, Besuchdatum: Sept. 30th, 2019.

[3] Die Pressenmittelung des Bundesministeriums für Umwelt, Naturschutz und Reaktorsicherheit Nr. 33/09 vom 01.02.2009.

活动中再次提起。

(四)立法草案失败原因分析

虽然立法草案得到德国政治上的推动,并且德国联邦环境部也非常高效率地颁布了立法草案,并多次修订,征求各利益相关方的意见,但是环境法典编纂的计划依然失败了。考虑到第二次环境法典编纂尝试是在德国联邦制改革基础上展开的,被认为第一次编纂失败的最重要原因——德国联邦层面立法权限问题已经不存在。

此外,第一次环境法典编纂失败还可以归因于联邦其他部门之间的利益之争,但是这一情况在第二次编纂也不再是主要原因。[1] 这是因为,第二次环境法典运动编纂过程之初联邦环境部、联邦政府、联邦总理部就共同积极推进环境法典编纂。从这一编纂进程可以看出,第二次编纂并没有遭到联邦层面各部的反对。当然,这主要是因为第二次编纂充分得到联邦政府的支持以及将联邦各部门的利益予以考虑并反映在草案中。

但无论如何,第一次失败的两个重要原因在第二次环境法典运动中都不再是主因,然而第二次环境法典运动仍然失败,因此围绕第二次环境法典运动失败的原因分析就显得尤为必要。

第二次环境法典运动失败的原因应该从内因和外因两方面分析。内因即指从起草者起草的立法草案本身出发去寻求原因;而外因则是要结合德国当时的社会、经济、政治环境予以分析。

1. 失败的内因分析

(1)环境法典立法草案多目标设置引起顾此失彼

正如前文所述,立法草案确立了非常宏大的目标。起草者们不但希望实现环境法的统一与协调,简化当时德国环境法律规范,克服环境行政机关的官僚化,同时还希望减轻企业负担,促进技术进步。众多的目标导致的后果就是目标主线过多,起草者试图多头兼顾,但反而容易顾此失彼,最终各目标基本都没有实现。

---

[1] Weyland Raphael, Das Umweltgesetzbuch: Neugeburt oder Scheitern eines Jahrhundert-projects, 2015, S. 207.

诚如立法草案第一册总则部分第1条规定环境法典的目的是保护人类与环境，但是，德国联邦环境部和起草者均认为“一体化许可审批制度”是立法草案的核心。[1] 第一册总则部分共143条，有91条内容涉及“一体化许可审批制度”。然而，“一体化许可审批制度”本身并不是为了环境保护，而是为了协调环境与经济的关系，为了减轻企业负担，提升企业竞争力而提出的。立法草案起草者为了简化许可制度——这个与环境保护本身并不具有直接关系的目标——而用了更多的篇幅，并将其视为环境法典的重要创新工具。

当然，不可否认的是，起草者也希冀通过“一体化许可审批制度”减少与环境许可相关的规定，达到环境法简洁化的目的。然而，“一体化许可审批制度”最后却成为立法草案再次失败的重要因素。因为巴伐利亚州以及德国的CSU反对“一体化许可审批制度”，并且巴伐利亚州坚持要行使“偏离立法权”，不适用一体化许可制度，而是要继续采取当时的许可制度，而这一要求将引起两种环境行政许可审批制度在德国并行，最终导致立法者试图追求的环境法统一目标被破坏。[2]

（2）环境法典立法草案确立的目标并不能实现

①无法实现环境法的协调统一

“偏离立法权”的引入使得环境法典难以达到协调统一环境法律体系的目的。德国的联邦制改革引入了各州的偏离立法权，使得各州有权根据各州实际情况制定不同于联邦的环境立法。偏离立法权也对法典化进程造成了不利的影响。提出偏离立法权的本意在于迁就各联邦州的需求，尊重他们环境基础和经济条件的不同，给予他们在环境立法上一定程度的自由，以获得对环境法典编纂的支持。但是，这种偏离立法权使得德国本就复杂的环境法体系更加混乱，使得环境法的协调统一目标难以实现。因为偏离立法权的存在意味着各州可以制定与联

---

[1] Riedel Weber. Brauchen wir das Umweltgesetzbuch noch? – Wider die Legendenbildung über das gescheiterte UGB, NVwZ16(2009), S. 1000.

[2] Bundesministerium für Umwelt, Naturschutz und nukleare Sicherheit, Reformprojekt für ein neues Umweltrecht, https://www.bmu.de/ministerium/chronologie/reformprojekt – fuer – ein – neues – umweltrecht/, Besuchdatum: Sept. 30th, 2019.

邦完全不一样的环境法律规定。

以水资源保护的操作程序为例，假设每个州都对水资源保护的操作程序有不同规定，那么全国就有 16 种相关的法规，法律的分散性大大提高了。这也有违环境法典编纂时以一部整体性法律来协调全国环境的初衷，法律实际运用中的不确定性也减弱了环境法典的效用和整体约束力，使环境法典的意义似乎变得可有可无。

②无法实现环境法的简洁

起草者试图实现环境法的简洁，但是并未成功。一方面，简洁的环境法典应当是通过跨媒介方式使环境措施不再限于特定的环境领域，而是同样的环境措施可以对其他环境客体发生作用。但是立法草案的内容是以书册的形式出现的，每册书的内容有自己的独立的条文编号、能独立地被修改、涉及独立的环境法律客体。

另一方面，立法草案法条条文数的减少并不是由于“简化”，而是由于规制的环境法领域内容较少。比如，循环经济法、危险物质防护法、产品和资源保护法、环境信息法、能源法、矿山法、农业法、基因技术法、广义上的气候保护法、核能法，以及关于土地保护和污染场地的法律均没有在环境法典立法草案中。这么多环境法律规制对象未纳入环境法典立法草案中，意味着很容易引起重复规制的情况。比如，立法草案第一册对环境影响评价作出了规定，但是未纳入环境法典立法草案的其他环境法律也包含对环境影响评价的规定，这就会引起环境影响评价的重复规定——不但未实现环境法典的简洁目标，反而更加累赘了。[1]

③无法真正实现环境许可的简化

尽管起草者将“一体化许可审批制度”视为立法草案的重要内容，但是依然未能彻底实现该目标。由于环境法典的适用范围受限，因此许可程序时间和数量在本质上并未减少。一体化审批制度只能对水资

---

〔1〕 Christian Schrader, Umweltgesetzbuch? Nein Danke, ZRP41(2008), S. 62.

源领域、自然资源领域的审批进行结合;[1]对于范围之外的审批仍需单独进行,如规划审批决议、排放交易许可、空间规划、建筑规划等许可审批均不在一体化许可审批制度内。该许可制度的普适性受到质疑,并不能真的打破冗长的局面。

比如,如果需要建一家煤电厂,根据当时的德国环境法律体系需要经历6个审批程序:建筑规划、排污法规定的许可、水法上的废水排出许可、水法的煤炭港口建设规划批准许可、铁路法的建设规划批准许可、能源法的电力线路程序。如果根据2009年立法草案,则需要经历5个许可,即水法上的许可可以划为一体化许可审批范围,但是其他许可还是保留不变。[2]

(3)引起环境法律适用不确定性的风险

环境法典立法草案还引起了法律适用的不确定性风险。尤其是其引入的新的概念,使德国当时可适用的环境法律中已经适用的法官造法(Richterrecht)[3]不再有价值。比如,环境法典立法草案引入了"环境变化"(Umweltveränderungen)[4]代替之前环境法律使用的专业词语"环境影响"(Umwelteinwirkungen),目的是希望通过概念的变化将跨媒介的水、空气、土壤都纳入整体考虑。同时,引入了专业词语"有害

[1] Weyland Raphael, Das Umweltgesetzbuch: Neugeburt oder Scheitern eines Jahrhundert-projects, 2015, S. 60.

[2] Christian Schrader, Umweltgesetzbuch? Nein Danke, ZRP41(2008), S. 61.

[3] 德国联邦宪法法院明确提出"阐述法律基本原则为高级法院之本质任务"。德国学界也普遍认为,在抽象的规范和具体的个案事实之间,如果缺乏了法官将抽象规范适用于具体个案的认知(erkennen)和适用(anwendung)过程的话,几乎是不可想象的。与此同时,成文法规范本身永远不可能是"无漏洞"的,因此仅有成文法而无法官"造法"是不可想象的。司法不应仅是一个将抽象规范适用于具体个案的认知和适用过程,而且更应是一种"创造性的法律发现"过程。这里所"创造"和"发现"的也就是所谓的"法官造法",亦称"法官法"。参见刘飞:《德国"法官造法"的功能解构》,载《华东政法大学学报》2009年第1期。

[4] 环境法典立法草案第一册第4条第2项对"环境变化"的定义是:"水的改变、会影响人类或环境的空气和土壤改变,以及噪声、振动、光、热、辐射以及对人类或环境的类似影响。"

环境变化”(schädliche Umweltveränderung)[1]以代替过去使用的“有害环境影响”(schädliche Umwelteinwirkungen)。但是在其他未纳入环境法典立法草案的环境法领域法律规定将依然使用“环境影响”或“有害环境影响”,这不但会导致公民、企业适用法律的不确定性,而且在司法判决时,法官需要重新对两个概念作出专业区分和解释。

(4)环境法典立法草案的作用未能达到预期

虽然在理论上,环境法法典化可以使重复、矛盾、混乱的环境法体系实现统一和系统化,便于实施。但是环境法本身的特点,决定了这个部门法律要调整的对象涵盖了众多的环境媒介,从空气到土壤,从资源到废物,种类众多;而且随着科学技术的发展,需要调整的对象也随之增加,这就导致环境法即使进行了法典编纂,也不能实际有效地形成一个十分简明干练的法律体系。尤其是2008年完成的环境法典立法草案篇幅更长,结构更复杂,理解和运用上更困难。[2] 而且当时的环境法律虽有不足,但也足以令大部分人满意。

2. 失败的外因分析

(1)联邦统一立法权与各州的偏离立法权之间的冲突

德国自1949年以来一直是联邦制国家。之所以采取联邦制是为了平衡德国历史上的联邦成员的权力与中央集权之间的冲突,以便有效实现德国各联邦成员(各州)权力上的自由以及联邦层面一定的集权管理。但是德国联邦层面与各州之间一直存在权力上的博弈。《德国基本法》规定了联邦与各州权力分配及其关系的基本原则。

2006年的联邦制改革,通过修订《德国基本法》解决了联邦层面的立法权限受限的隐患,但是同时引入了另一个隐患——各州在狩猎、自然保护和景观保护、土地分配、空间规划和水管理等领域的偏离立法

[1] 环境法典立法草案第一册第4条第6项对“有害环境变化”的定义是:“根据其性质,程度或持续时间,能够对公众或附近地区造成危险,严重不利或重大干扰的环境变化;环境变化有害性的确定受环境法典的规定,根据环境法典发布的法规以及其他环境法规的约束,只要它们能证明依据前半句的危害性即可。”

[2] 于彦梅、耿保江:《对中国环境法法典化路径的反思》,载《河北学刊》2014年第4期。

权。[1] 不可否认的是,德国最初引入各州的偏离立法权的初衷是好的。毕竟德国历史上东西德分裂,各州的经济发展水平以及环境保护水平是不均衡的,产业结构调整状况也不同,对德国经济发达的北威州采取的各种环境监管规定可能会对德国较落后的梅克伦堡—前波莫瑞州造成灾难性的后果。

德国颁布偏离立法权是假定在大范围基础上都是由联邦颁布立法,仅在例外情形下才由各州展开偏离立法,从而减少环境法的破碎化。[2] 但是,各州在行使偏离立法权方面却没有根据联邦的设想按照"例外"情况发展,而是成为各州普遍想采取的立法手段。由前文也可发现,编纂环境法典的环境法律体系简化、协调的目标不能实现在很大程度上都源于各州有权行使偏离立法权——各州可以在环境法典立法草案所涉及的自然和景观保护以及水管理领域规定不同于联邦的规定或与联邦法律完全矛盾的规定。而恰好环境法典立法草案规制的主要环境领域就是自然和景观保护以及水管理领域。

事实上,德国环境法典立法草案失败的一个重要原因是"一体化许可审批制度"遭到联邦州的反对,并坚持要使用自己的环境许可审批程序,其法律基础就在于联邦州享有的偏离立法权——联邦希冀行使统一立法权,在德国环境法典立法草案引入了"一体化许可审批制度",作为德国通行且统一的环境法律批准程序;然而,各州享有偏离立法权,从而坚持要求州政府偏离"一体化许可审批制度"。[3]

(2)联邦与州(巴伐利亚州)之间的利益冲突

正如前文提及,第二次环境法典编纂运动失败的直接导火索是德国巴伐利亚州提出反对。虽然德国联邦政府已经妥协巴伐利亚州在水法行政许可上可行使偏离立法权,但是巴伐利亚州坚持要求享有广泛

[1] 《德国基本法》第 72 条第 3 款。

[2] Weyland Raphael, Das Umweltgesetzbuch: Neugeburt oder Scheitern eines Jahrhundert-projects, 2015, S. 22 – 23.

[3] Bundesministerium für Umwelt, Naturschutz und nukleare Sicherheit, Reformprojekt für ein neues Umweltrecht, https://www.bmu.de/ministerium/chronologie/reformprojekt – fuer – ein – neues – umweltrecht/, Sept. 30th, 2019.

的偏离立法权——完全不适用“一体化许可审批制度”,而采用自己的环境许可审批制度。这意味着环境法典追求的协调统一以及简洁化不能实现,导致联邦环境部部长宣布环境法典编纂运动再次失败。

巴伐利亚州是德国经济强州,环境法典中涉及土地的统一执行条款对他们的利益产生了不利影响。而且“一体化许可审批制度”的高效和便利性只对中小型公司有比较大的意义,巴伐利亚州的大型集团和企业不仅对浪费时间的成本毫不担心,甚至作为“既得利益者”,他们似乎并不希望小企业能享受这种福利。[1]

巴伐利亚州的抵制态度实际上与德国政党 CSU 的政党利益紧密相关。[2] 根据《德国基本法》第 50 条的规定,联邦各州可以通过联邦参议院参与联邦立法、联邦行政和欧盟立法。而联邦各州的利益导向是受所在州的大党派影响的。由于政党之间的利益之争而导致联邦与州之间的纵向关系令人忧虑。2009 年刚好是德国大选之年。德国内阁决定考虑巴伐利亚州政府的利益推出了有关环境法典立法草案的内阁决议作出时间,将其推迟至 2008 年的巴伐利亚州竞选结束后。然而,德国政党 CSU 在 2008 年 9 月 27 日的州议会大选中失去了绝对多数席位。CSU 为了一年后的联邦议会选举后的竞选利益而决定争取巴伐利亚州农民的支持,因为环境法典中对水资源和自然景观保护的规定对于巴伐利亚州农民影响非常大。CSU 反对环境法典立法草案以希望在巴伐利亚州取得更多的席位支持。因此,巴伐利亚州在 2008 年 12 月提出了对环境法典立法草案的反对,并利用联邦各州的偏离立法权而要求完全偏离环境法典立法草案中提出的“一体化许可审批制度”,最终直接导致环境法典立法草案被宣告失败。

(3)公众参与有限

德国第二次环境法典编纂增加了公众听证的程序,以征求公众对

〔1〕 Von Hans Peter Schütz, Von der ProFilneurose der CSU, Stern, https://www.stern.de/politik/deutschland/umweltgesetzbuch-von-der-profilneurose-der-csu-3425260.html, Feb. 2nd, 2009.

〔2〕 Weyland Raphael, Das Umweltgesetzbuch: Neugeburt oder Scheitern eines Jahrhundertprojects, 2015, S. 222.

环境法典的意见。这样的程序是必要的,可以帮助起草者了解外部公众提供的相关经验和知识。从理论上讲,如果公众参与立法流程,那么立法者应当给予公众充分参与的机会,并应充分考虑公众的意见,这也是公众参与的基本要义。

但事实上,第二次环境法典编纂并未赋予充分的公众参与。首先,公众参与的时间非常有限。德国第二次环境法典编纂运动整个时间线从2006年7月开始至2009年2月结束,总共两年零七个月的时间,但是其中公众参与仅发生在2008年6月17日至6月25日短短8天的时间内,公众根本无法全面了解环境法典立法草案的内容。其次,公众参与的范围有限。主要参与的是联邦各部的公务员以及独立的研究机构或者是高收入的利益相关方,[1]诸如巴伐利亚州的农民并没有特别参与其中。较少的公共参与主体甚至都没有引起激烈的争论。最后,起草者基本没有考虑公众提出的意见。[2] 比如,德国工业联合会(BDI)曾对于"一体化许可审批制度"提出许多异议。此外,环境非政府组织(NGO)也反对立法草案的内容,因为涉及公众参与的内容较少。然而,起草者基本没有考虑这些意见,而更多的是迅速转向联邦部门提出的修改意见。可能这也是为了取得联邦部门同意而将重点放在了联邦各部的意见——而非公众意见上。

这样的公众参与显然只是为了应付所谓的"民主程序",避免被指责为不透明的立法流程,但是实质上并未发挥公众参与的作用。公众参与应当是尊重每个个体的发言,保障每个个体进行自我解释、发表言论,并且要求政府不偏私公平听取公众意见,以便公众可以参与到政府决策中。显然,德国第二次环境法典编纂运动公众参与仅限于小圈子,起草者基本没有考虑公众意见,并没有较好践行公众参与。

这样的后果直接使原本对环境法典编纂运动极为支持的公众态度

---

〔1〕 Weyland Raphael, Das Umweltgesetzbuch: Neugeburt oder Scheitern eines Jahrhundert-projects, 2015, S. 205.

〔2〕 Weyland Raphael, Das Umweltgesetzbuch: Neugeburt oder Scheitern eines Jahrhundert-projects, 2015, S. 204.

发生转变,环境法典编纂运动的社会公众支持率明显下降。比如,BDI最初在联邦制改革的框架内积极支持制定环境法典,但在相关规定的进一步发布过程中,却逐渐改变了态度。[1] 社会媒体也一直在发问,在德国是否真的有必要实施环境法典。最终社会媒体对环境法典是否成功颁布保持了中立的态度。[2]

3. 第二次环境法典编纂失败原因小结

德国第二次环境法典编纂失败的原因与第一次失败的原因不同。第一次立法受挫于联邦和州在水资源和自然保护领域立法权限的冲突,以及联邦各部的利益冲突,而这两点都未导致第二次环境(生态)法典化运动的失败。第二次环境(生态)法典化运动失败,归根结底还是内外因共同作用的结果。内因主要在于环境法典立法草案的多数目标不能实现,并且不能发挥预期作用,同时还引起法律适用不确定性的问题。而外因主要源于德国联邦体制赋予了联邦各州偏离立法权,而联邦与州的利益往往不一致——在环境法典编纂情形下主要体现在“一体化许可审批制度”方面——使得偏离立法权存在被联邦各州滥用的可能。此外,社会公众对环境法典的支持率下降也使得联邦环境部在巴伐利亚州反对的情况下少了社会公众的支持。

如果细细观察德国第二次环境法典编纂运动历史,可以发现,在各种导致环境法典编纂失败的因素中,联邦与州之间的利益冲突才是最根本因素。[3] 这种利益冲突一方面体现在“一体化许可审批制度”不符合巴伐利亚州的经济和社会利益,另一方面也是受到 CSU 党派利益

---

[1] Matthias Miersch, Was bringt das Umweltgesetzbuch?, in UBA (Hrsg.), Positionen von Mitgliedern des Umweltausschusses des deutschen Bundestages zum Umweltgesetzbuch, 2007, S. 13.

[2] Bedeuern überwiegt, IW – Kurzberichte (May 11, 2009), https://www. iwkoeln. de/studien/iw – kurzberichte/beitrag/umweltgesetzbuch – bedauern – ueberwiegt – 52813. html, May 11th, 2009.

[3] Weyland Raphael, Das Umweltgesetzbuch: Neugeburt oder Scheitern eines Jahrhundertprojects, 2015, S. 227.

基于大选需求的影响。因为这种利益冲突的存在,巴伐利亚州以"一体化许可审批制度"作为反对环境法典立法草案的突破口,以《德国基本法》赋予联邦州的偏离立法权作为反对的法律手段。偏离立法权的行使最终导致环境法典协调统一与简化的目标无法实现,进而法典草案未能走完立法程序。

三、从第一次环境法典编纂到第二次环境法典编纂

(一)从第一次到第二次环境法典编纂的背景

第一次编纂结束至第二次编纂的开始中间经历了7年时间。在这期间,2002年在南非约翰内斯堡召开的联合国可持续发展世界首脑会议通过了《约翰内斯堡宣言》和《可持续发展问题世界首脑会议执行计划》,重申了可持续发展的重要性。在保护环境与社会经济发展协调的同时考虑后代的利益成为全人类的共识,也为德国以及其他欧洲各国所承认并支持。

在可持续发展理念深入人心这一大环境背景下,协调环境与经济、社会发展之间的关系对第二次环境法典编纂运动产生了非常大的影响。无论是经济界还是环境界人士都希望通过环境法典编纂协调环境与经济之间的关系。经济界希望通过环境法典编纂克服环境行政领域的官僚化,减轻企业负担;环境界虽然强调环境保护要按照最高标准进行,但是在起草过程中也充分按照可持续发展理念展开法典草案的起草。这也直接反映在德国第二次环境法典立法草案中——起草者多次在第二次环境法典立法草案中强调可持续发展理念。可持续这一概念在第二次环境法典立法草案第一册出现了4次,在第二册出现了6次,并在第三册中出现了11次。

在第一次环境法典编纂运动中,虽然专家委员会草案就已经提出规定联邦公共部门应当优先选择对环境友好的商品或企业展开公共采购,以提升环境友好型企业或产品的竞争力,但是,第一次环境法典编纂运动中对加强企业竞争力、协调经济发展与环境保护并不如第二次环境法典编纂活动那么广泛和突出。第二次环境法典立法草案起草者在吸取第一次失败经验基础上,尽量广泛协调环境保护与经济发展、企业竞争力提升之间的冲突与矛盾,避免环境法典再次遭到其他经济部

门的反对,因此也努力去通过经济激励措施鼓励保护环境。

此外,无论是第一次环境法典编纂还是第二次环境法典编纂,环境法去“破碎化”是环境法典编纂一直以来的最主要的驱动因素。告别“充满污点的地毯”是环境法学者提倡编纂法典最原始的动力。这点也得到了当时欧洲各国立法者和各国政府的普遍认可,并纷纷支持编纂环境法典。他们认为环境法典至少有如下功能:(1)发挥协调环境法的作用;(2)克服官僚化,以较少行政费用和经济支出实现更好的环境保护;(3)加强相对处于弱势地位的环境保护,可保障现有的最高保护水准,体现对环境保护的重视。[1] 基于这样的认识,在第一次环境法典编纂到第二次环境法典编纂的7年时间里,其他欧洲各国也纷纷走向制定环境法典之路。比如瑞典(1999年)、法国(2000年)、波兰(2001年)、意大利(2006年)都已经完成了环境法典编纂,尤其是这些国家多是受到德国环境法典编纂运动的影响才走上制定环境法典之路。芬兰、希腊和捷克也在紧锣密鼓地展开环境法典编纂活动。[2]

在这7年里,最显著的变化在于第二次环境法典编纂得到了政治上的充分准备与支持。一是默克尔政府上台。默克尔曾经担任德国联邦部长,并且支持了专家委员会草案的编纂工作,因此在其担任德国联邦总理后依然继续支持编纂环境法典,大联盟的联盟契约中明确提及制定环境法典,并迅速展开联邦制改革扫清了第一次编纂中联邦立法权限受限的障碍。二是联邦环境部尽可能将环境法典编制工作权限限定在联邦环境部门职权范围内,以避免部门之间的利益冲突和来自其他部门的抵制。

在第二次编纂环境法典之前,环境法典编纂项目实际上得到了各方(包括反对派)之间广泛共识的支持。基于这样的背景,德国第二次环境法典编纂运动也就成为必然。

---

〔1〕[德]Eckard Rehbinder:《欧洲国家的环境法法典化》,沈百鑫译,载徐祥民主编:《中国环境法学评论》总第9卷,科学出版社2013年版。

〔2〕[德]Eckard Rehbinder:《欧洲国家的环境法法典化》,沈百鑫译,载徐祥民主编:《中国环境法学评论》总第9卷,科学出版社2013年版。

(二)从整体化编纂到分阶段编纂

1. 第一次的整体化编纂到第二次的分阶段编纂的转变

在吸取第一次环境法典编纂失败的经验基础上,德国环境法典的编纂也经历了从第一次的整体化编纂到第二次的分阶段编纂的转变。

第一次编纂中教授草案和专家委员会草案都是采用整体完成的模式,以达到对环境法整体更为全面的协调和统一。但是,工作草案则呈现出分阶段的特征,原因在于当时联邦环境部急于将欧盟《关于综合避免和减少环境污染指令》和《关于特定环境公私领域的环境影响评价条例》按照指令中规定的时间进行转换。

相较于第一次编纂所涉及的教授草案与专家委员会草案,第二次环境法典立法草案规制的领域仅仅涉及包括水管理、自然景观保护以及非电离辐射防护、温室气体排放交易法在内的排污交易规定。第二次环境法典立法草案内容上缺少环境基本规划,而教授草案第 19 条以及专家委员会草案第 69 条均有相关规定;第二次环境法典立法草案还缺少环境责任以及环境损害赔偿的规定,而教授草案第 110 条以及专家委员会草案第 172 条均有相关规定;与环境经济措施相关的规定诸如环境补贴、环境税费以及环境审计均未在第二次环境法典立法草案中规定;[1]环境信息也未在第二次环境法典立法草案中规定,而专家委员会则用了第七章整章(第 207 ~227 条)对环境信息作出了规定。

显然,从内容上,第二次的环境法典立法草案是不完整的。这是因为联邦环境部在起草之初即决定展开"分阶段"编纂环境法典。所谓"分阶段"编纂,是指法典的编纂不是一下子全部完成,而是将编纂进程分为先后若干更具可操作性的子任务,通过不断补充和发展最终形成完整的环境法典。

2. 分阶段法典编纂的原因

德国一直是采用实质性法典的传统,尤其是教授草案和专家委员会草案都是整体化的编纂,那为何德国在环境法典编纂上会从整体化

---

〔1〕 教授草案第 82 条以及专家委员会草案第 196 条对环境补贴作出了规定;专家委员会草案第 164 条对环境审计作出了规定。

编纂转向分阶段编纂呢？原因主要有如下三点。

(1)编纂时间的紧迫性以及尽快颁布环境法典愿望的迫切性

就第二次法典编纂，德国联邦环境部制定了雄心勃勃的时间表，即2007年11月底完成立法草案初稿、2008年5月被联邦内阁作出决议、2008年年底被德国联邦议会通过、2010年法典生效。

之所以编制这么紧张的时间表，原因在于：一是环境法典编纂得到当时执政的大联盟的支持，但是大联盟执政时间是有期限的，在第十六次议会期结束后就需要重新进行大选。德国的政体制度决定了德国政府受执政党影响非常大。这一届的政府大力支持环境法典编纂并不意味着下一届政府仍然会继续支持，因此，为了把握时机，德国联邦环境部希望能在最短的时间内实现环境法典的颁布。二是根据宪法《德国基本法》第125b条第1款第3句的规定，各州有权在水法和自然保护领域自2010年1月1日起行使偏离立法权。这导致联邦非常着急展开环境法典编纂，非常希望赶在相应时间节点前完成环境法典编纂。[1]

可以这么说，分阶段法典编纂的主要原因是受限于时间压力以及希望尽快颁布环境法典的意愿。事实上，当时的现实情况也不允许德国联邦环境部采取其他替代方案，时间上的紧迫性排除了整体化编纂的可能性。[2]

联邦环境部当时的具体时间计划是：先完成各州享有偏离立法权的水资源和自然保护领域的环境法典编纂立法，再展开其他环境领域的法典编纂工作以实现对已完成环境法典的对接。按照当时联邦环境部的计划，在2009年后的下一个议会期（第17个议会期）展开其他环境领域的环境法典编纂，预计包括污染防治法、非许可需要的设备相关法律、固废法、土壤保护法、化学物品法以及辐射防护法。[3]

---

〔1〕 Michael Kloepfer, Das Umweltgesetzbuch auf dem Weg zum Referentenentwurf eines UGB (UGB – RefE), Die Verwaltung41(2008), S. 202.

〔2〕 Michael Kloepfer, Das Umweltgesetzbuch auf dem Weg zum Referentenentwurf eines UGB (UGB – RefE), Die Verwaltung41(2008), S. 224.

〔3〕 Michael Kloepfer, Das Umweltgesetzbuch auf dem Weg zum Referentenentwurf eines UGB (UGB – RefE), Die Verwaltung41(2008), S. 202.

（2）分阶段编纂有助于协调环境法典稳定性与社会创新之间的冲突

在反对制定环境法典的声音中最主要的一个理由就是环境法典的稳定性会对环境法体系的未来发展和创新造成阻碍。[1] 因为随着时代的发展，环境保护的对象和任务也在不停变化中，新的环境问题也层出不穷，如全球变暖、气候变化、能源枯竭等。而法典，尤其是实质性的法典的一大特征就是固定性和稳定性。

此外，德国作为欧盟成员国之一，需要遵守欧盟颁布的环境立法。而欧盟环境法越来越强劲发展，越来越多的法令以条例的形式颁布，这种发展趋势导致成员国环境法更快速落后、过时。[2] 如果环境法典过于稳定且不开放，将难以应对来自欧盟环境法的挑战，成员国的环境法典的系统性将遭到破坏。

因此，环境法典编纂过程中往往需要考虑这些问题：如果有新的环境问题需要环境法规来调整，那么这部分问题是否要纳入法典？如果选择纳入，那么法典就处于一种不稳定的状态，失去了其稳定整体调控的功能，变得名存实亡；如果不纳入而采用单行法形式，那么环境法体系又会再一次变得庞大，失去了法典化的本意。分阶段编纂法典为此提供了非常好的解决方案。

（3）其他国家分阶段编纂环境法典为德国突破萨维尼"法典完备性"要求提供实践基础

德国作为传统法典国家，深受萨维尼的法典思想影响。根据萨维尼的观点，法典编纂要求在内容上应该保障最大范围的确定性以及法在适用上的安全性，这也就要求法典内容必须具备完整性；在形式上要做到使用严密精确的语言。基于这一观点的影响，教授草案和专家委员会草案都在追求环境法典的完备性——不但在体系结构上采取"总则＋分则"的结构，而且在内容上追求全面，尤其是专家委员会草案尽

〔1〕 Hannes Veinia, *Basic Structures of the Draft General Part of the Environmental Code*, Juridica International, Vol. 128:3, p. 1067－1078 (2010).

〔2〕 ［德］Eckard Rehbinder：《欧洲国家的环境法法典化》，沈百鑫译，载徐祥民主编：《中国环境法学评论》总第9卷，科学出版社2013年版。

可能地兼顾当前所有重要的、立法机关有能力促成其解决的环境问题以编纂体系协调的环境法典。

但是在1998年工作草案中，由于受到欧盟环境法律指令限时在德国执行的要求，德国联邦环境部没有充分的时间来追求这种完备性。因此，在这一情形下，德国联邦环境部转换思想，在法典编纂中呈现有机进展的生态性特征——通过开放性地分阶段编纂，直至在具备条件和能力的时候编纂完备的法典。与此同时，荷兰（1993年环境政策法）已经颁布了分阶段的环境法典——即使其未满足“完备性”要求——为德国提供了经验。从工作草案起，德国环境法学者突破了“完备性”的掣肘，开始了新的尝试方向——分阶段开放性，但尽可能持续稳定且具备弹性修订空间。

第三节 德国环境法法典化实践的“现代性”挑战

一、环境保护与加强企业竞争力的协调与冲突

众所周知，环境保护旨在保护环境并改善环境质量，同时会对经济和企业提出限制以禁止或减少环境污染，实现高标准的环境保护。企业的目标是实现利润最大化，往往会使用环境资源；而环境保护往往倾向于避免对环境造成负担。德国作为工业强国，一直致力于保障德国企业的竞争力，因此，在环境法典编纂过程中，如何协调经济与环境，如何争取经济界对环境法典的支持，是环境法典草案起草者关注的重点之一。

（一）德国环境法典试图协调环境保护与经济发展的措施

1. 确立“可持续发展”原则：平衡经济、社会与环境利益

在德国第一次环境法典草案编纂过程中，尤其是教授草案，其基本完全忽略了企业的经济利益。[1] 但是，专家委员会草案则试图去考量

---

〔1〕 Rolf Stober, Die zehn Gebote eines wirtschaftsnahmen Umweltrechts, in Rolf Stober & Hanspeter Vogel (Hrsg.), Umweltrecht und Umweltgesetzbuch aus wirtschaftsrechtlicher Perspektive, Köln: Carl Heymanns Verlag, 2001, S. 1ff, hier S. 3.

经济界利益，首先体现在专家委员会致力于在草案中细化长期环境正义的发展模式，创造与环境法典相适应的、可促成生态和经济可持续发展的制度工具，并认为生态、经济和社会问题在此不再孤立地予以考虑，而应衔接和关联起来。[1]

专家委员会之所以会在草案中根植"可持续原则"，其主要原因在于当时大环境背景。1992 年《里约宣言》确立了可持续发展的思想，并随之深入人心。受到可持续发展思想的影响，1997 年 6 月达成的第三个欧盟条约《阿姆斯特丹条约》[2]规定了可持续发展原则，明确欧洲民众在促进经济、社会进步时需考虑到可持续发展的基本原则。当时的欧盟条约（《阿姆斯特丹条约》）第 2 条规定共同体基本目标是"在欧共体范围内促进经济活动的和谐、均衡和可持续发展，……提高保护水平和改善环境质量"。

可持续发展原则虽没有统一的概念，但是在 1987 年世界环境与发展委员会发表的《我们共同的未来》的报告中提出，可持续发展是指"既满足当代人的需求，又不对后代人满足其自身需求的能力构成危害的发展"。当时的德国学者认为这其中至少包含经济、环境和社会三方面，[3]应当从这三方面展开可持续发展，并反映在了德国当时新的立法中。比如，《德国空间秩序法》（Raumordnungsgesetz）第 1 条第 2 款规定，可持续空间发展应当将社会、经济以及生态功能协调一致发展。因此，可持续发展不是单一维度的发展，而是经济、社会和环境利益和谐、均衡发展，将经济发展与社会、环境利益协调一致。所以，严重损害经济发展的环境保护措施是与可持续发展要求不一致的，经济利

---

〔1〕 BMU（Hrsg.），Entwurf der Unabhängigen Sachverständigenkommission zum Umweltgesetzbuch beim Bundesministerium für Umwelt, Naturschutz und Reaktorsicherheit, Duncker & Humblot GmbH, 1998, S. 86.

〔2〕 Treaty of Amsterdam amending the treaty on European Union, the treaties establishing the European Communities and certain related acts (97/C 340/01).

〔3〕 Walter Frenz, Berücksichtigt das geplante Umweltrecht die Anforderungen der Wirtschaft. ? in Rolf Stober & Hanspeter Vogel (Hrsg.), Umweltrecht und Umweltgesetzbuch aus wirtschaftsrechtlicher Perspektive, Köln: Carl Heymanns Verlag, 2001, S. 37ff, hier S. 50.

益不应让位于环境保护。

在这一背景下,专家委员会草案中确立了可持续发展思想,试图在环境法典草案中体现经济的利益。其在总则部分第4条提出了长期环境正义的发展指导方针,尤其是将节约资源纳入了长期环境正义发展指导方针中。同时,专家委员会还将能源供给的规则纳入了草案,因为削减能源消耗已成了当时作为工业化国家的德国保障长期发展的中心任务之一。[1] 此外,专家委员会草案在第190条提出各州县在评估与环境相关行为的收费与缴费标准时应恰当考虑可持续的环境友好发展的指导原则;在第十章“土壤保护”中明确致力于农业和林业可持续发展。

在专家委员会草案引入可持续发展思想后,该思想在后续的德国环境法典草案中均有反映。这也符合德国后来修改的《德国基本法》第20a条中规定的当代有确保自然生存基础的义务。可持续发展思想进而得到立法草案的重视,在立法草案的第一册出现可持续表述4次,在立法草案第二册出现6次,并在立法草案第三册出现11次。其中,在第一册第1条第3款中明确规定要促进环境、经济和社会的协调发展,公私企业、政府部门以及其他组织均应采取措施以实现可持续发展;第1条第4款规定为保护气候变化应通过高效投入能源和使用可再生能源实现可持续能源供给,表明立法草案的起草者试图在政府规划和决策过程中权衡可持续能源供给和气候保护之间的利益平衡。[2] 在有关水法的立法草案第二册中,其直接在立法目的中明确可持续原则,即在第1条第1款中明确规定应根据可持续的水管理保护水资源。立法草案第三册同样在其立法目的中明确自然资源应可持续使用,并在第三册第5条第3款和第4款提及林业和渔业应可持续发展。

2. 确立“合作”原则:企业环境社会责任的承担

可持续发展强调的是长期效果,需要的是长期持久的行动,所以如

---

〔1〕 BMU(Hrsg.), Entwurf der Unabhängigen Sachverständigenkommission zum Umweltgesetzbuch beim Bundesministerium für Umwelt, Naturschutz und Reaktorsicherheit, Duncker & Humblot GmbH, 1998, S. 87.

〔2〕 Weyland Raphael, Das Umweltgesetzbuch: Neugeburt oder Scheitern eines Jahrhundertprojects, 2015, S. 109.

果能将潜在的环境损害者的行为内在化,让环境损害者及其行为不仅仅是环境法律规范的客体,更是解决环境问题的参与者,则将取得更好的可持续发展效果。因此,专家委员会确立了环境责任原则(专家委员会草案第3条)[1]以及环境合作原则(专家委员会草案第7条,立法草案第一册第1条)[2]。根据环境责任原则,保护环境人人有责,因此不仅个人有义务保护环境,企业和工商业从业者也有责任保护环境,从而每个人保护环境的重要性被特别强调。专家委员会草案第7条确立的合作原则则明确公民和政府机关在履行环境责任时应当通力合作,并且行政机关应在执行环境法律规定时审查环境法典的目标是否可以通过与相关人士协商达成。通过第7条合作原则的确立,起草者试图建立国家与社会共同保护环境的社会氛围,意图促使包括企业界工商界在内的社会力量积极参与国家环境保护措施的制定与执行,并实现企业长期行为的改变,加入解决环境问题的队伍中。

合作原则与责任原则进一步反映在专家委员会草案第35条自愿承诺条款(freiwillige selbstverpflichtung)和第36条替代规范合同条款(normersetzender vertrag)中。专家委员会草案第35条提供了经济协会、其他协会以及企业一种可能性,即自愿向联邦政府作出不具约束力的声明或与联邦政府达成不具约束力的协议,自愿在规定期限内履行环境法典中规定的对环境和人类风险预防的要求。第36条则是专家委员会草案引入的全新措施,据此经济协会、其他协会以及企业可以(作为协议一方)与联邦政府(作为协议另一方)签署具有约束力的协议,以规定经济协会、其他协会以及企业在有关设施的设立和运营、排

[1] 专家委员会草案第3条规定:“保护环境人人有责。环境要素仅在个体承担责任范围内得以使用。其权利义务由法律规范规定。”立法草案未作出规定。

[2] 专家委员会草案第7条规定:“(1)环境保护由公民与公家共同承担。行政部门和相关人士在根据相关规定履行环境法规定的职责和义务中应进行合作。有关公众参与和环境信息公开的条款亦致力于此目标。(2)针对基于环境法律规定采取的措施,行政部门应审查是否可通过与相关人士协商同样达成本法典之目的。(3)若国家的环境保护任务委托给非政府组织、私人,则其应自主承担此任务。主管部门应确保其委托的任务得到恰当履行。若任务未恰当履行,则应重新由主管部门承担。”立法草案在第一册第1条第2款第4项规定:保护人与环境需国家与社会共同参与。

放废水废物、土地利用以及废物处置、转基因产品流通等方面采取预防环境风险的措施。第37条则是规定企业可以通过约束性说明表明第36条的协议对相关人员具有约束力。

专家委员会草案通过合作原则对企业施加了法定的义务和合同上的义务，意在一方面促使企业在环境方面承担社会责任，参与解决生态环境问题；另一方面通过企业与政府达成协议的方式，强调合作和灵活的机制，引导企业自愿参与环保事业，自愿积极履行预防要求。

3. 引入开放性的弹性条款

专家委员会草案在编纂过程中采取的是跨媒介视角，所以非常强调整体考虑对环境的影响。该草案在第83条第1款第2项规定了针对在建项目的预防义务，以防范对环境和人类的风险。但是出于落实可持续发展原则之需要，平衡经济发展与环境保护的利益需求，起草者同时引入“弹性”的开放性条款（öffnungsklausel），对这种风险预防义务作出了弹性规定。具体而言，该草案第84条第3款规定在项目单位提出申请时，在考虑到资源和能源的使用时，根据行政部门的评估，整体上对环境的影响利大于弊时，可不遵守基于风险预防的单个限值规定。这一开放性条款在之后的工作草案[1]中进一步被引用，同时强调该条的援引不得违反欧盟作出的决议。基于该条款，一方面从整体角度考虑项目对环境的影响，另一方面行政机关可以在其权限范围内结合个案情况自由裁量。

开放性条款的引入是对不同利益群体的协调，或者说是妥协。这也体现出经济和环境之间的关系是非常复杂的，尤其是要在一个规范中将两者予以协调[2]——一方面考虑整体形式，另一方面又可以根据所涉企业的具体情况加以考虑。引入开放性条款得到德国经济界的支持，但是鉴于其具体方式就是通过赋予行政机构一定的自由裁量权，

---

〔1〕 详见工作草案第五章第5条第3款。

〔2〕 Walter Frenz, Berücksichtigt das geplante Umweltrecht die Anforderungen der Wirtschaft.? in Rolf Stober & Hanspeter Vogel（Hrsg.）, Umweltrecht und Umweltgesetzbuch aus wirtschaftsrechtlicher Perspektive, Köln: Carl Heymanns Verlag, 2001, S. 37ff, hier S. 61.

因此,该条款可能会导致企业尤其是大企业利用其经济地位对行政机构或通过其他行政部门对颁发行政许可的行政机构施压,而且有可能会引起地方行政部门为了本地经济利益而造成不同地区的企业间竞争不公平。

4. 引入"一体化许可审批制度"

德国环境法典起草者在起草时的一个落脚点就是通过编纂环境法典简化环境行政审批,所以核心是建立"一体化许可审批制度",即通过建立统一且跨媒介的许可决定程序,整合现有平行的多个环境许可方案,并且通过具备集中化的效果达到许可程序的简化和效率。[1] 当时的立法者认为,这样的一体化程序不但可以为公众提供更为清晰的环境行政许可审批规定,还可以为企业简化和加快行政审批程序提供法律保障,减少相应的支出和时间成本,同时又可以精减行政机关,提高行政效率。[2]

此外,"一体化许可审批制度"建立在具体项目上——而非基于特定的环境要素——可以综合考虑该项目对环境的影响,兼顾环境与经济的利益。

(1)专家委员会草案中的规定

专家委员会草案中指出,从事环境法问题的实践者都期待通过梳理环境法混乱交织的规范,来提高相关法规的条理性,并且环境法律的起草主要还是经济方面在立法议程中起着决定性影响,特别是在从经济政策角度视为敏感问题的审批程序之期限上。[3] 尤其是引入综合项目许可可以协调不同部门之间的共同决策问题,有利于明显加快

---

〔1〕 Horst Meierhofer, Ist ein Umweltgesetzbuch sinnvoll? in UBA(Hrsg.), Positionen von Mitgliedern des Umweltausschusses des deutschen Bundestages zum Umweltgesetzbuch, Dessau: 2007, S. 21ff, hier S. 22.

〔2〕 沈百鑫:《德国环境法法典化的核心问题和受挫原因及对我国的启示》,载吕忠梅主编:《环境资源法论丛》第11卷,法律出版社2019年版。

〔3〕 BMU(Hrsg.), Entwurf der Unabhängigen Sachverständigenkommission zum Umweltgesetzbuch beim Bundesministerium für Umwelt, Naturschutz und Reaktorsicherheit, Duncker & Humblot GmbH, 1998, S. 72.

行政。

受 1996 年 9 月 24 日由欧盟理事会通过的《关于综合避免和减少环境污染指令》的影响，专家委员会在草案第 83 条之后引入了一体化项目许可（综合许可制度）。这种统一的许可类型涵盖了与环境保护有关的最重要的项目，如与污染防治法相关的设施、核技术设施、垃圾填埋场、交通设施或者水体扩建等。但更多的是为了体现专家委员会力求在所有的环境法领域锚定一种跨媒介的思考方式。[1] 根据专家委员会草案第 84 条第 3 款规定，在项目行政许可中，基于项目单位的申请，当在考虑到资源和能源的使用时，根据行政部门的评估，整体上对环境的影响利大于弊时，可不遵守基于风险预防的单个限值规定。

“一体化许可审批制度”成为之后的工作草案和 2009 年立法草案的核心内容。

（2）2009 年立法草案中的规定

如前文所述，“一体化许可审批制度”是 2009 年立法草案的核心内容，除了简化流程外，更加强调从跨媒介视角考虑是否颁发项目许可，并同时兼顾企业与环境的利益。

在当时的德国环境法律中，德国联邦污染防治法（immissionsschutzgesetz）、水管理法（Wasserhaushaltsgesetz）、循环经济和废品法以及土壤保护法（Bundes – Bodenschutzgesetzes）、环境影响评价法（Gesetz über die Umweltverträglichkeitsprüfung）均是从部门法角度按领域规定相关许可，未能从跨媒介视角加以审视，导致各环境要素相关的审批程序均是独立规制。因此，立法者试图建立统一程序，将前述法规所涉的许可内容加以整合，由一个政府部门通过一个统一程序发布项目许可，形成整体上的统一效果，[2] 旨在通过制定“一体化许可审批制度”实现更易于执行、更简化、更浅显易懂以及更透明的环境项目许可审批

---

〔1〕 BMU（Hrsg.），Entwurf der Unabhängigen Sachverständigenkommission zum Umweltgesetzbuch beim Bundesministerium für Umwelt，Naturschutz und Reaktorsicherheit，Duncker & Humblot GmbH，1998，S. 87.

〔2〕 Michael Kloepfer，Das Umweltgesetzbuch auf dem Weg zum Referentenentwurf eines UGB（UGB – RefE），Die Verwaltung41（2008），S. 210.

制度。

立法草案第一册第二章规定了“一体化许可审批制度”，将项目许可分为许可和规划许可。其中，“许可”是取代污染防治法和水管理法中的许可、允许、批准程序，针对的是设施的设立和运营以及水资源使用；而“规划许可”主要针对的是特定需要空间的项目，如人造水库、堤防和大坝，以及垃圾填埋场和管道系统的建设与运营。[1] 此外，立法草案将环境影响评价的义务规定也纳入一体化许可程序中。这也表明，在立法草案中，“一体化许可审批制度”的适用范围有限，基本上只是将当时现行的污染防治法和水法中的相关许可规定重新勾勒。

立法草案第一册第二章第 53 条规定了须申请许可的项目应满足的基本义务，包括不得对社会引起有害环境变化、其他风险、显著不利和显著负担，并应采取相应措施加以预防，同时还须节约能源并有效利用能源。其中，“环境变化”在立法草案第一册第 4 条被定义为“水的改变、会影响人类或环境的空气和土壤改变，以及噪声，振动，光，热，辐射以及对人类或环境的类似影响”。该词建立了跨媒介的联系，使得政府部门在作出项目许可时综合考虑各种因素。根据立法草案规定，如果一个项目满足第 52 条规定的基本义务，以及第 54 条的法律规定，并且不违反其他环境法和公法规定，则可以授予项目许可。

立法草案的起草者还试图通过引入“一体化项目许可制度”实现兼顾环境利益与经济利益。以水管理相关的项目许可审批为例，立法草案规定将项目审批与水管理的经济利益相结合（第一册第 54 条第 2 款），要求审批机关结合水管理的经济利益作出权衡，同时又在第 52 条第 1 款第 4 项要求必须考虑节约水资源这一基本义务。

5. 引入确保环保企业竞争力的机制

专家委员会草案为了保障环境友好型企业的竞争力，而在草案中引入各种机制予以保障。

一是通过鼓励机制引导企业生产环境友好型产品，以协调经济与

---

〔1〕 Michael Kloepfer, Das Umweltgesetzbuch auf dem Weg zum Referentenentwurf eines UGB (UGB – RefE), Die Verwaltung41(2008), S. 211.

环境，即通过相应减少经济上的负担来奖励持续减少法律上没有要求的污染物负荷。[1] 比如，专家委员会草案第 51 条明确规定了当联邦公共部门因需要而采购材料、服务或建设项目时，在满足使用目的和合理价格的前提下，优先选择对环境友好的商品或企业，同时还建议有公共部门参与的私人法人也应尽量采取这种采购方式。这项规定增强了环境友好型企业或产品的竞争力，从而提高了企业环保的积极性。

二是引入竞争者之诉，即设施运营者、产品生产者和经销者，针对其竞争者违反环境法规定的特定义务但由于行政机关的作为或不作为而导致其处于竞争劣势时，该设施运营者、产品生产者和经销者可向行政法院对行政机关的措施或其不作为提起行政诉讼。这一条款非常特殊，在多个版本的草案中，仅在专家委员会草案中作出规定。引入该条款的主要目的是保障公平竞争，遵守环境法规定的企业不会因为其他竞争者未守法且未被行政机关处罚而处于竞争劣势——如由于价格或其他原因处于竞争劣势——从而实现既能维护自身利益，也能惩罚破坏环境的行为，达到保护环境的效果。此外，引入竞争者之诉还可以实现对行政机关的监督。

（二）德国环境法典试图协调环境保护与经济发展的经验教训

1. 充分认识经济发展与环境保护本身协调的重要性

德国环境法典编纂虽然最主要的目标是去除环境法“破碎化”现象，实现环境法典的协调化，但是在编纂过程中保护环境与加强企业竞争力的协调与冲突一直是环境法典编纂的重要内容。这也与当时的历史背景相关。

环境保护与经济发展能否协调，是 21 世纪全球都十分关注的一个议题。它们看似是矛盾的，但也有一定的内在联系。过度强调对环境的保护，国家经济难免会受到影响，因为环境保护需要投入大量的资金和资源，无形中减少了对生产力发展的投入，且对污染的治理只会增加

---

〔1〕 BMU(Hrsg.), Entwurf der Unabhängigen Sachverständigenkommission zum Umweltgesetzbuch beim Bundesministerium für Umwelt, Naturschutz und Reaktorsicherheit, Duncker & Humblot GmbH, 1998, S. 87.

企业的运行成本,而并不能为企业带来利益,经济增长速度便会在一定程度上下降。而盲目发展经济,为了达到最高效率,往往以牺牲环境为代价。从这个角度来看二者似乎是矛盾的,但是环境保护离不开经济发展提供的物质和技术基础,经济要持续发展势必依赖于稳定的环境和自然资源,二者又是相辅相成的。因此为了二者的和谐发展,调整人与自然间关系的环境法应该要在保护环境的目的外适当考虑经济发展与环境保护的关系。否则就会像法国黄马甲运动一样,政府为了减少二氧化碳气体的排放而征收的燃油税导致油价暴涨,虽然本意是为了保护环境,但变化程度过大,严重影响到社会经济发展和民众自身利益从而引发了大规模的抗议运动,导致政策无法实施,成为一纸空谈。因此如何妥善处理二者关系,是德国环境法典起草者应谨慎考虑的一个问题。

2. 采取中立态度,抑或偏向更高标准的环境保护

在第一次环境法典草案编纂运动中,教授草案几乎没有涉及企业的经济利益。[1] 专家委员会草案的起草者虽然试图采取中立的态度,如针对风险预防原则,一方面起草者对加强环境保护提出要求,规定项目许可的前提条件是采取整体上对环境影响尽可能轻微之措施,[2] 而另一方面却又规定在项目单位申请时,如果在考虑到资源和能源的使用情形下,整体上对环境的影响利大于弊时,则可不遵守基于风险预防的单个限值规定,[3] 但是,专家委员会草案更多的还是被指责其所采用的传统监管模式和草案结构使环境行政管理的利益一如既往地处于

---

〔1〕 Rolf Stober, Die zehn Gebote eines wirtschaftsnahmen Umweltrechts, in Rolf Stober & Hanspeter Vogel (Hrsg.), Umweltrecht und Umweltgesetzbuch aus wirtschaftsrechtlicher Perspektive, Köln: Carl Heymanns Verlag, 2001, S. 1ff, hier S. 3.

〔2〕 专家委员会草案第 83 条第 2 款规定:“履行适用于项目的基本义务和对自然及景观干预的准入性前提条件,应当在考虑到所有的污染途径和环境媒介间相互作用,采取整体上对环境尽可能轻微影响之措施。联邦环境保护主管部门应就第 1 句之适用细则通过行政法规作出具体规定。”

〔3〕 专家委员会草案第 84 条第 3 款规定:“在项目行政许可中,基于项目单位的申请,当在考虑到资源和能源的使用时,根据行政部门的评估,整体上对环境的影响利大于弊时,可不遵守基于风险预防的单个限值规定。”

主导地位,使得专家委员会草案并未真正考虑环境法究竟如何对企业经济界更友好执行。

与第一次环境法典编纂相比,在德国第二次环境法典编纂过程中,起草者为了尽快完成环境法典编纂工作,使环境法典生效,在环境法典编纂过程中采取了中立态度,将环境保护水平维持在现有环境法律的保护水平[1]——既不提高也不降低,可以避免遭到来自经济界或环境界人士任何一方的反对。这是因为,一方面如果环境法典降低环境保护水平或标准,则这样的环境法典草案势必会遭到环保组织的抵制。如果环境法典编纂成功达到现有的保护水平,则这将在内容和有效性方面对环境保护做出重大改进,因为现有的环境法变得更具可执行性。环境行政部门释放的能力可以为改进执行统一的环境法服务。另一方面,如果环境保护水平或标准提高,可能会迎来经济界、企业界的反对——虽然长期可以通过技术创新取得社会进步,但是短期内势必增加企业的经营成本,尤其是中小企业没有足够的科研经费展开环境友好型的技术研发,相较于跨国大型企业而言,中小企业将会遭到更高水平、更高标准环保的中短期影响。值得注意的是,支撑德国经济的企业并非大型跨国公司,而是规模不大的中小企业。在德国,员工少于250人、总资产少于4300万欧元的中小企业,占德国制造业企业总数的99%以上。[2] 而且德国企业经济界支持环境法典的重要原因在于他们希望通过环境法典来克服行政官僚化、简化环境许可程序以减轻企业负担,提升企业竞争力。所以部分观点认为提升环境保护标准将构

---

〔1〕 在立法草案第一册的立法说明第 A. I. 1 段中明确提及:"制定环境法典适用于维持现有高保护标准的原则。"(Dabei gilt der Grundsatz, dass das bestehende hohe Schutzniveau gewahrt bleibt.) Gred Winter, Das Umweltgesetzbuch – Überblick und Bewertung, ZuR9 (2008), S. 338.

〔2〕 刘明礼:《中小企业支撑德国经济"一枝独秀"》,载搜狐网 2017 年 10 月 31 日,http://m.sohu.com/a/201337592_618422。

成德国工业发展的障碍。[1]

当然,第二次环境法典编纂运动中立法者的中立态度也被部分学者认为是“环境政治的气馁”。[2] 部分观点认为,现有环境保护在气候变化、生物多样性保护和土壤退化方面还是不充分的。[3] 比如,立法草案第五册关于温室气体排放交易的规定,对气候保护采取的方法非常有限,甚至都没有将交通和家政纳入规范。部分观点认为,维持现有环境保护标准并不利于德国工业的长期利益,低标准的环境保护水平将带来难以预估的损失,尤其是在未来的全球竞争中,避免环境破坏将成为德国工业的成本和区位优势,尤其是环境友好型产品和生产将更加吸引消费者。[4]

尽管如此,不得不承认,为了尽快制定环境法典,从现实角度看,考虑到当时德国联邦环境部的职责权限、工作容量以及当时德国的政治环境和宪法对偏离立法权的时限规定,尽可能协调经济与环境的利益冲突是德国立法者当时不得不采取的立法态度。[5]

3. 谨慎对待“一体化许可审批制度”

虽然德国环境法典起草者对“一体化许可审批制度”给予厚望,但是该制度的实际效果却是存疑的。

(1)从加强环境保护这一目标而言

在立法草案出台后,普遍对其加强环境保护这一目标提出了质疑。一方面,一体化许可审批在立法草案第一册第53条要求相关项目所满

---

〔1〕 Martin Wansleben, Das Umweltgesetzbuch aus der Perspektive der Wirtschaft, in UBA (Hrsg.), Herausforderung Umweltgesetzbuch — Tagung des Bundesministeriums für Umwelt, Naturschutz und Reaktorsicherheit am 16.02.2007 in Berlin, Dessau: 2007, S. 14ff, hier S. 14.

〔2〕 Gred Winter, Das Umweltgesetzbuch – Überblick und Bewertung, ZuR9(2008), S. 340.

〔3〕 Weyland Raphael, Das Umweltgesetzbuch: Neugeburt oder Scheitern eines Jahrhundert-projects, 2015, S. 117.

〔4〕 Gred Winter, Das Umweltgesetzbuch – Überblick und Bewertung, ZuR9(2008), S. 340.

〔5〕 Michael Kloepfer, Das Umweltgesetzbuch auf dem Weg zum Referentenentwurf eines UGB (UGB – RefE), Die Verwaltung41(2008), S. 224.

足的四大基本义务[1]与《德国污染防治法》第 5 条第 1 款一样，因此，部分学者认为，难以期待立法草案在内容上在新现象如气候变化或土地利用方面提出比现行法律更好的保护，尤其是在气候保护方面，其不但没有对允许进行排放交易的设施提出采取预防措施的要求，甚至没有如专家委员会草案针对污染防治设置保护气候这一明确目标，也未将气候保护列为取得许可项目的基本义务。[2]

另一方面，德国学者也认为，普适性不强导致一体化许可审批制度的实践影响也将会非常低下。[3] 一体化行政许可制度基本仅适用于水资源领域和污染防治领域，对于环境保护而言，并不会有显著的改善。

(2)从简化环境许可程序和加强企业竞争力的目标看

设置“一体化许可审批制度”的初衷是简化环境行政审批程序，将原本分散于不同主管部门的许可证审批归入同一个部门、同一个流程，整合繁琐甚至重复的许可审批流程，使得与环境有关的项目执行情况更加高效，减轻企业负担和降低时间及金钱成本，提升企业竞争力。但是，如果法典中所追求的“一体化许可审批制度”并不能真正简化行政审批程序，那么立法者执着的“一体化许可审批制度”就会显著降低吸引力。

---

[1] 立法草案第一册第 53 条规定了需许可项目的基本义务：“为确保对人类和环境的高水平保护，需许可的项目应当按以下方式进行：(1)不应引起对社会和邻里的有害环境变化和其他危险、显著不利以及实质负担；(2)采取防范有害环境变化和其他危险、显著不利以及实质负担的措施，尤其是采取与技术水平相当的措施；(3)避免产生废物、使用不可避免的废物以及在不影响社会福利的前提下处置无法使用的废物；如果避免产生废物在技术上不可能或不可期待的，则可不避免产生废物；但如果避免产生废物所引起的不利环境影响更甚于使用废物所引起的，则不允许避免废物的产生；废物的使用和处置应当按照《循环经济和垃圾法》和《废物法》以及其他适用于废物的法律规定进行；前述第(1)和(2)款适用于将废水排放入水体或废水设施；(4)高效且节约使用能源。”

[2] 专家委员会草案在第 419 条第 1 款明确规定：“污染防治法旨在保护环境和人类免受有害的污染影响，尤其是通过防卫空气污染和噪声和预防污染生成；也包括对臭氧层和气候的保护。”

[3] Weyland Raphael, Das Umweltgesetzbuch: Neugeburt oder Scheitern eines Jahrhundertprojects, 2015, S. 117.

当时德国已经对行政组织和行政管理作出了改革,2001 年将欧盟要求的《关于综合避免和减少环境污染指令》以及 1997 年 3 月 3 日由欧盟理事会通过的《关于特定环境公私领域的环境影响评价条例》和其他条例转换为德国法律,显著合并和简化了行政程序的情况,德国的机构之间协调性也大大增加,呈现出的高专业性有利于行政程度的效率提升,企业界抱怨较长等候审批时间的情况非常少。[1] 比如,除了水法上的许可形式外,污染防治法的许可早已囊括全部与设施相关的许可。[2] 各审批程序是紧密协调的,甚至很多德国联邦州设立了综合环境机关,从而实现审批流程可以在一个地方一次性完成。[3] 所以就当时的实际情况而言,各联邦州审批程序已经在实践中显著缩短。因此,"一体化许可审批制度"的附加值也就只能体现在消除个别不太重要的审批程序分离情况上。[4] 比如,各联邦州负责相关审批程序的主管部门不同,可以期待通过环境法典将各州的程序统一。但无论如何,当时的德国大型企业应对当时的环境许可审批制度游刃有余,"一体化许可审批制度"对其吸引力不大。[5] 甚至有观点认为,并不能把提升行政效率作为支撑一体化许可的依据。[6]

此外,在立法草案中,"一体化许可审批制度"基本适用于水资源

---

〔1〕 Martin Wansleben, Das Umweltgesetzbuch aus der Perspektive der Wirtschaft, in UBA (Hrsg.), Herausforderung Umweltgesetzbuch — Tagung des Bundesministeriums für Umwelt, Naturschutz und Reaktorsicherheit am 16. 02. 2007 in Berlin, Dessau: 2007, S. 14ff, hier S. 17.

〔2〕 Horst Meierhofer, Ist ein Umweltgesetzbuch sinnvoll?, in UBA (Hrsg.), Positionen von Mitgliedern des Umweltausschusses des deutschen Bundestages zum Umweltgesetzbuch, Dessau: 2007, S. 21ff, hier S. 23.

〔3〕 Gred Winter, Das Umweltgesetzbuch – Überblick und Bewertung, ZuR9(2008), S. 339.

〔4〕 Gred Winter, Das Umweltgesetzbuch – Überblick und Bewertung, ZuR9(2008), S. 339.

〔5〕 Alexander Kenyeressy, Die integrierte Vorhabengenehmigung – Statement aus Sicht der Wirtschaft, in Wolfgang Durner (Hrsg.), Umweltgesetzbuch – Umweltrechtstage Nordhein – Westfalen am 10. Und 11. Juni 2008, Köln: Carl Heymanns Verlag, 2009, S. 31ff, hier S. 35.

〔6〕 Horst Meierhofer, Ist ein Umweltgesetzbuch sinnvoll?, in UBA (Hrsg.), Positionen von Mitgliedern des Umweltausschusses des deutschen Bundestages zum Umweltgesetzbuch, Dessau: 2007, S. 21ff, hier S. 23.

领域和污染防治领域，有限的适用范围对于大型项目的许可申请而言，并不会有显著优势，并没有真正做到许可审批制度的“一体化”。毕竟提出“一体化许可审批制度”的目的是加速和简化行政程序，减轻企业负担，如果适用范围有限导致并不能实现提升企业竞争力这一目标，自然会降低对经济界的吸引力。

无论如何，“一体化许可审批制度”的初衷是好的，并且在环境法典编纂运动之初深受德国企业和环境界的欢迎，只是在草案公布后引起了公众对其实践效果的质疑。所以，对于究竟如何落实“一体化许可审批制度”，做到真正的“一体化”，需要谨慎对待。德国立法经验表明，必须结合现实的立法情况和实际操作情况，扩大一体化许可审批的适用范围，随之带来的，也将进一步实现行政程序的集中度，促进环境保护水平的提升。

二、联邦部门之间的横向协调与冲突

从德国环境法典第一次编纂失败以及第二次德国联邦环境部付出的努力可以窥见，德国编纂环境法典运动过程中，解决横向的联邦各部门之间的争议是德国联邦环境部面临的重大挑战之一。如前文所述，联邦部门之间的利益之争是德国第一次环境法典编纂运动失败的重要原因之一。因此，在第二次编纂过程中，德国联邦环境部吸取了教训，积极致力于协调各联邦部门之间的冲突，使之未构成第二次法典编纂失败的主要原因。

但是，协调联邦部门利益依然是重要的任务和需要扫清的障碍，导致部门之间横向冲突的因素依然没有解决。德国学者指出如果德国启动第三次环境法典编纂运动，联邦部门之间的纠葛依然是影响法典成功的重要因素。[1]

（一）联邦部门之间冲突深层次原因：职能重叠、职责管辖冲突

长期以来，德国社会存在的现实是，不同政府部门的职责领域相互交叉和重叠——不仅发生在联邦与联邦州之间，也发生在联邦各部门

〔1〕 Weyland Raphael, Das Umweltgesetzbuch: Neugeburt oder Scheitern eines Jahrhundert-projects, 2015, S. 208.

之间。联邦部门之间的职责管辖冲突、各部门的相互影响与牵扯充分反映在了法典编纂过程中，直至最后在 2008 年 11 月 25 日的部长级投票表决会上，联邦环境部与联邦总理部、联邦经济技术部、联邦食品及农业部、联邦司法部才达成一致意见。[1]

部门之间的职责管辖冲突或者职能重叠成为环境法典编纂的重要障碍，在第一次环境法典编纂中造成法典编纂运动失败，而在第二次编纂过程中，德国联邦环境部也同样面临来自其他部门的挑战。比如，表面上德国联邦各部门原则上接受了法典草案中的"一体化许可审批制度"，但是，实际上一体化综合审批又与联邦内政部职责多有交叉，联邦内政部对该许可制度持大量保留态度；再者，联邦环境部与联邦经济技术部、联邦食品及农业部等部门之间存在职责交叉成了无可规避的事实。并且自 2008 年 6 月开始，联邦环境部妥协地接受了联邦经济技术部、联邦食品及农业部等联邦各部门提出的 300 多条意见，将其反映在草案修改中。

当时的《德国基本法》第 65 条第 2 句明确规定"在相关条例范围内由联邦部长主管相关业务并对其负责"，据此，在职责明晰情况下，联邦环境部可根据《德国基本法》第 65 条第 2 句确立的职责原则，就其范围内事项主管并负责。然而，由于部门之间职能重叠和职责管辖冲突，其他联邦部长均声称可对其主管事项作出决策，进而导致联邦环境部不得不妥协。《德国基本法》第 65 条第 3 句[2]要求在有争议情形下由联邦政府作出决定。换言之，需要各联邦部门达成意见一致，联邦政府才能作出相应决定。

职责管辖冲突、职能重叠导致联邦部门之间的利益之争。明晰界定部门职责被德国学者认为是提升联邦环境部在部门利益冲突情况下执行力的重要途径。尤其是对于环境法典草案的启动和立法质量而

---

[1] UBA, Umweltgesetzbuch, https://www. umweltbundesamt, de/umweltgesetzbuch#grunde – fur – ein – umweltgesetzbuch, Besuchdatum: Sept. 30th, 2019.

[2] 《德国基本法》第 65 条第 3 句规定："联邦政府决定联邦部长之间的分歧。"

言,界定部门职责是决定性的。[1] 对此,德国学者认为,在将来可能的再次启动环境法典编纂前,推动政府部门职责重新界定,尤其是将农业和交通的环境相关职责提前整合至联邦环境部将十分有助于环境法典的编纂。

(二)联邦部门之间冲突对第二次德国法典编纂的影响

职责管辖冲突、职能重叠的直接后果是使联邦部门之间发生冲突。虽然在第二次编纂过程中未直接对环境法典草案的立法程序产生影响,但是却对第二次环境法典立法草案的立法质量产生了直接影响。

在第二次环境法典编纂过程中,联邦环境部不得不面对来自联邦部门的各种阻碍,尤其是在面对其他联邦部门的职权利己主义[2]情形下,联邦环境部为了尽快达成法典编纂而流露出的妥协之势,或受其他部门的牵制。比如,在2008年11月25日的部长级投票表决会上,联邦司法部也参加了该会并进行部门投票,这一事实表明,联邦司法部在环境法典立法过程中具有充分的影响力,是有影响力的行动者。在起草过程中,除了联邦经济技术部和联邦食品及农业部提出数百条修改意见外,其他部门如联邦交通部、联邦建筑和城市发展部在启动之初对于制定法典这一基本理念并不支持。甚至于当时被联邦环境部委托处理环境法典事宜的桑根斯泰德(Christof Sangenstedt)官员指出,其他部门认为如果不就环境法典编纂提出意见或者不在法典中增加本部门之意见,那么本部门将被视为“无能”。[3] 比如,联邦食品及农业部要求就环境法典提出自己的指南,尤其是要求应当加强农业、林业和渔业的竞争力,[4]并且提出希望以“集中式(konzentration)项目许可审批制

---

〔1〕 Weyland Raphael, Das Umweltgesetzbuch: Neugeburt oder Scheitern eines Jahrhundert-projects, 2015, S. 212.

〔2〕 Weyland Raphael, Das Umweltgesetzbuch: Neugeburt oder Scheitern eines Jahrhundert-projects, 2015, S. 210.

〔3〕 Christof Sangenstedt, Der Referentenentwurf für ein Umweltgesetzbuch, in Wolfgang Köch (Hrsg.), Auf dem Weg zu einem Umweltgesetzbuch nach der Föderalismusreform, Baden-Baden: Nomos Verlag, 2009, S. 25-49, hier S. 25.

〔4〕 BMELV: Leitlinien des Bundesministeriums für Ernährung, Landwirtschaft und Verbraucherschutz zum Umweltgesetzbuch (UGB) vom 11.09.2006.

度"代替"一体化"(integration)项目许可审批制度。一体化审批只由一个政府部门在一个统一的程序中颁发许可,并且呈现出强烈的一体化效果;而集中式审批则是额外将不要求满足一体化审批所要求的基本义务的批准一并纳入,与一体化项目许可一起颁发,但是不存在统一的许可构成要件,并且在设施事后变更时将由不同部门负责。

在这一现实情况下,虽然第二次编纂运动中起草的立法草案最终得到各部门的一致意见,但是也可能使法典的立法质量[1]受到影响。起草者不得不兼顾各部门利益调整立法内容——相似的许可构成要件被合并,有关的例外条款或强调条款也从草案中删除。以项目许可的颁发条件为例,在立法草案第一版(2007 年 11 月 19 日发布版本)第 54 条规定的项目许可的条件中,尤其强调了对自然和农业的干预被取消、替换或以其他方式得到补偿,但该条款在立法草案最终版(2008 年 11 月 25 日发布版本)中却被删除,凸显了部门间的利益冲突,表明了联邦食品及农业部要求加强农业、林业和渔业的竞争力的诉求。

三、联邦与联邦州的纵向协调与冲突

如前文所述,导致德国环境法典编纂运动失败的因素除了联邦各部门之间的利益之争外,还有一些是与德国联邦体制相关联的——联邦立法与地方立法之间的冲突,而这又深层次归结于联邦与联邦州之间的冲突。需要明确德国究竟是如何协调联邦与州之间的冲突。

(一)德国联邦体制下的立法权限

1. 从有限的联邦立法权到联邦州享有偏离立法权

德国是一个联邦制国家。从最初 13 世纪成立德意志民族的神圣罗马帝国开始,到 1806 年德意志南部和中西部邦国脱离神圣罗马帝国成立莱茵联邦,再到成立德意志联邦进而 1871 年完成德国统一、建立德意志帝国以来,德国一直都有联邦制传统,联邦和各州相互依赖并相互制约。

在 1990 年德国统一后,德国继续沿用联邦制。各联邦州认可联邦

---

[1] Weyland Raphael, Das Umweltgesetzbuch: Neugeburt oder Scheitern eines Jahrhundert-projects, 2015, S. 210.

拥有一定的权力和职能,联邦也承认各州具有独立的职能和权力。《德国基本法》第 20 条规定了德国的联邦制结构。国家权力在联邦和各联邦州之间进行分配。

联邦与州的博弈主要体现在立法、行政、财政和司法权限方面。权限划分在一定程度上是德国联邦制的脊梁。从立法权的权限视角出发,德国的立法权分为专有立法权、竞合立法权、框架性立法权。根据《德国基本法》规定,专有立法权是专属于联邦的立法权,在联邦专有立法权的范围内,各州只有在联邦法律明确授权的情况下,并在授权范围内,才有立法权;框架性立法权是指联邦可以对涉及的事务作一般性的规定,具体的内容则由各州自行确定;竞合立法权是指联邦州只有在联邦未行使其立法权的情形下,并在权限范围内才享有立法权。

如前文所述,在第一次法典编纂过程中,联邦在水资源保护和自然保护方面仅享有框架立法权,只能就该方面的法律制定一个框架性规定,具体内容则需要由各州政府单独制定。所以,“联邦立法权限受限”被视为德国第一次编纂环境法典的尝试未能成功的主要原因。在第二次环境法典编纂前,德国政府对《德国基本法》作出修改,对联邦和州的立法权限重新作出了划分,使德国联邦在空间规划、水域和自然保护领域的权限得到扩展,解决了第一次编纂环境法典中水法与自然保护法立法权限不足的问题。但是,《德国基本法》同时还在第 72 条第 3 款引入了偏离立法权,使各联邦州对某些领域的法律享有在联邦法律基础上自行调整的权力。

根据偏离立法权的规定,在环境方面,联邦各州可以在自然保护以及水资源保护领域颁布与联邦法律不同的地区法律,或更宽松,或更严格。但是这样的立法权引入导致法律的不确定性,总体上看,并不会让法律更加清晰。各联邦州可以借助偏离立法权名义制定本地区范围内的立法——完全不同于联邦立法。所以德国法学界认为赋予联邦州偏离立法权表明《德国基本法》的改革是“三心二意”(halbherzig)[1]的,

〔1〕 Felix Ekardt & Raphael Weyland, Förderalismusreform und europäisches Verwaltungsrecht, NVwZ25(2006), S. 742.

并未真正赋予联邦在相关领域的立法权,而仅是“象征性立法权”(symbolische gesetzgebung)[1]。

2. 偏离立法权对第二次环境法典编纂的失败究竟造成了多大的影响

不可否认的是,偏离立法权的推出为第一次法典编纂运动失败扫清了障碍。德国政府试图通过引入偏离立法权协调联邦与州的冲突。问题是,偏离立法权的引入对第二次环境法典编纂的失败究竟造成了多大的影响?

偏离立法权会引起联邦法律的不确定性,其引入意味着联邦层面可以就环境法典立法草案所涉及的自然和景观保护以及水管理领域作出规定,同时联邦各州也可以就该些领域作出不同于联邦的规定或与联邦法律完全矛盾的规定。这样很可能会导致联邦的立法效果甚至比在联邦改革前所享有的框架性立法权的立法效果还要糟糕,更加的不明确。毕竟许多环境问题都同时存在联邦和联邦州层面,或者很多环境相关的许可项目也会跨越联邦各州。但是,这种不确定性可能更多的是停留在理论中,并不真的就能体现在实践效果中。[2] 明显的证明来自环境法典编纂运动失败后,德国立法机构顺利通过了脱胎于环境法典2009年立法草案的单行立法——《联邦水法》《联邦自然保护法》——联邦州享有偏离立法权并未妨碍2009年立法草案中关于水资源(第2册)和自然保护(第3册)的内容在德国的落地化。

德国联邦参议院顺利通过《联邦水法》《联邦自然保护法》可以证明,联邦各州享有偏离立法权并不是引起环境法典编纂失败的原因,偏离立法权并未阻止立法者在联邦层面颁布相关法律。可见,对于协调联邦与联邦各州的权限冲突,偏离立法权还是可以起到一定作用的。

但是,并不能说偏离立法权完全与环境法典编纂的失败无关。事

---

〔1〕 Felix Ekardt & Raphael Weyland, Förderalismusreform und europäisches Verwaltungsrecht, NVwZ25(2006), S. 739.

〔2〕 Wolfgang Löwer, Abweichungsrecht der Länder im Naturschutzrecht, in Wolfgang Durner (Hrsg.), Umweltgesetzbuch – Umweltrechtstage Nordhein – Westfalen am 10. Und 11. Juni 2008, Köln: Carl Heymanns Verlag, 2009, S. 31ff, hier S. 109.

实上,偏离立法权的实施与德国第二次环境法典编纂运动中所推崇的核心“一体化许可审批制度”相违背,是导致环境法典编纂失败的重要原因。立法草案的起草者希望借助“一体化许可审批制度”实现在水管理等领域的统一的“一体化”项目许可。但是如果各州都希冀借助行使偏离立法权,对项目许可审批流程另作规定,那么将直接导致环境法典草案所规定的“一体化许可审批制度”失败。当时德国的巴伐利亚州便是就此提出了偏离“一体化许可审批制度”。巴伐利亚州以《德国基本法》赋予联邦州的偏离立法权提出,其可以制定偏离法典草案要求的“一体化许可审批制度”,最终引起法典草案未能走完立法程序。

基于从第一次环境法典编纂失败中吸取的教训,当初德国联邦制改革对联邦立法权限的调整,改变了联邦立法权受限的问题,使第二次环境法典编纂运动成为可能。同时又赋予联邦州偏离立法权,从法律角度协调了联邦与州的立法权限冲突。从环境法典编纂失败原因以及《联邦水法》《联邦自然保护法》的单独立法可以看出,偏离立法权是可以促进环境法的继续发展的,但是其仅是从立法权限角度加以协调各州和联邦的利益,而偏离立法权本身无法协调联邦和州在利益方面的冲突。所以,偏离立法权是否会导致一部法律的失败还会受到环境法典中规定的其他制度以及德国联邦州各自利益的制约。

(二)联邦州在环境法典编纂过程中的角色

1. 设置工作机制加以协调:联邦—联邦州工作组(Bund - Länder - Arbeitsgruppe)

在德国,各联邦州在联邦立法上具有举足轻重的作用。这是由德国联邦制这一体制所决定的。联邦参议院将参与立法程序,对经过联邦议院通过的法案进行审议。根据《德国基本法》第 51 条,联邦参议院由州政府代表组成,州政府负责任命和召回其代表。所以,参议院的议员是由各联邦州政府通过行政方式任命的,而非民众选举产生。各州代表根据州内阁的指示在联邦参议院内以其所在联邦州的名义进行统一投标。联邦参议院负责维护各州政治上的利益,最主要的就是参与立法,凡是联邦立法涉及各联邦州权力和利益或对联邦州有重大影响的，都必须由联邦参议院进行审议并取得其同意。可以说，各联邦州在德国的整个政治结构中具有举足轻重作用。

所以，为避免由于联邦与各州之间发生利益之争而在立法程序中引起法典失败，联邦环境部在第二次环境法典编纂启动之初就充分考虑到联邦州的影响，并将各联邦州加入环境法典草案的编纂过程，并且设置了相应的工作机制，以尽力平衡联邦和各州的关系。

在2006年5月举行的联邦环境部长会议上，根据巴登—符腾堡州的建议，决定成立"联邦—联邦州工作组"，并在巴登—符腾堡州的主持下监督环境法典草案的工作。自那时开始，该工作组在每次环境部长会议上都进行了相关汇报，其中个别关键问题还成为环境部长之间深入讨论的主题。联邦环境部试图通过该种形式引导各联邦州将各自的行政执法经验提供给草案，并且可以及时阻止草案起草过程中可能遭遇的来自联邦州的任何反对意见。事实上，效果也是明显的。根据联邦—联邦州—工作组的报告，除了巴伐利亚州的代表之外，其他各州的代表均支持环境法典草案，而且对第二次环境法典编纂中的各个版本法典草案都予以支持。[1]

2. 联邦州党派政治利益的纠葛

虽然"联邦—联邦州工作组"这一工作机制取得了一定的成效，但是依然未能阻止或协调与巴伐利亚州的冲突。巴伐利亚州坚持在"一体化许可审批制度"这一方面要求行使偏离立法权。如前文所述，巴伐利亚州的抵制态度是受到党派利益的影响，即其利益导向受到所在州的大党派德国政党CSU的政党利益影响。

在德国，政党政治对联邦州的影响逐渐扩大。联邦参议院由联邦各州代表组成，又享有广泛权力，由此导致联邦政治与州政治更紧密地联系在一起，州议会选举因此也带上联邦政治的色彩。[2] 而在联邦层

---

〔1〕 Albrecht Rittmann, Länderpositionen zum UGB - Entwurf - ein Überblick, in Wolfgang Köch (Hrsg.), Auf dem Weg zu einem Umweltgesetzbuch nach der Föderalismusreform, Baden - Baden: Nomos Verlag, 2009, S. 137ff, hier S. 137f.

〔2〕 宣晓伟:《德国的中央与地方关系:参与联邦制和协商民主模式——"现代化转型视角下的中央与地方关系研究"之十二》，载《中国发展观察》2015年第7期。

面,实践中,大选获胜者通常是联合政党,作为议会的多数派组建政府;在联邦参议院中,则是由参议院的多数派起决定作用。有可能发生联邦议会中的少数派是参议院中的多数派的情形,这就意味着联邦议会的决定要在参议院通过会比较困难,最终更多是双方妥协。德国政党CSU 在 2008 年 9 月 27 日的州议会大选中失去绝对多数席位,这就意味着在联邦参议院中巴伐利亚州的代表不太会代表德国政党 CSU 的利益,所以其不得不积极争取一年后的联邦议会选举。

这样的政党利益直接反映在了巴伐利亚州对环境法典的态度上——为了争取巴伐利亚州农民的支持以取得更多席位。而环境法典中水资源和自然景观保护对于巴伐利亚州农民影响非常大,所以巴伐利亚州行使偏离立法权要求完全偏离环境法典立法草案中提出的“一体化许可审批制度”。

联邦与联邦州的纵向冲突更多归因于党派政治利益的不同。对立的态度及立场导致难以解决州与联邦之间的纵向关系冲突。政党之间的利益之争导致州与联邦之间的纵向关系在立法方面也表现得令人担忧。基于党派之间的妥协,在联邦州层面的联盟党派之间即便可以实现统一立法,但是这样的立法内容也往往是达成最低限度的共识。[1] 然而,根据德国主流观点,联邦与联邦州的纵向关系的协调更多需要从改革联邦制出发,以达到联邦与州的平衡。德国联邦与联邦州关系的构建受到《德国基本法》非常大的影响,该法是奠定联邦与各州之间关系的基石。

但是,截至当时所展开的联邦制改革并不能解决这一问题。[2] 由于德国是联邦和联邦州相互依赖并相互制约的联邦制国家,联邦州的主要影响发挥是在参议院。因此,也有学者提出通过限制参议会议员

---

〔1〕 Michael Anderheiden, Mitwirkung der Länder bei der Gesetzgebung, in Josef Isensee & Paul Kirchhof (Hrsg.), Handbuch des Staatsrechts der Bundesrepublik Deutschland – Band VI – Bundesstaat, Heidelberg: C. F. Müller Verlag, 2008, S. 965ff, hier § 140, Rn. 35ff.

〔2〕 Josef Isensee, Idee und Gestalt des Föderalismus im Grundgesetz, in Josef Isensee & Paul Kirchhof (Hrsg.), Handbuch des Staatsrechts der Bundesrepublik Deutschland – Band VI – Bundesstaat, Heidelberg: C. F. Müller Verlag, 2008, S. 3ff, hier § 126, Rn. 277ff.

的参加权，但被主流观点认为不合时宜；或者是通过进一步修改联邦与联邦州的权限分配以及增加需联邦批准的规则要件。[1] 但不管如何，在立法过程中协调联邦与联邦州之间的关系都不是简单的问题，采取的措施如设立工作组机制虽可以促进协调联邦与联邦州之间的纵向关系，但也是治标不治本。无论如何，所采取的措施达到联邦与联邦州的平衡改善才是核心。

四、环境法典稳定性与社会变化之间的冲突与协调

法典尤其是实质性的法典的一大特征就是固定性和稳定性，所以在反对制定环境法典的声音中最主要的一个理由就是环境法典的稳定性会对环境法体系的未来发展和创新造成阻碍。随着时代的发展，环境保护的对象和任务也在不停变化中，新的环境问题也层出不穷，如全球变暖、气候变化、能源枯竭等。而法典化理念实质上是基于对法律固定化的考量[2]。所以对于编纂法典，一个重要问题是如何协调或减少法典稳定性与社会变化之间的冲突，或者说如何实现法典编纂完成后的再次更新，以应对目前尚未出现的环境问题。

德国环境法学者认识到法典的固化与社会进步之间的冲突，认识到在理论上法典的内在稳定性可能会阻碍处于发展成长期的环境法进一步创新。[3] 德国环境法典编纂过程中，立法者主要从两种途径考虑解决该问题，一是在专家委员会草案中贯彻预防原则并以其为指导原则之一[4]编制法典草案；二是在 2009 年立法草案中突破整体化编纂方式，采取分阶段编纂方式。

---

〔1〕 Weyland Raphael, Das Umweltgesetzbuch: Neugeburt oder Scheitern eines Jahrhundertprojects, 2015, S. 224.

〔2〕 [德]Eckard Rehbinder:《欧洲国家的环境法法典化》，沈百鑫译，载徐祥民主编:《中国环境法学评论》总第 9 卷，科学社会出版社 2013 年版。

〔3〕 [德]Eckard Rehbinder:《欧洲国家的环境法法典化》，沈百鑫译，载徐祥民主编:《中国环境法学评论》总第 9 卷，科学社会出版社 2013 年版。

〔4〕 BMU(Hrsg.), Entwurf der Unabhängigen Sachverständigenkommission zum Umweltgesetzbuch beim Bundesministerium für Umwelt, Naturschutz und Reaktorsicherheit, Duncker & Humblot GmbH, 1998, S. 97.

(一)以预防原则为指导原则编制法典草案

1. 从危险防御(Gefahrabwhren)原则转向预防原则

(1)以危险防御原则为出发点的秩序法规范模式

德国环境法传统上是从行政秩序法(ordnungsrechtlich)观点出发加以保护,[1]并以危险防御原则为中心。[2] 所谓危险防御原则,即针对具体可威胁和可识别的危险加以防御,以避免遭受潜在的损害。基于这样的思想,一方面需要对环境污染行为加以规范及限制,以免受环境污染之侵害;另一方面又要对环境污染行为所施加的规范和限制进行设置以使符合比例性原则,即根据环境污染行为的危害程度制定禁止或限制的规定。典型的限制规定如环境项目许可,针对符合项目许可构成要件的情形授予许可。

在危险防御原则指导下,法律文本中往往采取对污染行为人直接的支配管制措施,或者法律上的禁止和命令规定,这就是所谓的"行为直接的管制措施"(instrumente direkter verhaltenssteuerung)。此类行为直接的管制措施更为明确,并且可以明确规范行为人的责任,一旦符合构成要件就可以对行为人作出处罚。此外,由于受到危险防御原则的影响,行为直接的管制措施往往是在发生或可能发生污染行为后而采取的限制或禁止污染行为,并且由于是直接管制而往往会对公民权利造成潜在的干预,经常采取的手段包括直接禁止、命令、科以申报义务、许可保留、设置环境标准。所以,这样的规制措施具有一定的固化性和僵硬性,[3]也就难以迎合法典创新性的要求。

(2)预防原则下的间接诱导性管制措施

鉴于人们意识到以危险防御为原则的秩序法编纂规范将可能导致

---

[1] 德国历史上第一部环境法带有秩序法特征,即以命令和禁止的形式加以规定。Michael Pollmann, Umweltrecht und Wirtschaft aus Sicht der Politik, in Rolf Stober & Hanspeter Vogel (Hrsg.), Umweltrecht und Umweltgesetzbuch aus wirtschaftsrechtlicher Perspektive, Köln: Carl Heymanns Verlag, 2001, S. 111ff, hier S. 111.

[2] Michael Kloepfer, Umweltrecht, 4. Aufl. 2016, § 1 Rn. 38.

[3] Weyland Raphael, Das Umweltgesetzbuch: Neugeburt oder Scheitern eines Jahrhundertprojects, 2015, S. 98.

环境法典处于固化的风险，德国法典编纂运动中考虑到将预防原则作为编纂的指导原则之一，这也符合德国晚近环境保护方面的预防观念的提出〔1〕——环境法律政策应积极地在危险发生之前就阻止其对环境的危害性产生，并持续致力于基本自然生态的保护和美化。〔2〕换言之，环境法律根据预防原则应当要防止潜在环境负担形成，以及通过珍惜利用既存的环境资源方法长期保护生态基础。所以，依据预防原则，环境法律的制定不应限于排除已发生的损害或仅限于具体可威胁和可识别的危险，而是应当针对可能产生的环境负担加以防止，或采取所有可能的方法避免或减少环境负担。这也是与危险防御原则不同的地方。

危险防御原则要求针对具体可威胁和可识别的危险加以防御，而预防原则更多是着眼于未来，其是在危险出现前就采取措施确保安全，首要目的是克服经由未知或未确定之风险状态，尽量避免可能的环境危害或环境损害出现或降低其危害性。〔3〕

在预防原则下，出现了不再以处罚为目的与"行为直接的管制措施"不同的管制措施，即采用迂回、柔性、诱导性的措施以影响行为人的动机，诱导其从事有益于环境保护的行为。这种措施被称为"间接诱导性管制措施"（instrumente indirekter verhaltenssteuerung）。此类措施具有国际法中"软法"的类似功能，即国家对行为人设置一种期待，在行为人违反国家期待时，行为人并不能被认定是违法，并不能施以法律上的制裁。〔4〕特别是预防原则与可持续发展概念相契合，反映了转向可持续发展的理念。〔5〕

典型的间接诱导性管制措施主要包括合作性或激励类措施，如环

---

〔1〕陈慈阳：《环境永续过程中之法制缺漏与新制度之建构——以环境救济法典之建构为任务》，载《清华法治论衡》2012年第2期。

〔2〕Michael Kloepfer, Umweltrecht, 4. Aufl. 2016, § 4 Rn. 5.

〔3〕Christian Calliess, Rechtsstaat und Umweltstaat: Zugleich Ein Beitrag Zur Grundrechtsdogmatik im Rahmen Mehrpoliger Verfassung, 2001, S. 176.

〔4〕Michael Kloepfer, Umweltrecht, 4. Aufl. 2016, § 5 Rn. 153ff.

〔5〕陈慈阳：《环境永续过程中之法制缺漏与新制度之建构——以环境救济法典之建构为任务》，载《清华法治论衡》2012年第2期。

境税、基于补偿理论的各种弹性措施;还有诸如通过控制资源使用数量的措施,如碳排放交易。此类措施比较灵活和弹性,但是缺少固化性和明确性。

2. 环境法典草案的编纂情况:预防原则为编纂法典的指导原则之一

如果审阅德国各版本的环境法典草案,可以发现,预防原则是在法典草案制定时的重要指导原则,尤其是在专家委员会草案和2009年立法草案中。这也与当时环境法的发展密切相关。直至专家委员会草案编纂时,德国的环境治理理念仍然未跳出污染治理的理念与框架,很大程度上依然是停留在危险防御的治理上,与预防原则的现实实践距离很大。

(1)第一次环境法典编纂:专家委员会草案

在专家委员会草案中,共出现115次预防的表述,几乎每章都涉及预防原则的内容。例如,第5条中,起草者明确规定了预防原则,要求通过前瞻性的计划和合适的技术性预防措施以尽可能减少或排除对环境和人类的风险。这样的指导性原则贯穿在专家委员会草案中,时刻要求行为人采取针对环境和人类风险的预防措施,如要求生产、流通和使用处置的产品时要对环境和人类造成的风险予以预防(第115条)、在针对受保护的景观时要预防有害影响(第278条)、土壤领域(第329条)、开采和加工矿产领域(第337条)等。尤其是,在专家委员会草案第六章中规定了“间接诱导性管制措施”,强化环境风险预防。其中,引入环境税费这一间接管制措施,并要求针对环境税费的相关的收费标准应当“恰当考虑可持续的环境友好发展指导”,环境税的标准根据“行为对环境造成不利影响的程度、使用资源的价值、避免措施所需成本予以确定”。这些规定在预防原则的指导下,使得其可以在一定程度上应对未来出现的环境问题,避免环境法典的内容易于“石化”,架起了通向未来发展的理念。

(2)第二次环境法典编纂

在后续的2009年立法草案第一册第1条第2款第2项明确规定为保护人类与环境,本环境法典应遵循:对人类或环境的风险应通过预防行为尽可能避免或减少。但是,与专家委员会草案不同的是,2009

年立法草案第一册第1条第2款第1项还同时明确规定了危险防御原则作为编纂的指导原则之一，即为保护人类与环境，本环境法典应遵循：防御对人类或环境的危险。

可能因为同时对危险防御原则和预防原则作出了规定，这些原则的具体适用引起了不同利益群体矛盾的讨论——立法者认可预防原则具有领先方针的地位；而经济界则宁可拒绝预防原则，因为担心其可能在行政或司法决定时协助法律解释，而且预防原则意味着经济界需要采取额外的预防措施以应对潜在未知环境负担。[1] 所以，2009年立法草案的内容并不像专家委员会草案那般突出强调预防原则，反而更多是经济界与立法者的一种妥协状况。在立法草案第一册仅出现"预防"一词15次，第二册水法内容仅出现6次。相应地，在2009年立法草案中的规定主要以秩序法的规范为主，缺少"间接诱导性管制措施"。比如，通过检索2009年环境法典立法草案的内容，可以发现其并未就环境税作出任何规定。

所以，可以认为2009年立法草案所设计的法律条款还是以传统的秩序法为基础，其所采取的规制措施具有固化性。但是，虽然其没有通过预防原则去避免法典的固化性，却采取了另外的方式——分阶段编纂以应对法典稳定与社会变化之间的冲突。

（二）分阶段编纂以应对新环境问题的层出不穷

1. 两种法典编纂形式

从德国和欧洲环境法法典化进程来看，根据不同的理念和国家情况，法典编纂会采用不同的形式。[2] 主要表现为整体化编纂与分阶段编纂两种形式。所谓整体化编纂，是指德国第一次编纂运动中的教授草案和专家委员会草案，以及瑞典、葡萄牙、意大利和波兰的法典所采取的编纂模式。在一定程度上，这种模式可以对环境法整体做更为全

---

〔1〕 Weyland Raphael, Das Umweltgesetzbuch: Neugeburt oder Scheitern eines Jahrhundert-projects, 2015, S. 100.

〔2〕 ［德］Eckard Rehbinder：《欧洲国家的环境法法典化》，沈百鑫译，载徐祥民主编：《中国环境法学评论》总第9卷，科学出版社2013年版。

面的协调。

另一种形式分阶段编纂，是指以中长期计划的分阶段性实现法典化，尤其以荷兰为代表。德国在第一次编纂的工作草案以及第二次编纂的2009年立法草案中都采取了类似地分阶段性推进法典编纂。考虑到此点矛盾，德国环境法典立法者希望制定一部可以应对未来新出现的环境问题的法典，而德国第二次法典编纂采取分阶段编纂就是对此作出的呼应。前文已经分析了德国2009年立法草案为何会采取分阶段编纂的方式，此处主要分析分阶段法典编纂面临的主要技术障碍。

2. 分阶段法典编纂的主要技术障碍

（1）如何确保法典内容保持开放性

分阶段法典编纂最主要克服的立法技术障碍是如何保证先完成的法典内容对后制定的法典内容保持开放性，以实现后制定的法典内容无缝“对接”已完成法典内容。因此在第二次环境法典编纂中尤其强调要实现环境法体系的结构化和连续化，即立法者必须在已经完成的法典内容和之后制定的法典内容中寻求平衡。在这一点，荷兰法典编纂和德国第一次环境法典编纂的教授草案的阶段性编纂理念都提供了非常好的参照。

1979年颁布的《荷兰环境保护的一般性规定之法令》中，基本上就已经显现这种法典化进程。1993年颁布的《荷兰环境政策法》，该法随后逐步通过附加的六章内容得以扩展，该法为落实和转化欧共体指令进行了数次修订，持续地补充和接纳环境法典的最新发展。[1] 此外，德国第一次环境法典编纂运动中，教授草案也采取了类似的——非实质上——阶段性推进方式，通过两步走展开——先编制总则部分，在总则部分完成后才展开分则的编纂。

（2）与法典的协调统一目标存在矛盾

除了要确保环境法典的开放性外，分阶段编纂还会使得法典化目标“协调统一”成为难以完成的任务。分阶段编纂将拉长立法进程，可

〔1〕［德］Eckard Rehbinder：《欧洲国家的环境法法典化》，沈百鑫译，载徐祥民主编：《中国环境法学评论》总第9卷，科学出版社2013年版。

能需要跨经几个议会期的长期立法进程,进而导致环境法典内容失去贯通一致的价值和理念,因此在后续制定法典内容时就必须考虑到这种连贯性。

而且时间过长的立法流程需要立法者步步为营,在每次立法中都要争取利益相关方的支持——至少不能是反对。事实上,在德国第二次环境法典编纂过程中,起草者便试图采取中立的态度,通过维持环境保护水平的方式既不得罪经济界也不得罪环境界人士,避免招致来自任何一方的反对。甚至通过"一体化许可审批制度"吸引经济界对环境法典的支持,而这并不能实质降低环保水平。

五、环境法典规制对象的边界界定

(一)环境法典一般涉及领域

德国在编纂环境法典草案运动过程中还面临的一个必须解决的问题是对环境法典的规制对象作出界定,即哪些规制对象应当纳入环境法典中。

事实上,确定环境法编纂范围本身就是个困难的问题。环境法实际上是一个包罗万象的法律,在不同的法律部门都可以找到与环境法相关的规范,不仅指向公法如行政法和刑法的许多领域,而且还在私法中体现。比如,刑法中会对环境相关的犯罪作出规定,民法中会规定环境侵权责任。再如,实践中还有很多法律原本意义上并不属于环境法,但是却与环境密切相关,如有关国土规划、建设指导规划以及国土相关的公路干线、水道、铁路和机场等专业规划的法律,同样对环境保护起到非常重要的作用。

与环境相关的法律规范范围广泛,究竟哪些可以被纳入环境法典,是否存在具体的标准,目前各国并没有形成统一的答案。[1] 欧洲的编纂经验或多或少承认,环境法的核心领域是构成环境法典不可缺失的组成部分。所谓环境法的核心领域,是指引环境保护积极行为的法规以及直接服务于环境保护的具有普遍性质的管理规定。各国共识一般

〔1〕 沈百鑫:《德国环境法法典化的核心问题和受挫原因及对我国的启示》,载吕忠梅主编:《环境资源法论丛》第 11 卷,法律出版社 2019 年版。

认为属于此核心领域的包括大气污染防治法、水法（水体保护和管理）、土壤保护法（针对土地污染的所有保护和其他减少使用的形式）、气候保护法、自然保护法、固体废物管理法、危险物质法、核能和辐射防护法、环境影响评价、环境审计和环境责任。[1] 当然，一些国家的环境法编纂由于采取分阶段模式，会分阶段仅吸纳部分部门法规范。

根据欧洲的编纂经验，相对不确定的是否构成环境法典规制对象的是那些对是否归属到环境法中本来就有着不同看法的其他法规。属于此类的可以分为两类：一类是本身不属于环境法，但是又与环境密切相关的，是环境保护不可或缺的一环，典型的是对区域规划和专业规划的一般性规定，与公路干线、水道、铁路和机场等交通领域专业规划相关的法规。这些涉及区域规划，但是反对将有关区域规划的内容列入环境法典的理由是区域规划往往具有多种功能，环境保护仅是区域规划所能带来的好处之一。[2] 另一类是那些有关森林、狩猎、渔业及动物保护、矿山和能源等自然资源上的法律，其虽然本身不属于环境法，但是却规定了自然资源的保护和利用。[3] 对于这些内容是否需要纳入环境法典，各国做法不同。比如，法国环境法典有着最广泛的适用领域，但在环境法典中却没有规定森林法和矿产法；德国专家委员会草案中却明确将森林和矿产纳入规制范围。

（二）德国两次环境法典编纂运动中对环境法典规制对象边界的确定

1. 德国两次环境法典编纂运动中确定的环境法典规制对象

在德国两次环境法典编纂运动中，四个版本的草案涉及的规制对象均不完全一样。但是环境法传统意义上的核心领域基本都在规制范围内，比如自然保护和景观维护、水体保护和水管理、污染防治、核能和

---

〔1〕［德］Eckard Rehbinder：《欧洲国家的环境法法典化》，沈百鑫译，载徐祥民主编：《中国环境法学评论》总第9卷，科学出版社2013年版。

〔2〕参见［德］Eckard Rehbinder：《欧洲国家的环境法法典化》，沈百鑫译，载徐祥民主编：《中国环境法学评论》总第9卷，科学出版社2013年版。

〔3〕［德］Eckard Rehbinder：《欧洲国家的环境法法典化》，沈百鑫译，载徐祥民主编：《中国环境法学评论》总第9卷，科学出版社2013年版。

辐射防护、危险物质、固废管理和处理，以及具有普遍性质的现有管理规则如环境影响评价、环境审计。需要注意的是，第一次环境法典编纂运动的工作草案以及2009年立法草案都是采取分阶段编纂，按照当时联邦环境部的计划，在2009年后的下一个议会期（第17个议会期）展开针对污染防治法、非许可需要的设备相关法律、固废法、土壤保护法、化学物品法以及辐射防护法[1]等其他环境领域的环境法典编纂。

2. 德国确定环境法典规制对象边界的考虑因素

（1）规制对象本身在环境法典中的重要性

关于究竟如何确定环境法律的规制范围，可以发现德国四个版本的调制对象虽然是不完全一样的，但是教授草案和专家委员会草案还是将环境法的核心内容基本上予以涵盖的。在确定规制对象的范围上，各草案的起草者还是达成基本一致的观点——应当根据相关问题是否是重要的环境问题以及纳入环境法典是否可以带来明确统一的价值。专家委员会草案起草者认为规制对象的确定不能最终建立在基于历史和政治形成的联邦政府内部的职责分配上，而是必须尽可能考虑到当下所有的重要环境问题。[2] 在编纂2009年立法草案中，当时被联邦环境部委托处理2009年立法草案编纂事宜的桑根斯泰德（Christof Sangenstedt）官员也指出，受限于现实情况法典编纂的边界需要不得不根据联邦环境部的职权范围来确定，但是理论上确定调整的对象范围应该是根据其纳入环境法典的重要性来加以确定，而不应当受限于联邦环境部的职权，且也不应当去迎合政治。[3] 当然，2009年立法草

---

[1] Michael Kloepfer, Das Umweltgesetzbuch auf dem Weg zum Referentenentwurf eines UGB (UGB – RefE), Die Verwaltung41 (2008), S. 202.

[2] BMU (Hrsg.), Entwurf der Unabhängigen Sachverständigenkommission zum Umweltgesetzbuch beim Bundesministerium für Umwelt, Naturschutz und Reaktorsicherheit, Duncker & Humblot GmbH, 1998, S. 90.

[3] Christof Sangenstedt, Der Referentenentwurf für ein Umweltgesetzbuch, in Wolfgang Köch (Hrsg.), Auf dem Weg zu einem Umweltgesetzbuch nach der Föderalismusreform, Baden – Baden: Nomos Verlag, 2009, S. 25ff, hier S. 25.

案采取分阶段编纂方式,所以其在草案中考虑的规制对象更多地受到了政治或者说是立法权限的影响。

以专家委员会草案为例,起草者尽量囊括当下所有重要环境问题,并考虑环境法典对相关问题的规定所能带来的优势来作出决定规制对象的范围。环境法传统意义上的核心领域(如自然保护和景观维护、水体保护和水管理、土壤保护、污染防治、核能和辐射防护、危险物质、固废管理和处理)毋庸置疑地被列入专家委员会草案中。但是,与教授草案相比,专家委员会将基因技术、森林保护、交通规划与建设、能源均纳入了草案范围,其理由在于这些领域与其他环境问题密切相关,有利于加强对环境的保护。比如,基因技术的规定是与其设施密切相关的,使用了与设施相关联的污染防治法相类似的形式,它是从污染防治法中分离产生出来的;并且还与危险物质法相近,它也规定了对有潜在危险的生物产品之处理。针对森林保护,专家委员会认为森林是自然平衡重要组成部分,因此与自然保护法有着系统性紧密关联。而涉及交通规划与建设方面,专家委员会认为,从环境角度来看非常重要,因为建设和运营联邦交通干线、联邦水道、机场和铁路通常与对自然和景观的干预相关,并且交通行为本身也会产生对人和环境明显的有害物质和噪声负担;尤其是考虑到不断增长的交通流量之现状,将这部分规范纳入环境法典是极为重要的。而能源供应的规定则与气候保护密切相关,可以引导不同能源的使用,减少能源消耗,从而为气候保护作出重要贡献。[1]

(2)规制对象是否会影响环境法典的内在协调统一

针对那些不确定是否构成环境法典规制对象但又与环境相关的对象,专家委员会在编纂专家委员会草案时更多从其是否会影响环境法典的内在统一加以考虑。

以气候保护为例,专家委员会虽然认识到气候保护已经是当下最

[1] BMU(Hrsg.), Entwurf der Unabhängigen Sachverständigenkommission zum Umweltgesetzbuch beim Bundesministerium für Umwelt, Naturschutz und Reaktorsicherheit, Duncker & Humblot GmbH, 1998, S. 91.

重要和最迫切的环境政治挑战，但是由于担心单独设立气候保护章节会导致体系上的重叠和不协调性，最终决定仅在专家委员会草案的总则和分则中分散地规定气候保护相关规定。[1] 在相关定义和指导原则中明确指出，气候保护是法典不可或缺的组成部分。为落实这一指导原则，专家委员会草案在第四章有关产品的生产、发行和销售中的各种立法授权也适用于臭氧层和气候的保护；在第九章有关森林保护的目标设计也明确规定了气候保护；在第十章"土壤保护"中也规定了尽量减少温室气体；在第十二章有关能源供应和能源利用的规定中也特别规定能源节约使用以助于气候保护。

再者，针对建筑规划方面，专家委员会承认建筑规划不可避免地也会对环境产生影响，尤其是可能会对自然景观产生不利影响。德国1993年《联邦自然保护法》第8a条规定了"建筑法谅解"规则，即在制定"建设指导规划"时，应充分考量作为环境法核心领域的自然保护和自然景观维护的利益。然而，专家委员会考虑到如果将建筑法全部或大部分地纳入环境法典中，将显著破坏环境法典内在统一性。[2]

(3)规制对象是否可以起到引领作用

在编纂第一次环境法典工作草案和2009年立法草案中，由于采取分阶段方式，所以立法者在分阶段的第一阶段编纂中，德国联邦环境部更重点关注第一阶段的编纂能否起到纲领作用，是否能为今后新增的环境部门法律提供适用规则。所以，无论是工作草案还是2009年立法草案，都重点规制了具有普遍性质的现有管理规则，如都规定了目标、概念、原则、一体化项目许可、直接和间接的管制措施、跨境环境保护。

---

〔1〕 BMU(Hrsg.), Entwurf der Unabhängigen Sachverständigenkommission zum Umweltgesetzbuch beim Bundesministerium für Umwelt, Naturschutz und Reaktorsicherheit, Duncker & Humblot GmbH, 1998, S. 92.

〔2〕 BMU(Hrsg.), Entwurf der Unabhängigen Sachverständigenkommission zum Umweltgesetzbuch beim Bundesministerium für Umwelt, Naturschutz und Reaktorsicherheit, Duncker & Humblot GmbH, 1998, S. 93.

第四节　德国环境法法典化之启示

回顾德国环境法典编纂的整个过程，第一次受挫的理由离不开联邦立法权限受限以及联邦各部门之间利益冲突；第二次受挫则更多归结于联邦与州利益冲突、政党利益的影响。虽然两次法典编纂运动都失败了，但是德国的环境法典编纂运动仍有可借鉴之处。尤其是，德国环境法典编纂运动中面临的法典编纂模式、编纂目标确立、环境法典规制对象的边界界定、法典构建中的冲突与协调等核心问题都得到了德国立法者的积极探讨。德国环境法典编纂的经验也可以为我国提供有益启示，帮助我国寻找合适的法典化道路。

一、环境法典编纂时机

从其环境法典编纂历史看，德国一直在寻求编纂环境法典的最佳时机。

德国存在环境法律破碎化的现象，所以存在通过编纂环境法典以破除破碎化的内在动力。[1] 但是德国学者受到萨维尼提出的“法典完备性”的思想影响，长期认为法典编纂必须满足逻辑体系严密、语言表达准确、内容确定的要求。最初在20世纪70年代刚提出环境法典这一概念时，德国法学界基本提出反对环境法典编纂，其重要理由在于认为环境法典几乎不可能实现法典所要求的完备性，所以编纂时机尚未成熟。[2] 尤其是，难以界定法典的规制对象以及难以应对层出不穷的新的环境问题，无法完成法典完备性的要求。[3]

20世纪90年代，学者开始突破传统的法典编纂思想桎梏，认为虽然在民法典诞生之初的确是致力于整理出某个领域尽可能完整、无遗

〔1〕 详见第一章第二节。

〔2〕 Weyland Raphael, Das Umweltgesetzbuch: Neugeburt oder Scheitern eines Jahrhundertprojects, 2015, S. 46.

〔3〕 详细分析参见第一章第一节第一点。

留和长期性的法规，但是在20世纪末期和21世纪初这个时代，生活方式不断变化，社会进步日新月异，编纂一个毫无漏洞且完整的法律规范已显然是空想。[1] 教授草案的颁布证明环境法典是可行的——虽然没有覆盖当时德国的全部联邦环境法律，但是却涵盖了大部分联邦环境法律，并且被视为一个创新的形式，值得进一步发展，[2]从而为进一步推进编纂环境法典打下良好基础。[3] 之后颁布的专家委员会草案进一步囊括了当时的重要环境法律，并且在体系性和逻辑性上更进一步，进一步证明了环境法典编纂的可行性。再加上越来越多的欧洲国家的法典编纂实践成为现实，如法国、芬兰、意大利、瑞典和瑞士均颁布了环境法典，这些均奠定了制定环境法典的社会环境。

在这一观念转变的影响下，德国学者开始致力于为将来的发展提供尽可能持久和基于灵活性的秩序框架，[4]试图借助当时最好的政治环境去实现法典编纂的开端，借助当时政治强推环境法典的契机，通过开放性的分阶段编纂，尽可能编纂持续稳定但具备弹性修订空间的法典，直至在具备条件和能力的时候编纂完备的法典。

二、环境法典立法目标设定

(一)多重立法目标的赘述

德国提出编纂环境法典的主要动机是希望借助法典形式克服德国联邦环境法律的自相矛盾与不协调，减少部门环境法之间的冲突，实现

[1] BMU(Hrsg.), Entwurf der Unabhängigen Sachverständigenkommission zum Umweltgesetzbuch beim Bundesministerium für Umwelt, Naturschutz und Reaktorsicherheit, Duncker & Humblot GmbH, 1998, S. 74.

[2] Weyland Raphael, Das Umweltgesetzbuch: Neugeburt oder Scheitern eines Jahrhundertprojects, 2015, S. 254.

[3] BMU(Hrsg.), Entwurf der Unabhängigen Sachverständigenkommission zum Umweltgesetzbuch beim Bundesministerium für Umwelt, Naturschutz und Reaktorsicherheit, Duncker & Humblot GmbH, 1998, S. 93.

[4] BMU(Hrsg.), Entwurf der Unabhängigen Sachverständigenkommission zum Umweltgesetzbuch beim Bundesministerium für Umwelt, Naturschutz und Reaktorsicherheit, Duncker & Humblot GmbH, 1998, S. 74.

环境法的明晰、简洁及透明,[1]破除环境法“破碎化”现象。但是同时,德国法典编纂还提出其他目标。以2009年立法草案为例,其立法目标除了实现环境法典简洁和协调统一外,还包括:(1)简化环境许可程序,提升企业竞争力;(2)实现环境法的友好执法;(3)确保环境法结构连续性;(4)通过综合环境保护加强环境保护;(5)转换欧洲环境法在德国的实施;(6)促进创新进程。[2]

在德国的环境法典编纂过程中,起草者对法典赋予了非常多的期待,所以出现了多重立法目标。虽然这些目标看起来都是值得推崇并支持的,但是就法典编纂运动的结果来看,部分目标的设置其实是缺乏说服力的,甚至有些目标之间互相矛盾。

以简化环境许可程序为例,起草者希望借助于环境法典的简化以减轻企业负担,所以重点引入了“一体化许可审批程序”。但是该目标的设置其实非常欠缺说服力。由于环境法典的适用范围仅限于水资源领域、自然资源领域,因此许可程序时间和数量在本质上并未减少。此外,许可程序是否可以得到简化并不仅仅取决于立法规定,很多时候更取决于政府许可部门的财政或人力。因此,“一体化许可审批制度”所能发挥的作用是有限的,其实际效果也遭到德国环境界和企业界的质疑。[3]

此外,2009年立法草案也细化可以确保环境法结构的连续性。这一目标其实是包含在环境法的协调统一这个目标中。试想,如果环境法典的编纂实现了环境法的体系性、逻辑性、统一性,彼此连贯,那么环

---

〔1〕 Weyland Raphael, Das Umweltgesetzbuch: Neugeburt oder Scheitern eines Jahrhundert-projects, 2015, S. 21.

〔2〕 Sigmar Gabriel, Das neue Umweltgesetzbuch als Beitrag für mehr Modernität und Effizienz in der Umweltpolitik, in UGB (Hrsg.), Herausforderung Umweltgesetzbuch – Tagung des Bundesministeriums für Umwelt, Naturschutz und Reaktorsicherheit, Berlin: Mercedes – Druck, 2007, S. 7ff, hier S. 13.

〔3〕 Weyland Raphael, Das Umweltgesetzbuch: Neugeburt oder Scheitern eines Jahrhundert-projects, 2015, S. 259.

境法典自然可以实现结构的连续性。[1]

而转换欧洲环境法在德国的实施和促进创新进程这两个目标与其说是立法目标,毋宁说是为了加强环境保护而采取的手段或工具。将欧盟法转换为德国国内法并反映在环境法典中,从一定意义上说也是为了执行欧盟法,加强对德国环境的保护。同时,促进创新进程也体现在加强对环境的保护。环境法典提出了加强环境保护这一立法目标,而高要求的环境保护标准会促使企业加快技术革新,采取更多有利于环境的技术,从而促进创新。

总体而言,基于前述分析,起草者的过多期待反映在立法草案的多重立法目标中,在一定程度上目标之间呈现重复、赘述。如前文分析,多重立法目标的设置引起顾此失彼,一定程度上导致了法典编纂的失败。众多的目标导致的后果就是目标主线过多,起草者试图多头兼顾,但反而容易发生顾此失彼,最终各目标基本都没有实现。尤其是,制定环境法典的最主要目标应该是实现环境法的简洁与协调统一,然而德国联邦环境部和起草者均认为"一体化许可审批制度"是立法草案的核心。[2]"一体化许可审批制度"本身并不是为了环境保护,而是为了简化环境许可程序,以减轻企业负担。显然,将"一体化许可审批制度"作为环境法典的核心内容是与首要立法目标不一致的。

(二)回归法典编纂的首要目标:简洁与协调统一地保护环境

如果从环境法典的本质出发去探讨立法目标,显然只有实现环境法简洁和协调统一以及加强环境保护才是法典的最重要立法目标。其中,实现环境法的简洁和协调统一是传统的法典目标,是之所以采取法典编纂形式——而非其他编纂形式——的主要动机。法典化的主要意义在于将国家法律通过法典的整理和排序来实现法律的统一。[3]

环境法典的首要立法目标"简洁和协调统一",源于德国环境法长

---

[1] Weyland Raphael, Das Umweltgesetzbuch: Neugeburt oder Scheitern eines Jahrhundert-projects, 2015, S. 260.

[2] Riedel Weber. Brauchen wir das Umweltgesetzbuch noch? – Wider die Legendenbildung über das gescheiterte UGB, NVwZ16(2009), S. 1000.

[3] [意]纳塔利诺·伊尔蒂:《民法典的理念》,董能译,载《交大法学》2017年第1期。

期以来存在立法碎片化、割裂化以及彼此冲突的现状，环境法典编纂主要是为了改变这一现象，通过法典编纂的形式克服法规之间的自相矛盾与不协调、减少部门环境法之间的冲突，理顺整个环境法律的体系与逻辑。

通过法典实现环境法的协调统一往往需要对现有环境法进行重新修改或者制定新的规定。长期以来，环境法之所以出现不协调不统一，一方面是因为其本身的不成熟，另一方面是因为颁布的环境立法出发点不是着眼于整个环境系统，而是仅针对特定的环境要素、环境污染源头或特定的环境部门。这些导致环境法整体上容易出现相互矛盾、重复或者碎片化现象，甚至于每个部门环境法都有自己独立的结构与概念，缺乏整体的统一概念。

简洁和协调统一的立法目标要求起草者不该囿于现有法规的现状，而是应该将各个部门环境法的现有法规从整体上加以审阅、归类和区分，并以“提取公因式”的方式归纳总结，从而实现对繁杂的环境法律的逻辑和层次的梳理。德国学者普遍认为教授草案和专家委员会草案较好体现了协调统一的编纂，更多从整体上加以考虑。[1]

而与之相反，2009 年立法草案则相对缺少一定的协调性和体系性。[2] 一是 2009 年立法草案更多是将部门环境法通过不同成册加以罗列。二是 2009 年立法草案规定的“一体化许可审批制度”适用范围有限，而专家委员会草案规定的一体化项目许可制度却几乎适用于全部的项目许可。这就导致在 2009 年立法草案下，涉及其他领域的审批如规划审批决议、排放交易许可、空间规划、建筑规划等许可审批将仍然适用独立的审批制度，这也就使得 2009 年立法草案在审批制度方面依然未能解决协调统一的问题。三是偏离立法权的引入使环境法典难以达到协调统一环境法律体系的目的。因为偏离立法权的存在意味着

---

〔1〕 Christof Sangenstedt, Der Referentenentwurf für ein Umweltgesetzbuch, in Wolfgang Köch (Hrsg.), Auf dem Weg zu einem Umweltgesetzbuch nach der Föderalismusreform, Baden-Baden: Nomos Verlag, 2009, S. 25ff, hier S. 77f.

〔2〕 Weyland Raphael, Das Umweltgesetzbuch: Neugeburt oder Scheitern eines Jahrhundertprojects, 2015, S. 261.

各州可以制定与联邦完全不一样的环境法律规定，使德国本就复杂的环境法体系更加混乱。

所以在德国2009年立法草案中，虽然简洁与协调统一被联邦环境部作为首要立法目标，但是并未得到很好落实。既然选择采取法典编纂的形式，那么还是应当回归选择法典编纂的首要目标；否则多重目标可能会顾此失彼，不但会影响法典编纂的质量，还可能引起法典编纂的失败。

三、环境法典规制对象界定

环境法典编纂中的一个难题和必选题是对环境法典规制对象的界定，即哪些部门环境法应当纳入环境法典。在专家委员会草案起草过程中专家委员会就承认对环境法典的编纂要满足一个普遍性的前提——在内容上要能界别其他部门法领域。[1] 考虑到环境法的一个明显特征是横贯性，几乎可以在各个法律领域找到，所以需要对环境法典的规制对象作出谨慎界定。

德国环境法典的起草者和环境法学者在界定环境法典规制对象的最主要考虑因素有三点：一是相关法律是否为环境法传统意义上的核心领域；二是有关规范纳入环境法典的价值和意义；三是是否与环境法典的立法目标——简化与协调统一——相契合。

（一）相关领域是否为环境法传统意义上的核心领域

德国环境法典编纂运动的教授草案和专家委员会草案表明至少自然保护和景观维护、水体保护和水管理、土壤保护、污染防治、核能和辐射防护、危险物质、固废管理和处理是环境法传统意义上的核心领域，它们都直接服务于环境保护，需要纳入环境法典。

尤其需要指出的是，在德国法典运动实践中，第一次法典编纂的工作草案和第二次法典编纂的2009年立法草案均受限于德国联邦环境部的职责和联邦州的立法权限，以及欧盟法律转换为德国的时间要求，

---

〔1〕 BMU(Hrsg.), Entwurf der Unabhängigen Sachverständigenkommission zum Umweltgesetzbuch beim Bundesministerium für Umwelt, Naturschutz und Reaktorsicherheit, Duncker & Humblot GmbH, 1998, S. 93.

而不得不采取分阶段立法,在第一阶段将水法、自然保护法、气候保护和非电离辐射纳入规制。同时,按照第二次法典编纂运动中联邦环境部的计划,会在 2009 年后的下一个议会期(第 17 个议会期)展开针对污染防治法、非许可需要的设备相关法律、固废法、土壤保护法、化学物品法以及辐射防护法[1]等其他环境领域的环境法典编纂。所以,虽然两次法典运动中的法典草案规制对象不一样,但是实际上在确定编纂的规制对象时的基本观点是一致的——环境法传统意义上的核心领域是需要纳入法典的。

(二)非传统环境法领域纳入环境法典是否具有价值或意义

德国环境法典各草案的起草者一直在试图从跨媒介视角去编纂环境法典,试图在法典中建立跨媒介的保护理念。所以,环境法典编纂应当尽可能针对所有重要环境问题的规则——不仅是传统的核心环境法领域,还应当将其他对环境政策意义重大的领域一并纳入法典编纂的规制对象中,如农林业土地使用、交通和管线设施的建设和经营、能源供应以及自然资源开采。[2]

这些规范虽在传统意义上并不属于环境法,但是其中所涉及的空间规划以及对土地建设项目的规划都将对环境保护起着重要作用——比如与自然和景观紧密联系,或者是这类领域所涉及的设施如公路和机场在规划中,很可能使环境媒介受到危害物质的污染,从而破坏环境。所以应将这些领域中与环境保护密切相关的内容纳入环境法典规制对象。以专家委员会草案引入"交通设施和管线设施"一章为例,专家委员会承认完整接收相关的单个法律(《联邦公路法》、《航空法》、《一般铁道法》和《联邦水路法》)意义不大,所以专家委员会分离并采用了相关事项的部分——仅将有关交通设施的规划、建设和使用在环境法典中予以规范,对于有关财产、融资、使用转让等问题的交通运输

---

[1] Michael Kloepfer, Das Umweltgesetzbuch auf dem Weg zum Referentenentwurf eines UGB (UGB – RefE), Die Verwaltung41(2008), S. 202.

[2] BMU(Hrsg.), Entwurf der Unabhängigen Sachverständigenkommission zum Umweltgesetzbuch beim Bundesministerium für Umwelt, Naturschutz und Reaktorsicherheit, Duncker & Humblot GmbH, 1998, S. 87.

业法并不纳入环境法典中。[1]

（三）相关领域纳入环境法典是否符合简化与协调统一的目标

长期以来，德国环境立法是基于特定的环境部、环境污染源头或者环境现象，而不是从跨媒介视角针对整体环境加以规制，从而导致存在各类问题，尤其包括：偶然性的编排和界别、不同层次规范重叠、并不统一的概念交叉构建，以及在基本问题的规制和从属细节规定之间的不协调。[2]

在专家委员会草案中，起草者认为采取法典模式编纂环境法的主要目标是为环境法律提供简化明晰、内在协调统一。[3] 所以，编纂过程中，专家委员会在界定规制对象时尤其考虑了相关对象的选择是否会影响整个法典的系统性与协调性。典型的例子是专家委员会放弃对“气候保护”单独成章。专家委员会虽然认识到气候保护已经是当下最重要和最迫切的环境政治挑战，但是由于担心单独设立气候保护章节会导致体系上的重叠和不协调性，最终决定仅在专家委员会草案的总则和分则中分散地规定气候保护相关规定。

四、环境法典的编纂方式选择

环境法法典化主要存在整体化和分阶段两种编纂方式。分阶段编纂可以更好应对层出不穷的新的环境问题，可将新的部门环境法加入法典中，但是由于立法时间过久，将会变为横跨几个议会期的立法计划，可能会丧失连贯性，尤其是可能遭遇不同政党主政和不同的政党利益而失去前后一致的价值和理念。整体化编纂在一定程度上可以对环境法整体做更为全面的协调，但是对未来的修订和立法提出了挑战。

---

〔1〕 BMU(Hrsg.), Entwurf der Unabhängigen Sachverständigenkommission zum Umweltgesetzbuch beim Bundesministerium für Umwelt, Naturschutz und Reaktorsicherheit, Duncker & Humblot GmbH, 1998, S. 97.

〔2〕 BMU(Hrsg.), Entwurf der Unabhängigen Sachverständigenkommission zum Umweltgesetzbuch beim Bundesministerium für Umwelt, Naturschutz und Reaktorsicherheit, Duncker & Humblot GmbH, 1998, S. 88.

〔3〕 BMU(Hrsg.), Entwurf der Unabhängigen Sachverständigenkommission zum Umweltgesetzbuch beim Bundesministerium für Umwelt, Naturschutz und Reaktorsicherheit, Duncker & Humblot GmbH, 1998, S. 88.

德国两次环境法典编纂运动共经历了四个版本,其中教授草案和专家委员会草案是采取整体铸就的模式,而工作草案和2009年立法草案采取了分阶段编纂模式。从德国法典运动整体看,德国之所以经历从整体编纂到开放式编纂的转变,主要取决于立法理念的变化和现实时间紧迫的要求。

受萨维尼思想的影响,过去德国学术界认为法典编纂应囊括一个完整的法律部门,并通过一部法典对其加以完全地规范。德国的法典编纂理念源自19世纪以来的经验积累以及《德国民法典》《德国商法典》《德国刑法典》等经典立法的诞生,但后来德国学术界意识到这难以实现,很难将所有能想到的社会关系一劳永逸地在一部法典中事先规定,更勿论环境问题不是一成不变的。[1] 当立法者无法达到法典编纂的理想境界时,就有必要降低对法典编纂的要求。对此问题,教授草案的编纂者已经加以关注,并认为法典在现实中只能是一个灵活的应用框架,应当对今后的立法以及法律修订完善的发展道路保持开放;但是教授草案的编纂者同时认为,环境法典编纂即便完成也可继续环境立法,因为在环境政策与环境法可行性之间存在共识,环境法典外还会有一定的单行法共存,因为环境法的创新动力更多来自部门立法。同时,不能否认的是,这样将会导致存在一种法典再编纂和去法典化之间的长期辩证过程。[2]

在法学界转变理念的同时,现实的紧迫性迫使联邦环境部在第二次环境法典编纂运动中选择分阶段编纂形式——一方面具备对当时而言最好的政治环境支持编纂环境法典;另一方面急于在2010年1月1日各

---

〔1〕［德］弗兰茨－约瑟夫·派纳:《公法法典化的思考——以环境法和营业法为例》,史仲阳、乔文豹译,载范健、邵建东、戴奎生主编:《中德法律继受与法典编纂》,法律出版社2000年版,第256－257页。转引自张梓太:《中国环境立法应适度法典化》,载《南京大学法律评论》2009年第1期。

〔2〕［德］艾卡德·雷宾德:《德国环境法典编纂之论据》,章楚加译,载吕忠梅主编:《环境资源法论丛》第11卷,法律出版社2019年版;沈百鑫:《德国环境法法典化的核心问题和受挫原因及对我国的启示》,载吕忠梅主编:《环境资源法论丛》第11卷,法律出版社2019年版。

州可以在水法和自然保护领域行使偏离立法权之前完成法典编纂。[1]

可以这么说,教授草案和专家委员会草案在编纂时更多还是受萨维尼思想的影响,而2009年立法草案采取分阶段编纂则是在主观因素和客观因素共同作用下决定的——立法者突破法典完备性的理念,再加上时间上的紧迫性排除了整体化编纂的可能性。[2]

五、利益的博弈与协调

(一)政府部门间利益的协调

回顾德国两次环境法典编纂,第一次法典运动失败的一大重要原因是联邦政府各部门之间的利益冲突。在第二次环境法典运动过程中,联邦环境部吸取第一次运动的教训,积极协调各部门的利益冲突,通过各种努力和妥协才最终在2008年11月25日的部长级投票表决会上,与联邦总理部、联邦经济技术部、联邦食品及农业部、联邦司法部达成一致意见。[3]

环境保护事务必然难以规避跨部门协调的问题,内容上也可能会涉及其他政府部门的职责领域。其他部门或是认为有关环境事项涉及其部门职权,或是认为相关的环境法律规定会影响削弱相关部门在该领域的职权,或使得其他部门行使职权时丧失法律基础。[4] 这些担心在法典编纂过程中容易引起各部门之间的争议。比如,德国联邦交通部门认为法典对于交通选址和建造标准的规定,限制了交通道路的建设,担心因此而削弱联邦交通部在相关领域的职权。

联邦政府部门之间的利益冲突更多是由部门之间的职责管辖冲突或者职能重叠导致的,从本质上涉及的是有关政府机构职责的体制机

---

[1] Michael Kloepfer, Das Umweltgesetzbuch auf dem Weg zum Referentenentwurf eines UGB (UGB – RefE), Die Verwaltung41(2008), S. 202.

[2] Michael Kloepfer, Das Umweltgesetzbuch auf dem Weg zum Referentenentwurf eines UGB (UGB – RefE), Die Verwaltung41(2008), S. 224.

[3] USA, Umweltgesetzbuch, https//www. umweltbundesamt de/umweltgesetzbuch # grunde – fur – ein – umweltgesetzbuch, Besuchdatum: Sept. 30th, 2019.

[4] 沈百鑫:《德国环境法法典化的核心问题和受挫原因及对我国的启示》,载吕忠梅主编:《环境资源法论丛》第11卷,法律出版社2019年版。

制问题。德国的环境法典编纂历史反映出一个不可忽视的事实——明晰界定部门职责对于应对环境法典编纂引起的部门利益冲突是关键的,尤其是在有部门职责冲突时的决策机制。

(二)联邦与州的利益协调

从德国法典编纂历程看,德国最终并没有成功协调联邦与州的利益。巴伐利亚州的反对直接导致了2009年立法草案的失败。联邦与州的利益冲突虽然主要是在第二次环境法典编纂过程中才呈现出,但这可能是因为第一次法典编纂未能解决联邦部门之间的争议而导致未能走到联邦各州反对这一步骤。

德国在2006年联邦制改革中试图从立法权限角度解决联邦与州之间的立法权限问题,一方面赋予联邦在空间规划、水域和自然保护领域的更多的立法权限,使联邦与州处于竞争性立法的状态;另一方面又赋予各州偏离立法权。这样的立法权限安排,显然体现了联邦对各州的妥协。

然而,联邦与州之间的利益冲突仍然是德国编纂统一环境法典的重要困难与障碍之一。虽然表面上联邦与州的立法权分配问题可以通过《德国基本法》解决,并且德国联邦环境部一开始就设置协调机制——联邦—联邦州工作组,以与各联邦州沟通法典的编纂内容,但是,考虑到各州的利益不同、经济发展水平不同,尤其是各州利益与政党利益相纠缠,一旦准备将环境法典编纂草案落到实处,还是会不可避免地触发传统的实际利益格局。[1] 德国学者指出,要解决这种联邦与各州的利益冲突,关键是对联邦与联邦州关系的平衡与改善,从本质上涉及的还是改革联邦制的问题——如何平衡联邦与州之间的关系。无论如何,这都不是简单的问题。

(三)重视与经济利益的协调

环境法典制定过程中势必需要协调各方利益,其中环境与经济的利益冲突协调是最突出的。如果企业经济界对环境法典强烈反对,那

---

[1] 沈百鑫:《德国环境法法典化的核心问题和受挫原因及对我国的启示》,载吕忠梅主编:《环境资源法论丛》第11卷,法律出版社2019年版。

么将容易导致法典编纂遭遇强大阻力。所以德国环境法典编纂者是比较注重协调经济与环境的关系的，尤其是在第二次环境法典编纂过程中德国的草案起草者选择尽可能保持环境保护的现有水平。这是因为，在环境法典中协调经济界的利益意义重大。一方面是为了与可持续发展理念相契合，在环境保护的同时也确保本国企业的竞争力以及经济、环境和社会的协调发展；另一方面是为了赢得经济界对环境法典的支持，或者至少是不反对。

为赢得企业界的支持，德国环境法典起草者采取多种方法以协调与经济界的利益，最典型的便是突出"一体化许可审批制度"，旨在构建联邦范围内针对工业设施和与环境相关其他大型相关设施的统一审批程序。对于"一体化许可审批制度"本身，经济界希冀其能真正实现整合当时平行的多个环境许可审批程序，因此是得到经济界的欢迎与支持。在提出制定环境法典之初，经济界支持制定环境法典的最重要原因在于减少环境法的复杂性和简化环境行政程序。因为通过编纂环境法典，不但可以整合复杂的环境法条，帮助企业实现尽快从冗杂的法律中迅速和便捷地了解其环境法上的义务，还可以通过简化的行政程序减少企业疲于应付行政审批的负担，也可以提升效率与竞争力。只是法典草案最终规定的"一体化许可审批制度"的最终效果不佳，导致既无法赢得大企业的吸引力，也失去了中小企业的支持。

但无论如何，德国环境法典编纂历史充分说明了在环境法典的编纂内容中需要协调经济界的利益，以实现经济发展与环境保护的双赢。

第二章 法国环境法法典化:《环境法典》《环境宪章》与宪法审查

环境保护的重要性在近年以来得到不断强调,党的十八届五中全会创造性地将绿色发展作为指导未来我国经济与社会发展的五大理念之一,十九大报告则在第九部分专门论述“加快生态文明体制改革,建设美丽中国”。随着环境保护的重要性不断提升,生态文明在 2018 年顺理成章地写入现行 1982 年《宪法》。[1] 与此同时,我国环境法的内容和体系也得到不断发展,修订后的《环境保护法》于 2014 年 4 月 24 日由第十二届全国人民代表大会常务委员会第八次会议通过。随着环境法体系的不断扩充和发展,摆在立法者面前的是环境法是否以及如何法典化的问题。

其实放眼世界,现代各国普遍承认,环境是人类的共同财富,环境权是基本人权,环境保护是国家必须承担的重要职责。随着环境问题日益严峻,越来越多的国家不仅在修改和补充环境法律,甚至将其表现为专门的法典形式,而且将环境保护的理念、原则和基本要求确认在宪法中,生态环保条款成为宪法的必要组成部分,其中最有代表性的是法国。

---

〔1〕《宪法》序言第七自然段新写入“生态文明”“和谐美丽”,《宪法》第 89 条的国务院职权新写入“生态文明建设”。关于这些修改的理论解读可参见张翔:《环境宪法的新发展及其规范阐释》,载《法学家》2018 年第 3 期;王建学:《论生态文明入宪后环境条款的整体性诠释》,载《政治与法律》2018 年第 9 期;张震:《中国宪法的环境观及其规范表达》,载《中国法学》2018 年第 4 期;张震:《生态文明入宪及其体系性宪法功能》,载《当代法学》2018 年第 6 期。

法国不仅在2000年基本完成了《环境法典》(Code de l'environnement)的编纂,并不断对其进行修改和完善,而且还专门制定了一部系统且完整规定环境保护的宪法文本即2004年《环境宪章》(Charte de l'environnement de 2004)。法国《环境宪章》堪称当今世界生态宪法的典范。目前,经由法国宪法委员会的释宪机制,《环境宪章》在内容和形式上发展出日益细腻的规则体系,并且对《环境法典》产生了直接影响:从积极方面来看,《环境法典》通过不断的修改和补充更好地落实了《环境宪章》的价值和原则;从消极方面来看,《环境法典》屡次受到宪法委员会的合宪性审查,其部分条款甚至被宣告为违反《环境宪章》等宪法规范,从而不得不进行相应修改。

本部分旨在考察法国环境(生态)法典化及环境保护宪法化的历程及《环境宪章》的内容与实践,特别是法国宪法委员会从《环境宪章》角度对《环境法典》的合宪性审查,以便为中国的环境(生态)法典化讨论以及环境宪法规范的形成提供规范意义上的借鉴和启示。对于我国而言,由于环境法典的编纂工作尚未正式启动,因此本部分所讨论的部分问题会给人较为超前甚至脱离中国现实的观感,亦曾有专家提出建议:本部分宜集中于结合法国经验着重分析环境(生态)法典化对中国而言是否必要,以及如何实现环境(生态)法典化。然而,由于以下三方面原因,最终本部分仅吸收了部分专家建议,其大体框架仍旧按照既有思路:一是由于环境(生态)法典化本身的问题在法国背景下已经不再构成问题,即使在中国环境法学界对法国《环境法典》也存在较为丰富的相关研究,如国内已经有彭峰、莫菲等不少学者进行了较为系统的研究,[1]故无重复研究的必要;二是由于本部分最初获得立项的主题已经限定于法国《环境宪章》《环境法典》与宪法审查,故最终本部分虽可涵盖法国环境(生态)法典化问题,但却不应违反立项时已经确定的主旨,完全抛开《环境宪章》和宪法审查;三是从学术研究的角度出发,

---

[1] 彭峰:《法典化的迷思——法国环境法之考察》,上海社会科学院出版社2010年版;《法国环境法典(第一至三卷)》,莫菲等译,法律出版社2018年版;《法国环境法典(第四至七卷)》,莫菲等译,法律出版社2020年版。

环境宪法与环境法的结合在世界范围内是一个新兴话题也是新的学术增长点,即使在现实角度超前,在学术角度也有研究的必要性,而且这一问题随着我国生态文明制度建设的不断推进会演变成不可回避的问题。

第一节　法国《环境法典》与《环境宪章》形成的历史过程

一、环境问题的凸显背景下的环境(生态)法典化与《环境宪章》

时至20世纪90年代,法国的环境保护的制度和实践在欧洲范围内一直较为落后。希拉克(Jacques Chirac)总统以前的法国历届总统都对环境问题缺乏应有关注,环境部门在政府内阁中也一直不受重视。直到1971年,政府内阁中才首次设立专门的环境部。但蓬皮杜(Georges Pompidou)总统却告知其首任环境部部长只有协调与劝诱的功能,没有任何管理权或命令权,因此环境部被戏称为"不可能部"。[1]《世界报》曾在1998年提出中肯的批评:"法国在环境方面是欧洲的坏学生,因为她没能落实欧盟的自然环境保护指令。"[2]在环保重要性受到长期忽视的同时,污染问题日益凸显。20世纪70年代以来,工业生产所带来的污染和生态失衡问题首次引起有识之士关注,人们不仅从环保本身出发,也从人权和人道主义的高度来考虑生态平衡问题。1970年的阿尔芒(Louis Armand)委员会报告《为了环境的一百项措施》(100 mesures pour l'environnement)[3]作为官方文件全面提出了应对

---

[1] V. Robert Poujade, *Le Ministère de l'impossible*, Paris: Calmann - Lévy, 1975.

[2] Sylvia Zappi, «Environnement: le mauvais élève français», in *Le Monde*, le 16 Octobre, 1998, 13.

[3] 该报告由阿尔芒(Louis Armand)、加尼耶(Christian Garnier)、巴尔德(Jean - Philippe Barde)等人共同起草,于1970年6月10日提交部长会议,对政府环保政策产生一定影响。委员会主席路易·阿尔芒(Louis Armand,1905~1971)是法国著名工程师、政治家,曾以个人名义撰写环境白皮书并提交总理,其环境白皮书对委员会报告的内容有一定影响。

环境问题的对策，并在其中最早承认获得健康环境的权利，该报告直接导致蓬皮杜总统在1971年创立环境部。到了20世纪八九十年代，法国政治家已经顺应知识界的环保主张，习惯在法律意义上讨论环境人权并提出相关对策主张（Laurent Fabius，1989；Ségolène Royal、Édouard Balladur，1995）。[1]

作为一个普通的部门法，法国的环境法产生于20世纪70年代，与1971年环境部的成立密切相关。法国学者都承认，环境法是一个"全新的横向部门法"（un droit transversal récent）。[2] 之所以说"横向"，是因为环境法在内容上同时涉及约15部现行的各类法典，并且横跨公法与私法两大领域。之所以形成这种情形，是因为环境法的出现是因应现代社会逐渐出现的环境问题的，并且从一开始就缺乏应有的体系性和扎实的理论基础。易言之，环境法不是理论建构型的部门法，而是实践导向的部门法。随着环境问题的日益复杂，实质意义上的环境法规范就出现日益严重的碎片化的特点，并因此表现出多方面的问题。这些问题包括："立法膨胀，即多个不同法律规范规制同一环境事项，造成环境法律规范数目大量增加且多有冗余；规范冲突，即对同一环境事项的不同法律规范之间存在不一致和矛盾之处，且缺乏解决此类冲突的内在机制；权力扩张，即环境法律规范的冲突导致行政自由裁量权增加，容易使环境治理脱离法治轨道，滋生专断和腐败等。"[3] 彭峰教授也提出，法国环境法的分散性产生了两个缺陷："在形式层面，法律的可接近性变得越来越困难，也出现了法律资源的浪费；在实质层面，各部门的法律并不能避免在生态现象上的内在重复和关联，也不适合以整体性、全球性的视角进行合作。"[4] 从宪法角度来看，这种状况也是令人无法容忍的，甚至可能存在违宪的嫌疑，因为根据宪法委员会的相

---

〔1〕 Thierry Libaert, Charte de l'Environnement, Encyclopædia Universalis, http://www.universalis.fr/encyclopedie/charte-de-l-environnement, 2 juin 2017.

〔2〕 Répertoire Complet des Textes en Droit Français, https://aida.ineris.fr/liste_documents/1/3012/2a, 15 novembre 2019.

〔3〕 莫菲：《法国环境法法典化的历程及启示》，载《中国人大》2018年第3期。

〔4〕 彭峰：《法国环境法法典化的成因及对我国的启示》，载《法治论丛》2010年第1期。

关判例,法律条文对普通民众必须具有可接近性,必须清晰易懂,否则就违反了法律安全性原则(le principe de sécurité juridique)。20 世纪 90 年代以来,诸如全球气候变暖、疯牛病丑闻、农业生态危机、转基因作物安全性等环境生态问题不断涌现,引发法国社会高度关注,为从法律上应对这些问题,环境法在内容和形式上也变得日益复杂。因此,自 20 世纪 90 年代初开始,环境法是否需要法典化以及如何法典化的问题进入公共讨论视野。

法国历来具有法典化传统,不过从现行实定法出发,法典编纂在很大程度上主要是宪法目标导向下的结果。包括 1789 年《人权宣言》在内的宪法规范确定了法律安全性原则,这一原则要求法律必须是稳定的、可预期的、可接近的并且是能够被理解的。而法律的易被理解性则进一步要求,制定法必须清晰明确、条理清楚、逻辑严密等,从反面来说,它不应当杂乱无章、前后矛盾、重复累赘甚至令执法者和守法者不知所云。毫无疑问的是,相比于环境法规范杂乱地分布在各类制定法(包括法典和单行法)中,将环境法规范在梳理和编纂的基础上整理为结构清晰、逻辑严密、前后协调、简洁明了的法典,是更符合宪法意义上的法律安全性原则的。正如 1996 年 5 月 30 日有关法律和法规编纂的通知所言,旨在促进"任何人均视为了解法律"这一原则的实现,使公民、民选官员以及企业更了解自己的权利和义务。法典编纂采用现有法律即"常法"方式进行编纂,将分散的文件按照特定大纲搜集组织并提供给法律使用者,必要时予以协调和更新,便于法规的理解。需要说明的是,法典由现行有效的法规构成,不做实质性变更。编纂者将在形式上作一系列修改,使其内容更易理解或更加协调。

通常而言,法国的各类法典会分为由 LO 部分(组织法)和 L 部分(法律)组成的立法部分;R 部分(国家行政法院法令)和 D 部分(一般法令)组成的行政法规部分。另外,也可能会加入 A 部分(决议)。与法典编纂不同,"法规整合"只是将最新文本进行简单的技术编排:不是将原文及其修正案并列堆积,而是通过整合形成一个涵括修正案的、更易于阅读的最新版本。整合仅仅是将某一文件及其修正和修改集中在单一的没有官方效力的文本中。尽管如此,法典编纂委员会负责监督整合文本的有效性,以供公民参考。不过,整合的目的与法典编纂一样,旨在增进公民对其权利和义务的了解,因此它也可以勉强算作是广义法典编纂的一种特殊形式。整合的方法是通过对各条款的解释丰富全文;对经过修改文本通过“重新编纂”加以更新、整合,正如任何经过编辑或解释的文本一样,可能会有转录错误;更新也需要一定的时间,因此,尽管法律与行政信息管理署采取了诸多措施,仍建议在“官方公报”栏目确认文件内容及其修改案。

1990 年 10 月,法国环境部通过国家环境计划公布了环境(生态)法典化的计划,随后,环境(生态)法典化工作逐次展开。经过了一系列困难和艰苦的努力,2000 年 9 月 18 日,法国政府通过政令宣布政府依据议会授权通过了《环境法典》的法律部分。[1] 此处所谓“法律部分”,是在狭义上使用的普通法律(loi),《环境法典》不涉及组织法的内容。在法律部分获得通过后,法国环境部继续开展行政法规部分的编纂工作,直到 2007 年,行政法规部分最后提交审议的一卷获得通过,至此法国的环境法法典化工作基本宣告完成。

与环境法的法典化工作相比,宪法中的《环境宪章》起草的启动要晚得多。《环境宪章》的起草是以环境法的体系化为基础的,特别是随着环境法法典化的推进,环境法的基础理论和体系化取得更为扎实的成果,《环境宪章》的起草才更易于完成。希拉克在第一届总统任期即将届满的 2001 年 5 月首次提出制定《环境宪章》的主张,“一个崭新和重大的使命正等待每一个人,尤其是我们:让法兰西成为 21 世纪新伦理和新生活的新试验场。将生态人道主义铭刻在我们共和契约的心脏”。[2] 环境保护成为希拉克角逐 2002 年总统大选的重要纲领之一,他还将环境生态与法兰西共和传统、人权的普遍主义等主题挂钩,从而提出明确的对策方案。首先,希拉克提出将损害预防(prévention)、风

---

〔1〕《环境法典》由法律部分(partie législative)和行政法规部分(partie réglementaire)组成,后者迟至 2007 年才编纂完成。关于《环境法典》的具体编纂过程,可参见彭峰:《法典化的迷思——法国环境法之考察》,上海社会科学院出版社 2010 年版,第 112 – 120 页。

〔2〕«Discours de Jacques Chirac, le 3 mai 2001 à Orléans», in Revue Juridique de l'Environnement, numéro spécial, 2003, p. 78.

险预防(précaution)、[1]责任(responsabilité)、整合(intégration)、信息与参与(information et participation)作为《环境宪章》的五大原则;其次,提出在政府内阁中设立部级的生态与可持续发展部,从而提高环保在政府施政过程中的重要性;再次,他主张在国际上建立与世界贸易组织等量齐观的世界环境组织;最后,他承诺在法国建立更具安全性的环境管制措施,如转基因产品进口的管制程序。

二、《环境法典》编纂与《环境宪章》制定的基本经过

环境法的法典化过程远比预想的更为复杂。自从 1992 年环境部确定环境法法典化的工作机构和机制安排之后,环境部内部就成立了一个专门的法律小组,负责具体跟进环境(生态)法典化的工作,同时,一个经任命产生的专家委员会专门负责《环境法典》的起草工作。专家委员会主要由环境法、环境问题等方面的专家组成,负责具体起草和编纂《环境法典》,并就其工作向环境部法律小组汇报和负责。但是,由于环境法在内容上较为复杂,在《环境法典》编纂的过程中,法典化遭遇了各种难题。在 1996 年,通过整合多部法律和法典中的环境法规范,终于形成了初步的《环境法典》草案,该草案两次提交国民议会审议,但该草案不仅遭遇了法律上的困难,也在政治上受到各种挑战和国民议员的各种批评,直到 1998 年仍然未能获得国民议会通过。由于环境(生态)法典化的工作进度远远落后于预定方案,并且考虑到其通过可能性等问题,法国政府要求议会通过法律授权政府以法令形式通过包括《环境法典》在内的 9 部法典的法律部分。最终,该法律部分于 2000 年 9 月 18 日得以颁布。此后,《环境法典》的法律部分又经过了增补、修改等过程,形成了七卷的基本格局。在法律部分通过后,法国政府继续开展行政法规部分的编纂,并于 2007 年完成行政法规部分的编纂。由此,环境(生态)法典化的主要工作终于画上了句号。

相比于环境(生态)法典化的庞杂工作,《环境宪章》的起草和制定

---

[1] 损害预防和风险预防都强调预防性和积极性,但前者通常适用于对已知风险和损害的预防,后者则适用于具有科学不确定性的风险,即凡有活动或政策对环境有不可回复的损害威胁时,不得以缺乏充分的科学证据为由推迟符合成本效益的预防措施。

显得容易得多,它只涉及一系列重大宪法价值的衡量与取舍。在赢得总统大选后,希拉克按照竞选承诺推进制定《环境宪章》的工作。在2002年6月5日部长会议上,希拉克正式将制定《环境宪章》提上日程,6月26日部长会议正式任命成立了由古生物学家科庞(Yves Coppens)教授担任主席的专门委员会,负责起草《环境宪章》。该委员会由18名成员组成,在通过听证会、互联网等途径广泛征求社会意见的基础上,于2003年4月8日提出了《环境宪章》草案。在起草过程中,希拉克曾两次直接介入并决定重要议题。第一次是在2002年秋季,希拉克应专门委员会的要求,在关于宪章法律地位的三种方案中最终选择了地位最高的方案,即《环境宪章》将具有宪法效力,它将作为宪法序言的组成部分。第二次是在2003年4月,专门委员会对宪章草案是否将风险预防作为原则存在分歧,希拉克基于委员会请求最终作出肯定选择。

部长会议在2003年6月25日通过了委员会草案,随后将其提交议会。国民议会和参议院经修改分别在2004年6月1日和24日予以通过。2005年2月18日,希拉克通过两院联席会议提出宪法修正案并于28日获得通过,2005年3月1日正式颁布第2005-205号宪法性法律,将《环境宪章》纳入宪法序言。在总体上看,希拉克对制定《环境宪章》发挥了至关重要的作用,不仅提议制定《环境宪章》并直接介入起草过程,而且在议会审议和批准宪章的整个过程中,通过自身的政治影响力发挥必不可少的推动作用,以至于有学者提出,"可以毫不夸张地说,如果没有希拉克个人的不断努力,法国宪法中就不会有《环境宪章》"。[1]

三、环境(生态)法典化与《环境宪章》的必要性与关联性

自20世纪70年代以来,随着环境问题的日趋严重,无论是环境法、宪法还是整个法国国内法以及欧盟法与国际法,都开始回应和处理

---

〔1〕 Dominique Bourg & Kerry H. Whiteside, *France's Charter for the Environment: of Presidents, Principles and Environmental Protection*, in Modern & Contemporary France, Vol. 15:2, p. 122(2007).

环境问题。环境法的法典化和《环境宪章》都是这一历史进程中的必然产物。就《环境法典》的编纂而言,不可否认其整个过程都存在一定的争议和分歧,这些争议和分歧不仅针对如何统筹《环境法典》,甚至还扩展到《环境法典》统筹的必要性与可能性问题。但无论如何都不容否认的是,适当的法典化的形式显然有助于完善环境保护的法律机制和措施,而这在根本上有助于缓解日益严重的环境问题,对于整个人类社会的长远发展是具有积极意义的。环境法、宪章、欧盟法和国际法等不同的法律部门或分支都必须应对环境问题,并且也具有应对环境问题的相关机制,但环境法特别是法典化的环境法的作用则是第一位的,其必要性无可取代。

从基本价值导向的角度出发,更值得一提的是《环境宪章》的制定。法国政治家之所以不遗余力地推动《环境宪章》的制定,是为了在最高规范当中确立先进的环保理念,这不仅体现了政治家的远见卓识,也使法国宪法成为21世纪生态宪法的典范。从时间上看,环保条款自20世纪70年代开始逐渐出现在各国宪法中,其时代背景是世界环境危机所带来的人类"环境觉醒",〔1〕由此形成了环境人权、环保国策和国家环保职责等各种类型的宪法环保条款。比如,中国宪法的环保条款最早见于1978年《宪法》,随后在现行1982年《宪法》扩展为两个条文,均为国家环保职责的表述。至20世纪90年代,各国的环保入宪则达到高潮,且在内容上多表现为环境人权条款,因此学者将20世纪90年代形象地称为环境权入宪的"黄金十年"。〔2〕早期的宪法环保条款多数在立场上较为消极,在内容上缺乏系统性,如中国1978年《宪法》第11条第3款仅规定国家防治污染和其他公害,没有涉及可持续发展、生物多样性等内容。在此背景下,法国的制宪者则刻意以内容系统、结构完整、理念先进的《环境宪章》来引领世界宪法生态化的潮流。

---

〔1〕 曲格平主编:《环境觉醒:人类环境会议和中国第一次环境保护会议》,中国环境科学出版社2010年版。

〔2〕 吴卫星:《环境权入宪的比较研究》,载《法商研究》2017年第4期。

就技术性角度而言，制定《环境宪章》对于重整环境法的固有价值取向也是极为必要的。其实在《环境宪章》制定以前，法国已经逐渐形成较为完善的环境立法，并且根据2000年9月18日法令[1]逐渐编纂出较为系统的《环境法典》，整合了议会的环境法律和政府相关法规。但法国法在传统上较为注重国家及其公共职能，而忽视个人权利，体现在环保领域，相关法律规则主要是对国家职责的规范，也就是将环境视为只有国家才有资格进行保护的公共利益，排斥个人对环境的利益相关性。尽管《环境法典》也规定了环境信息公开和环境公众参与机制，但实体性的个人环境权利和利益却受到忽视。由环境损害所导致的个人利益的损害主要依赖民法的保护机制得到救济。在此背景下，通过在宪法层面制定《环境宪章》并在其中充分宣告环境人权具有积极意义，可以进一步突出基本人权并克服传统国家主义的弊端。

第二节　法国《环境法典》和《环境宪章》的主要内容

一、《环境法典》的基本结构和主要内容

《环境法典》分别于2000年和2007年完成法律部分和行政法规部分的主体结构。但此后经历了若干调整，如法律部分第七卷关于南极环境保护的内容整体是2003年议会新增的。此外，《环境法典》的具体条款也一直处于修订过程中，特别是经宪法委员会判定为违宪之后，由议会进行相应修订，从而使其符合宪法规范的要求。法国《环境法典》最新内容均即时公布于法国法律服务官方网站，[2]以下仅简单介绍其章节结构和相关主要内容，其时间更新至2021年1月1日。

---

[1] Ordonnance n° 2000 – 914 du 18 septembre 2000 relative à la partie Législative du code de l'environnement.

[2] Code de l'environnement (Version au 01 janvier 2021. En vigueur depuis le 21 septembre 2000), https://www.legifrance.gouv.fr/, 5 janvier 2020.

《环境法典》分为法律部分和行政法规部分。法律部分的主要内容如下：

Livre Ⅰ er：Dispositions communes(共同规定)

Titre Ⅰ er：Principes généraux (Articles L110 – 1 à L110 – 3)

Titre Ⅱ：Information et participation des citoyens

Titre Ⅲ：Institutions

Titre Ⅳ：Associations de protection de l'environnement et collectivités territoriales

Titre Ⅴ：Dispositions financières

Titre Ⅵ：Prévention et réparation de certains dommages causés à l'environnement (Article L160 – 1)

Titre Ⅶ：Dispositions communes relatives aux contrôles et aux sanctions (Article L170 – 1)

Titre Ⅷ：Procédures administratives

Titre Ⅸ：Dispositions contentieuses

Livre Ⅱ：Milieux physiques(物理环境)

Titre Ⅰ er：Eau et milieux aquatiques et marins (Article L210 – 1)

Titre Ⅱ：Air et atmosphère (Articles L220 – 1 à L220 – 2)

Livre Ⅲ：Espaces naturels (Articles L300 – 1à L300 – 4)(自然空间)

Titre Ⅰ：Littoral

Titre Ⅱ：Parcs et réserves

Titre Ⅲ：Sites

Titre Ⅳ：Paysages (Articles L350 – 1 Aà L350 – 3)

Titre Ⅴ：Accès à la nature

Titre Ⅵ：Trame verte et trame bleue (Articles L371 – 1à L371 – 6)

Livre Ⅳ：Patrimoine naturel(自然遗产)

Titre Ⅰ er：Protection du patrimoine naturel

Titre Ⅱ：Chasse (Articles L420 – 1à L420 – 4)

Titre Ⅲ：Pêche en eau douce et gestion des ressources piscicoles (Article L430 – 1)

Livre Ⅴ: Prévention des pollutions, des risques et des nuisances(污染、风险和损害的防治)

Titre préliminaire: Conseil supérieur de la prévention des risques technologiques

Ce titre ne comporte pas de disposition législative.

Titre Ⅰ^er: Installations classées pour la protection de l'environnement

Titre Ⅱ: Produits chimiques, biocides et substancesà l'état nanoparticulaire

Titre Ⅲ: Organismes génétiquement modifiés

Titre Ⅳ: Déchets

Titre Ⅴ: Dispositions particulières à certains ouvrages ou installations

Titre Ⅵ: Prévention des risques naturels

Titre Ⅶ: Prévention des nuisances sonores

Titre Ⅷ: Protection du cadre de vie

Titre Ⅸ: La sécurité nucléaire et les installations nucléaires de base

Livre Ⅵ: Dispositions applicables en Nouvelle – Calédonie, en Polynésie Française, à Wallis et Futuna, dans les terres australes et antarctiques françaises et à Mayotte(适用于新喀里多尼亚、法属波利尼西亚、瓦利斯和富图纳、法属南方和南极洲领地和马约特岛的规定)

Titre Ⅰ^er: Dispositions applicables en Nouvelle – Calédonie

Titre Ⅱ: Dispositions applicables en Polynésie Française

Titre Ⅲ: Dispositions applicablesà Wallis et Futuna

Titre Ⅳ: Dispositions applicables dans les terres australes et antarctiques françaises (Articles L640 – 1à L640 – 5)

Titre Ⅴ: Dispositions applicablesà Mayotte

Livre Ⅶ: Protection de l'environnement en Antarctique(南极环境保护)

Titre unique: Mise en oeuvre du protocole au Traité sur l'Antarctique, relatif à la protection de l'environnement, signé à Madrid le 4 octobre 1991[1]

法律部分共有七卷,其内容显然是采用了“总分”结构。除以上所示的卷(livre)和编(titre)以外,其下还有章、节、目等细目。第一卷的“共同规定”确立了环境法的基本概念、基本程序、基本制度、基本原则等。第二卷的“物理环境”主要规定了水域、海洋、大气等环境的相关管理规定。第三卷的“自然空间”主要规定了沿海、湖滨、国家公园、自然保护区、大区自然公园、海洋保护区域、景点等自然空间的管理制度。第四卷的“自然遗产”主要是关于动物和植物的保护与监测、狩猎和渔业活动的管理、动植物的利用等。第五卷“污染、风险和损害的防治”主要涉及环境法上的各种专业与专门的污染、风险的防控、管理等相关制度。第六卷“适用于新喀里多尼亚、法属波利尼西亚、瓦利斯和富图纳、法属南方和南极洲领地和马约特岛的规定”,由于这些区域在法国是具有特殊法律地位的海外领地,在各个法律方面均有其特殊的变通内容,因此,《环境法典》专门就这些区域作了专门或变通规定。第七卷如前所述是关于南极环境保护的内容,为南极的相关人类活动规定了应遵循的原则和要求。

行政法规部分的主要结构与法律部分相仿,不再赘述。由于法国宪法采取了法律与行政法规二元化的立法权配置格局,通常法律仅规定基本原则和基本制度,而具体内容和措施则由政府以行政法规的方式进行细化,因此,对于环境法而言,《环境法典》的法律部分按照宪法的权限仅规定环境法律的基本原则和制度,而其具体执行和措施与标准则规定在行政法规中。

二、《环境法典》与《环境宪章》作为专门的法律文本

《环境法典》毫无疑问地体现了法国法自近代以来一贯的法典化情节。不过作为专门且单一的法律文本,《环境法典》在以下几个方面

---

[1] Code de l'environnement(Version au 01 janvier 2021. En vigueur depuis le 21 septembre 2000), https://www.legifrance.gouv.fr/initRechCodeArticle.do, Jan. 5th, 2021. 本部分主要辑录法文目录,该法典的目录和内容已经译为中文出版,请参见《法国环境法典(第一至三卷)》,莫菲等译,法律出版社 2018 年版;《法国环境法典(第四至七卷)》,莫菲等译,法律出版社 2020 年版。

值得注意。第一,《环境法典》系由法律和行政法规两部分构成,这与我们学界通常所理解的法典应为法律之集成的观念并不一致。此种情形的出现源于法国宪法中的特殊的立法权配置方案。现行 1958 年宪法为防止专权特别对法律制定权进行限制,将其调整对象限于一般原则和制度,而具体制度和内容则需由政府通过法规来细化,由此导致诸多法典系由法律和行政法规两部分构成,不过这不影响法典作为内容系统的单一文本的结果。第二,《环境法典》对于环境法律制度的内容进行了系统化、体系化和精致化的整体构建,大体上涉及环境主体的各类环境义务、各类环境保护机关的权力和职责、各种与环境相关的行政程序的步骤和设置等,基本上保证了一部法典在手,环境行为在内容和程序上均有法可循。由此可以看出,《环境法典》是一部具有强烈的行政法色彩的法典或法律部门。第三,《环境法典》对环境保护行政机关的各类职责进行了清晰系统的界定。特别值得注意的是,环境行政法律制度是环境法律制度的重要组成部分,因此在环境日常执法中行政机关的作用从日常角度来讲最为重要。不过也因这一特点,与环境行政部门无关的其他环境法制度没有被整合化《环境法典》当中。

与《环境法典》不同,《环境宪章》则是一个更为抽象的关于原则的文本。总体上可以说,《环境宪章》、《环境法典》的法律部分、《环境法典》的行政法规部分,构成了一个由抽象到具体的规范整体,并且这个整体分为宪法——法律——行政法规三个层次。就形式上而言,《环境法典》与《环境宪章》都表现为专门且单一的法律文本,不过考虑到《环境法典》由法律和行政法规两部分组成,因此《环境法典》其实是由两个规范效力不同的规范体系所组成的。毫无疑问,这种采取法典的单一文本的体系构成与法国法的传统具有密切联系,法国的立法者和制宪者都倾向于将规范整合并表现为一个专门且单一的法律文件,从而便于人们理解和适用。这一点在《环境宪章》的身上表现得更为突出。

就世界范围内的比较而言,在《环境宪章》通过前的 2003 年,世界上已经有超过 50 个国家(如西班牙、意大利、葡萄牙和希腊等)将环境权和环境保护写入宪法。在此背景之下,法国《环境宪章》的内容和主旨有哪些不同?《环境宪章》是一个独立于 1958 年宪法的专门文本,通过修改 1958 年宪法序言的表述从而成为宪法规范的组成部分。2005 年宪法性法律扩大了宪法序言所确认的“法兰西人民庄严宣告恪遵”的对象范围,即修改为“1789 年宣言所明定和 1946 年宪法序言所确认与补充之人权和国民主权诸原则,以及 2004 年《环境宪章》中所明定的权利和义务。”(下划线部分为新增表述)[1]但这种入宪方式并不意味着《环境宪章》不具有宪法效力,因为自 1971 年结社自由案判决以来,宪法序言及其所提及的 1789 年《人权宣言》和 1946 年宪法序言都已经成为具有拘束力的宪法规范整体(bloc de constitutionalité)。[2]

在进入宪法序言之后,《环境宪章》与 1789 年《人权宣言》和 1946 年宪法序言并列,共同构成法国权利法案的三个支柱,三个文件依次宣告了自由权与政治权、社会权和环境权三代人权。从风格上看,《环境宪章》与之前两部宪法文件一样遵循了法国宪法传统,即坚持“普遍主义”人权观和宪法观,强调具有普适性的人道主义和人类的共同遗产。如学者所评价的那样,“环境及其保护在法国的概念化具有本土性和本质上人道主义的焦点(territorial and essentially humanist focus),俨然有别于欧盟所奉行的环境及其保护概念,后者强调的是无差别的科学和规范标准”。[3]

三、《环境宪章》的基本理念和主要内容及与环境法的关联

《环境宪章》的根本理念是生态人道主义(écologie humaniste),它将最新的生态主义注入法国固有的人道主义宪法传统中。人道主义传统由 1789 年《人权宣言》创立,并被 1946 年宪法序言所继承。它奠定

---

[1] V. Article 1 de la loi constitutionnelle n° 2005 205 du 1 mars 2005 relative à la Charte de l'environnement.

[2] 这一概念是指那些充当审查其他规范合宪性的依据而其自身的合宪性不被审查的宪法规范,它是制宪权的行使结果。之所以必须采用这一概念,是因为法国的实质宪法除 1958 年宪法以外,还包括 1789 年《人权宣言》、1946 年宪法序言和 2004 年《环境宪章》。直到目前为止,这一概念的译法仍然不够统一,李晓兵博士将其译为“宪法团”。参见李晓兵:《法国第五共和宪法与宪法委员会》,知识产权出版社 2009 年版,第 88 页。

[3] Henry Buller, *France: Getting Between the Vertical*, in A. Jordon & D. Liefferink eds. Environmental Policy in Europe: The Europeanisation of National Environmental Policy, Routledge, London and New York, 2004, p. 94.

了近现代立宪主义在世界范围内的基本格局，强调以人类为中心的人道关怀和对人类需求的满足，是人类解放的近代宣告，但也因此造成人类与自然的对立。传统相关理念的法理基础是自然法和自然权利的理论体系，其核心是人类本位主义、人类利益中心主义。但是，它的缺陷在于忽视了生态环境在人类自身生存和发展中的价值及权利，并因此已经造成了一些负面的后果。相反，生态主义多以生态为中心，强调人对自然的顺从并主张基于生态要求的外在限制，因此，"强调'限制'的生态主义主张，潜在地削减了某些被看作天经地义的自由"。[1]

《环境宪章》将生态主义与人道主义融为一体，强调人不仅是人道意义上的尊严人，还是环境意义上的生态人，因此需要承担环境义务并与生态和谐共处。按照希拉克的说法，"选择生态人道主义，是进一步将人放在一切计划的中心，并使人能够承担对其尊严的责任"。[2]《环境宪章》弱化了人类中心主义，使传统人道主义向生态人道主义转变，为宪法注入新的价值，在某种意义上标志着法国式自由主义与共和传统的转型。

《环境宪章》对环境人权进行了人类宪法史上最完整和系统的专门论述，显然比世界上绝大多数国家宪法的零星环保条款篇幅更长、结构更完整、内容更系统。《环境宪章》共包括序言和10条正文。

序言主要宣告了生态平衡、可持续发展、生物多样性等具有普适性的当代环保理念。[3] 正文主要宣告了个人的环境权利和义务，并涉及国家的环保职责。具体而言，环境人权既包括实体权利，即"人人有权在一个平衡的和不妨害健康的环境里生活"（第1条），也包括程序权利，即"在法律规定的条件和限制下，每一个人都有权获得由公权机关

---

〔1〕 周穗明：《生态主义与自由主义、保守主义、社会主义和女性主义的关系》，载《国外社会科学》2003年第3期。

〔2〕 «Discours de Jacques Chirac, le 3 mai 2001 à Orléans», in *Revue Juridique de l'Environnement*, numéro spécial, 2003, p. 78.

〔3〕 这些理念得到环境公约或宣言的确认，如1972年《联合国人类环境会议宣言》、1989年《海牙环境宣言》、1992年《里约宣言》、1992年《联合国气候变化框架公约》和1992年《生物多样性公约》等。

掌握的与环境相关的信息,并参加会对环境产生影响的公共决定的制定”(第7条);环境义务包括“人人负有义务参与环境的维护和改善”(第2条)、“在法律规定的条件下,都应当预防其自身可能对环境造成的损害,或者,如果未能预防时,应当限制损害的后果”(第3条),以及“根据法律规定的条件为其自身对环境造成的损害分担赔偿”(第4条)。国家的环保职责包括公权机关应遵循风险预防原则(第5条)、公共政策应促进可持续发展(第6条)和国家应在国际层面采取相应行动(第10条)。此外,第8条和第9条规定了环境教育、培训和研究。前述内容并非凭空产生,它来源于并发展了法国环境法、欧盟和国际环境法的既有环保准则。

尽管《环境宪章》乃为应对环境问题而生,但从理念和内容来看其核心显然是人,而环境人权则是核心的核心,这也是之所以将《环境宪章》列在1789年《人权宣言》和1946年宪法序言之后的原因。传统上一般认为,环境法(尤其表现在《环境法典》中)规定了国家保护环境公共利益的职责,以及这一职责的实现方式。这种传统重视环境公共利益和国家环保职责,但一直在很大程度上忽视环境人权。因此,《环境宪章》将环境人权与既有的环境公共利益和国家环保职责对接在一起,并赋予后者终极正当性。由此,就需要在整个法律系统中正确理解环境人权、环境公共利益与国家环保职责的关系。

在传统的公法理念和制度中,“‘公共利益’是一种否定性的主张,是抑制某些个人权利的正当性理由”。[1] 由此可见,公共利益与人权大体上具有一种反比关系,即国家促进公共利益越多,则对个人权利限制越大。然而,这种传统公共利益已经不再适用于环境问题。诸如环境公共利益等“新现代公共利益(l'intérêt général néo – moderne)不再直接否定个人利益”,[2] 而是与其结合在一起。对环境公共利益的侵

---

〔1〕 刘连泰:《“公共利益”的解释困境及其突围》,载《文史哲》2006年第2期。

〔2〕 Jean – François Calmette, «Le droit de l'environnement: un exemple de conciliation de l'intérêt général et des intérêts économiques particuliers», in *Revue Juridique de l'Environnement*, n. 3, 2008, p. 268.

害在本质上也是对环境人权的侵害，因为当环境受损害时，每个生活在环境当中的个人都会受到损害。不过与传统人权多具有在法律上可区分的客体不同，环境作为环境权的客体却具有很大的不确定性，它是经济学家所说的典型的"公地"。因此，需要国家承担起保护环境公共利益的公共职责，否则，就会出现所谓的"公地悲剧"（tragédie des biens communs），最终导致每个人的权利和利益都受到损害。按照这一思路，可以将环境法所规定的国家保护环境公共利益的职责理解为国家对环境人权的义务，即国家通过保护环境来实现其对环境权的义务。由此可见，环境公共利益与环境人权高度契合在一起，正如学者所言，"以环境公共利益为保护目标的环境权利理论，可以为环境权利的独立存在提供正当理由"。[1] 但二者的契合并不能进一步理解为互换关系，更不能以环境公益来取代环境人权。比如，环境权的存在意味着个人亦可采取保护环境公共利益的法律行动，而不是只有国家才具有保护环境的排他性职责。由此，个人的环境公益诉讼在环境权的基础上得到了正当性论证。

就《环境宪章》与《环境法典》的关系来讲，除了前述的价值衔接以外，在内容的具体衔接上，《环境法典》还需要考虑《环境宪章》以外的其他宪法规范的价值取向。比如，前文提及的环境法之所以采取法典的形式，就有宪法层面的法律安全问题的原因。由于环境问题和环境法律问题的复杂性，必须使环境法规范删繁就简，从而便于人们理解和适用。这本身就是宪法层面的考量，而这种考量其实在环境（生态）法典化以前就已经出现。比如，早在20世纪70年代末期，环境部就已经设立专门的工作小组，来应对和处理环境法的膨胀、分散和重复等问题，而这些问题的存在是违反宪法上的法律安全性原则的。因此，环境（生态）法典化可以说是一系列宪法价值所导向的结果。当然，并不能简单地将《环境宪章》与《环境法典》的关系单极化。虽然从规范上讲，《环境法典》作为法律和行政法规必须具有合宪性并且积极地落实和

〔1〕 王小钢：《以环境公共利益为保护目标的环境权利理论——从"环境损害"到"对环境本身的损害"》，载《法制与社会发展》2011年第2期。

回应宪法层面的基本价值和原则,但从历史的角度出发,环境法的出现及其法典化的进程在先,而《环境宪章》的起草和制定在后,并且《环境宪章》在内容上受益于《环境法典》的内容和实践,是环境法及《环境法典》中的基本制度和基本原则的规范内容和形式上的进一步凝练。从社会环境来看,无论是《环境法典》还是《环境宪章》,都是法律系统回应环境系统并努力解决环境问题的必然产物。

第三节 宪法委员会判例中的《环境宪章》与《环境法典》

一、《环境宪章》作为审查《环境法典》的依据

《环境宪章》作为宪法规范当然具有最高效力,但其效力的发挥和内容的落实则须具体考虑到各个条文的内在特点。曾有学者根据规范表述差别将各条区分为法律效力和政治效力两大类:序言六和七及正文第1~7条为前者,其中第5条为原则,其他为规则;序言一至五和正文第8~10条为政策宣告,其中序言三和正文第8~10条在政策宣告中具有可操作性效果。[1] 前述分类本身具有合理性,但条文的具体归类则仅得到了实践的部分印证,因为宪章的效力等级和实施程度直接取决于其被宪法委员会援引进而充当宪法审查依据的程度。

截至2020年12月31日,[2]宪法委员会援引《环境宪章》的判决共44项,其中有41项适用宪法审查程序。41项判决的年度分布为:2005年2项,2008年1项,2009年1项,2011年4项,2012年5项,2013年5项,2014年7项,2015年1项,2016年3项,2017年2项,2018年2项,2019年4项,2020年4项。(见图2-1)值得注意的是,41项涉及

[1] N. Chahid - Nouraï, «La portée de la Charte pour le juge ordinaire», in AJDA, 2005, Chroniques 1175.

[2] 具体数据及其详尽分析亦可参见王建学:《法国的环境保护宪法化及其启示——以环境公益与环境人权的关系为主线》,载《暨南学报(哲学社会科学版)》2018年第5期。此处将数据更新至2020年年底,但基本结论并未发生变化。

宪法审查的判决有24项是适用合宪性先决程序(案件号为QPC)作出的。合宪性先决程序是2010年开始实施的新程序,据此,“公民得在普通诉讼中提出违宪抗辩”,[1]这意味着《环境宪章》对个人具有直接效力,个人可以成为环境权宪法诉讼的主体。

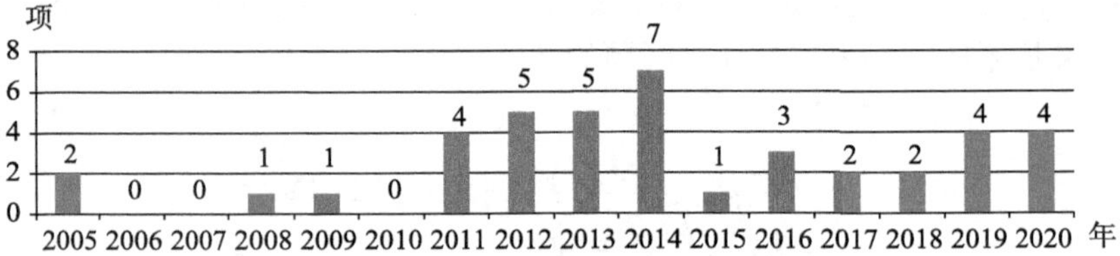

图2-1 《环境宪章》年度审查情况

从上述年度分布情况来看,涉及《环境宪章》的宪法案件主要集中在2011年至2020年,并且在2014年达到最高峰值(7),自2015年以来基本上保持稳定,年均2.7件。值得注意的是,在2005年至2010年,涉及《环境宪章》的宪法案件数量较少,2006年、2007年和2010年等个别年份甚至没有涉及《环境宪章》的案件,这种情况与法国的宪法审查机制相关。2010年以前法国的宪法审查程序仅存在事前审查,而涉及个人权利保障的事后审查机制至2010年才开始正式运作。[2] 以权利保障为目标的事后审查机制的缺乏,导致了2010年以前《环境宪章》案例的缺乏,因为《环境宪章》是被作为权利法案的组成部分,旨在保障环境权的。

从内容上看,宪法审查判决所援引宪章条文的情况不尽相同,41项宪法审查判决所援引宪章条文的频率依次为:序言3次、第1条13次、第2条7次、第3条9次、第4条6次、第5条8次、第6条9次、第7条22次,第9条1次,第8、10条0次。(见图2-2)显然,第7条的程序性权利受到宪法委员会高度重视,其次是第1条的实体性权利。此

[1] 王建学:《“从宪法委员会”到“宪法法院”——法院合宪性先决程序改革述评》,载《浙江社会科学》2010年第8期。

[2] 关于事后审查机制及其效果,可参见王建学:《法国事后宪法审查机制的十年:总结与启示》,载《财经法学》2019年第6期。

外,宪法委员会围绕环境义务、风险预防原则、公共决策与可持续发展等问题都作出了宪法认定。目前,程序性和实体性环境人权已经成为具有直接效力的基本权利,拘束立法、行政和一切公权行为,并初步形成了相应审查标准。从适用情况看,环境人权有时独立成为审查依据,有时与平等权[1]等传统宪法规范相结合充当审查依据。此外,宪法委员会援引环境义务来认可环境管制措施(部分对个人造成负担)的合宪性,对于争议较大的风险预防原则,宪法委员会承认国家立法对其进行适当限制的合理性,同时明确了可持续发展是对国家公共决策的要求,取决于立法者的自由裁量,并不能成为宪法权利申诉人的提请事由。[2] 从结果上看,41 项宪法审查判决中,22 项含有违宪或部分违宪认定,4 项含有附保留合宪认定,因此,《环境宪章》并非"纸老虎",宪法委员会亦未采取完全谦抑的审查立场。受指摘的法律主要是与环境直接相关的《环境法典》,此外还包括《民法典》《旅游法典》《能源法典》《森林法典》《刑事诉讼法典》《国防法典》《公法人财产一般法典》《财政法典》等。《环境法典》被宣告违宪的频率最高,尤其是涉及《环境宪章》第 7 条的程序性环境权。

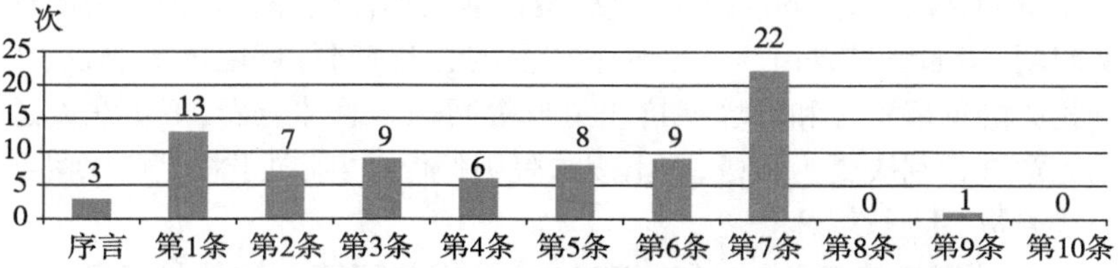

图 2-2　《环境宪章》各条在宪法审查程序中适用次数分布

值得进一步指出的是,《环境法典》在形式上包括法律部分和行政法规部分,前述对《环境法典》的合宪性审查其实主要集中在《环境法

[1] Décision n° 2009-599 DC du 29 décembre 2009 du Conseil constitutionnel sur la loi de finances pour 2010.

[2] V. Décision n° 2005-514 DC du 28 avril 2005 du Conseil constitutionnel sur la loi relative à la création du registre international français.

典》的法律部分，并不涉及行政法规部分。原因在于，在法国法中存在“法律—屏障”(loi - écran)理论。在审查规范的合法性问题时，宪法法官与行政法官之间存在分工。宪法法官集中审查法律的合宪性，而不审查行政法规的合宪性，因为后者主要通过行政法规的合法律性来解决，并且主要是行政法官的职责。但对于那些根据违宪的法律所作出的行政行为，法官不得评判其合宪性；在此情况下，法律是一道不可逾越的“屏障”(écran)，行政法官只能根据法律评价行政行为的合法性，而不能审查法律是否违宪。这一理论被称为“法律屏障理论”(théorie de la loi écran)。[1] 它源于法国行政法院判例，即行政法官拒绝审查某一可能违反宪法但却符合法律的行政行为的合宪性，从而，法律在行政行为和宪法之间竖起了屏障，阻碍了宪法对依法律作出的行政行为在司法领域的直接作用。由此可见，《环境法典》的行政法规部分，并不交给宪法委员会来进行审查，而主要是由行政法官根据《环境法典》的法律部分或其他法律规范进行审查。

除宪法委员会的援引外，最高行政法院和最高司法法院也将《环境宪章》作为裁判规则，截至2020年年底，行政法院和司法法院系统援引宪章的判决已达250多项。这些案件涉及如何处理一系列复杂的现实问题，诸如贸易自由与环境缺陷产品的行政管制、环境民事侵权、环境相关的刑事责任和环境反抗压迫权等问题。总体上看，下级法院适用宪章进行判决更为积极，而上级法院则偏保守，倾向于将宪章保留给宪法委员会进行解释。[2]

二、《环境宪章》作为《环境法典》及相关环境立法的价值基础

《环境宪章》也需要通过议会法律予以落实。在《环境宪章》入宪的2005年，法律的作用就已获得普遍认同，2005年宪法性法律修改了宪法第34条的立法权条款，将“环境保护”事项的一般原则增补到必须由法律予以规定的范围内。此外，2008年修宪将“社会经济委员会”

---

〔1〕 该理论的简介可参见王芳蕾：《论法国的违宪审查程序》，载《财经法学》2017年第4期。

〔2〕 如环保人士破坏转基因玉米田并援引宪章在刑事上免责，部分下级法院予以支持，但最高法院不认可。

改为"社会经济与环境委员会",[1]使其对环境方面的法律和法令草案提供咨询意见,此举可以视为环境立法理性化和专业化的措施。

不过环境立法与《环境宪章》的关系较为复杂,一方面,环境立法可以进一步形成环境人权,是国家履行其环保义务的表现;另一方面,环境立法也可能限制宪章原则或权利以及强化环境义务,由此又要接受宪法委员会的审查。以较有争议性的风险预防原则为例,虽然在宪法高度将其明确化是全球首例并极具开创意义,但不得不承认风险预防原则尤其是其扩大适用也有负面影响,如给经济造成沉重负担,为法院带来诉累并使其介入环境决策过程,使环境决策权落入非民选法官或环境技术专家手中,损害环境公共问题决策应由民选部门作出的共和传统。因此,《环境法典》第 L110－1 条(首条)在落实该原则时施加了种种限制,通过"科学和技术知识的状态"来降低《环境宪章》第 5 条的不确定性,通过"经济上可接受的成本"来降低《环境宪章》第 5 条的可能弱点,通过在程序上排除个人的诉讼将其限定为对公权机关的要求,[2]宪法委员会则多次认可了法律的合宪性。[3]

三、《环境宪章》和《环境法典》的政策性实施

最后,《环境宪章》中的政策性条款尽管既未成为宪法审查的依据,也无法通过议会立法予以细化和落实,但可以通过特定方式发挥作用。比如,第 8 条规定的环境教育,[4]在《环境宪章》刚刚获得通过的 2004 年,总理通令就要求各级中小学适用《环境宪章》第 8 条,"从 2004 学年开始,将环境可持续发展的教育普遍化"。[5] 希拉克在 2006 年 3

---

[1] V. la loi constitutionnelle n° 2008－724 du 23 juillet 2008 de modernisation des institutions de la Ve République.

[2] Kosciusko－Morizet, N. «Rapport relatif à la Charte de l'environnement», *Première lecture*, no. 1595, Commission des lois, Assemblée Nationale, Paris: 2004, p. 109－111.

[3] V. Décision n° 2013－346 QPC du 11 octobre 2013 du Conseil constitutionnel.

[4] 该条的重要性在规范视野下易受忽视,实际上该条体现了法国宪法传统中的集权主义因素,大革命并非单纯的政体革命,而还是社会革命甚至是心灵革命,它要改变的是人的心灵,而教育(确切说是由国家统一提供的教育)就成为至关重要的手段。

[5] Circulaire 2004－110 of 8 July 2004, BOEN 28, 15 July 2004, 1473 (Généralisation d'une éducation à l'environnement pour un développement durable (EEDD)－rentrée 2004).

月的一次演讲中亦提及宪章环境教育以及宪章作为政府决策指南的问题,"因为它事关我们的未来,宪章需要被每一个人尤其是首先被年轻人知晓。它将成为学校的教育内容,并自2004年开始在环境教育计划中被普遍化",此外,"在较大范围内,《环境宪章》要求一切公权机关吸收可持续发展的需求,并且必须将环境纳入其考量范围"。[1]

与《环境宪章》的政策性实施类似,《环境法典》也存在特定的政策性实施方式,但二者的取向略有不同。《环境宪章》的政策性实施旨在通过教育等途径在普通民众中确立一种生态主义的价值认同,也就是通过在普通民众中进行生态与环境保护的宣传,逐步形成一种对环境保护的观念认同,它的目标是更为积极地建立环境认同。而《环境法典》的政策性实施则更为具体化,通过教育等途径使普通民众知晓《环境法典》所建立的主要环境保护制度和机制,特别是与普通民众相关的禁止性规范,从而确立一种环境守法的公民常识。

从总体上看,法国《环境宪章》的效力根据其条文不同存在等级序列,同时其实施机制亦较为多样,既涉及宪法委员会的宪法审查,也涉及行政法院和司法法院的司法活动、议会的立法形成、社会经济与环境委员会的立法咨询活动、环境教育体制落实等一系列国家公权活动。可以说,《环境宪章》已经形成了一套多元和多层的实施机制。

第四节 公众参与原则与程序性环境权

在法国《环境宪章》实施的过程中,《环境宪章》第7条所规定的环境公众参与原则和程序性的环境参与权成为宪法委员会援引频率最高的条款。而且在相关法律实践中,环境公众参与原则和程序性环境权也成

---

[1] allocution de Jacques Chirac du 1 Mars 2006 (premier anniversaire de la promulgation de la charte de l'environnement), http://www.elysee.fr/elysee/elysee.fr/francais/interventions/discours_et_declarations/2006/mars/allocution_du_president_de_la_republique_a_l_occasion_du_premier_anniversaire_de_la_promulgation_de_la_charte_de_l_environnement.42132.html, 20 may, 2017.

为《环境宪章》在事实上的拱顶石。本部分在法国《环境法典》与《环境宪章》的关系中分析环境公众参与原则法律化和宪法化的过程。与此同时,不可否认的是,在《环境法典》的编纂过程中,环境公众参与原则和程序性环境参与权也成为极为重要的内容之一,因此分析这一问题对于进一步深入理解法国《环境法典》与《环境宪章》的关系也具有重要的学理意义。

从一般的环境法原理出发,在现代国家治理体系中,公众参与发挥着必不可少的功能。它"不仅必然有助于实现民主目标,而且能够催生更加良好和更灵通周全的政策决定"。[1] 在经济、文化、教育、卫生等众多社会生活领域中,环境构成最为重要的前提和基础,人类只有在健康的环境中才能维持其基本生存,因此环境公众参与成为公众参与机制的最主要表现,也是法律实践和法学理论中的热点问题。如学者所言,"环境决策中的公众参与不仅关系到参与式民主和环境正义的理念,而且经常被置于环境权学术研究的前端"。[2]

环境公众参与原则不仅在各国环境立法中得到反复重申并成为现代国际环境法的普遍原则,甚至明确写入越来越多的宪法文本并上升为宪法原则。环境公众参与原则是否必然或应当宪法化?其宪法化仅仅流于形式还是意味着实质变革?其作为法律原则与作为宪法原则是否存在差别?我国环境法治近年来正处于急剧变迁期,2014 年《环境保护法》修订,[3]2018 年生态文明入宪,晚近有迹象表明环境法典的编纂和制定随时可能启动。[4] 在此过程中,如何从宪法高度统筹考虑

---

〔1〕 Cary Coglianese, Heather Kilmartin and Evan Mendelson, *Transparency and Public Participation in the Federal Rulemaking Process: Recommendations for the New Administration*, in *George Washington Law Review* 77, no. 4, p. 927(2009).

〔2〕 A. du Plessis, *Public Participation, Good Environmental Governance and Fulfilment of Environmental Rights*, *Potchefstroom Electronic Law Journal* 11, no. 2, p. 3(2008).

〔3〕 2014 年《环境保护法》第 5 条明确将公众参与规定为基本原则,第五章专门规定了信息公开和公众参与制度。

〔4〕 吕忠梅教授建议将环境法典编纂列入第十三届全国人大常委会立法计划,参见吕忠梅:《将环境法典编纂纳入十三届全国人大立法计划》,载《前进论坛》2017 年第 4 期。另外,十三届全国人大常委会第十五次会议举行分组会议时,有委员建议制定环境保护法典,参见《全国人大常委会委员建议制定环境保护法典》,载新京报,http://www.bjnews.com.cn/news/2019/12/29/667754.html。

环境公众参与原则,以及是否有必要将其宪法化?

一、公众参与在法国环境法中的发展史

国家治理的民主化为环境公众参与提供了前提,现代环境问题的爆发特别是其对个人生存所产生的全面影响直接催生了环境公众参与。在规范表述上,环境公众参与在获得法律承认之初表现为一项具体机制,然后上升为环境法的基本原则。

(一)宪法和环境法的民主化与环境公众参与的诞生

法国环境法起源于旧君主制时期,最早可追溯至规定森林保护和管理的1669年科尔贝法令(Ordonnance de Jean - Baptiste Colbert)。在相当长的时期内,单行法律和法规一直是环境保护法的唯一形式,从而不同于民法、刑法等传统部门法既存在体系完整的法典又具备深厚的理论基础。环境法的独特渊源表明其在源头上是国家有针对性地应对环境问题的法律产物。在君主制背景下,环境法主要规定了国家所采取的单方面治理措施,并不考虑个人的治理感受,也不存在公众参与的问题。

现行1958年宪法确立了法国的民主政体,但环境法仍然延续了之前的君主制传统,并没有立即向公众参与敞开怀抱。随着现代环境问题的日益严峻特别是城镇化中的各种环境问题频发,人们逐渐认识到环境关系到每一个人的基本生存,也离不开个人的参与,况且国家的单方面治理措施已经日益乏力。因此,环境单行法开始在特定治理领域承认公众参与的作用。法国议会通过1976年第76 - 629号关于环境保护的法律首次建立了协商(concertation)以及公共调查(enquête publique)等制度,[1]借此征求和收集相对人和特定公众的意见。这是公众参与机制的雏形。此后,随着1983年第83 - 630号关于公共调查民主化和环境保护的法律等的颁布,公众参与的内涵、形式和具体机制不断丰富和扩大。[2]

---

[1] Art. 1er de la loi n° 76 - 629 du 10 juillet 1976 relative à la protection de la nature.

[2] Art. 1er & 2ième de la Loi n° 83 - 630 du 12 juillet 1983 relative à la démocratisation des enquêtes publiques et à la protection de l'environnement.

(二)1995年巴尼耶法:环境公众参与原则的确立

1995年2月2日,法国议会制定了1995年第95-101号关于加强环境保护的法律,由于是在环境部部长巴尼耶(Michel Barnier)的推动下制定的,因此又简称为巴尼耶法。该法律总结、提炼和强化了既有各类环境单行法,既将环境公众参与等明确规定为环境法的基本原则,又创造或提出一些新的制度或要求,因此是公众参与由具体机制正式上升为法律原则的标志。该法在第1条第1款明确宣告并定义了环境法的基本原则,具体包括风险预防原则、损害预防行动与纠正原则、污染者付费原则和公众参与原则等。其中,公众参与原则是指"每个公民都必须有权获得与环境相关的信息,其中包括获得关于危险物质和危险活动的信息"。[1] 不同于将公众参与仅仅作为一项国家制度,这开创了以公民权利来定义公众参与原则的传统,并且这种定义模式一直延续至今。

为了落实公众参与原则,该法在第一部分专门对公众参与和环保社团设置了一系列具体规则,而对其他三大原则却没有专门配置相应的具体机制。"可见法国环境法将公众参与环境保护放在了异常重要的位置。"[2]从内容上看,该法律对环境公众参与的基本制度作出了较为完整的规定,包括关于领土整治的决定在作出过程中征求公众和社团意见的机制,环保社团的协商同意机制与民事诉讼机制,公法人的民事诉讼机制等。从参与的主体上看,既包括了个人的参与,也包括了环保社团的参与,甚至还建立了省和大区的环境委员会、全国公共辩论委员会(commission nationale du débat public),后者作为独立行政机构专门负责在全国范围内监督和确保环境公众参与原则的落实。不过,该法律也存在一定不足,如公众参与原则的定义过于偏重知情权,其具体参与机制则主要附属于乡村法典而对其他环境领域的作用较为有限。

---

〔1〕 Art. 1er de la loi no 95-101 du 2 février 1995 relative au renforcement de la protection de l'environnement.

〔2〕 彭峰:《法国公众参与环境保护原则的实施及其对我国的借鉴》,载《环境科学与技术》2009年第11期。

(三)2000年《环境法典》:环境公众参与原则的完善和体系化

作为大陆法系的代表者,法国一直将法典编纂视为特定法律部门走向成熟的标志,环境法亦不例外。《环境法典》的编纂完成标志着法国环境法的内容体系趋于成熟。其在第一卷"共同规定"的第一编总则部分首先宣告和定义环境法的诸多基本原则,其中第L110-1条第2款第4项明确规定了环境公众参与原则,据此,"每个人都必须有权获得与环境相关的信息,其中包括获得关于危险物质和危险活动的信息"。[1]

在第一编的原则性宣告之后,该法典第二编专门规定了"信息和公民参与"。其中,首先宣告具体原则和一般规定,再分章设置公众参与的具体机制。就具体原则和一般规定而言,第L120-1条第1款规定,环境公众参与的实施将考虑到:(1)提高公共决策的质量和促进其民主正当性;(2)为当代人和后代人确保健康的环境;(3)促进和引导公众参与环境保护;(4)改善和传播环境信息。该条第2款规定,公众参与赋予公众的权利包括:获得保证其有效参与的相关信息;要求参与程序的落实和执行;享有提出意见和建议的合理期限;获知其意见和建议在有权机关作出决定的过程中得到考虑的方式。[2]

为使这些具体原则和一般规定得到落实,《环境法典》分章设置了公众参与的具体机制。这些具体机制依次包括下列七个方面:(1)公众参与制订对环境有影响的规划、计划与项目;(2)环境评价;(3)对影响环境的决定的公众参与;(4)环境相关信息的知情权;(5)其他信息模式;(6)项目申报书;(7)与地理信息基础设施相关的规定。[3] 这些具体机制不仅完整地涵盖了环境公共决策制定过程的各个方面,还涉及诸如国家公众听证委员会、核安保透明与信息高级委员会等专门机

---

[1] Art. L110-1 du Code de l'environnement.

[2] Art. L120-1 du Code de l'environnement.

[3] 这七个方面分别对应《环境法典》第一卷第二编第一章至第七章的标题,每章之下还存在节、目和具体条文作详细设置,中文内容可参阅《法国环境法典(第一至三卷)》,莫菲等译,法律出版社2018年版。需要说明的是,《环境法典》的修订极度频繁,因此中译本不可避免地存在越来越严重的滞后性。

构;不仅涉及常规的环境公共决策,还涉及网络服务、元数据等新的环境技术手段。

从总体上看,《环境法典》不仅在一般意义上宣告并定义了环境公众参与原则,而且将这一原则具体化为一系列权利和子原则,配备了公众参与环境公共决策的具体机制和规则,设置了各类独立委员会来予以执行、监督和落实。尽管这些内容并非无可挑剔,但它基本上保障了公众以各种方式对环境公共决定的有效参与。

二、环境公众参与原则的宪法化及影响

环境公众参与由环境法的基本原则继续上升为宪法原则,并且与程序性环境权建立关联,与环境人权、参与式民主相衔接。环境公众参与原则的宪法化意味着环境法的革命,使环境法通过与宪法的结合而成为"公民法"。

(一)2004 年《环境宪章》:环境公众参与原则的宪法化

环境问题的严重性要求宪法在最高规范层次的回应,正如希拉克总统在 2001 年所说,有必要"将生态人道主义铭刻在我们共和契约的心脏"。[1] 作为这种回应的结果,法国议会于 2004 年按照立法程序通过了《环境宪章》。后经总统提议修宪,议会两院联席会议以修宪程序通过 2005 年 3 月 1 日第 2005－205 号宪法性法律,将《环境宪章》写入现行 1958 年宪法序言,即法兰西人民庄严宣告恪遵"2004 年《环境宪章》中所明定的权利和义务"。作为宪法规范的组成部分,《环境宪章》在第 7 条专门宣告:"在法律规定的条件和限制下,每一个人都有权获得由公权机关掌握的与环境相关的信息,并参加会对环境产生影响的公共决定的制定。"由此,环境公众参与不仅是一项重要的宪法原则,也是程序性环境权的构成要素,兼具宪法原则和基本权利的双重属性。

从环境公众参与原则的制宪过程来看,尽管负责起草《环境宪章》的科庞委员会(commission coppens)在环境公众参与的具体表述上与政府方面存在一定分歧,但就基本内容和定位而言,环境公众参与属于

---

[1] «Discours de Jacques Chirac, le 3 mai 2001 à Orléans», in *Revue Juridique de l'Environnement*, n° spécial, 2003, p. 78.

“宪章诸多条款中所取得的快速共识(rapide consensus)”。[1] 这种共识的取得有多种原因。首先,环境公众参与自1995年由巴尼耶法确立为环境法基本原则以来,已经在环境法律实践中得到系统展开并取得了良好的环境治理效果,这为其宪法化奠定了实践基础。其次,从国际层面来讲,1992年《里约宣言》[2]和1998年奥胡斯公约[3]等已经普遍承认环境公众参与原则,这些宣言或条约已经得到法国的承认或批准,因此将相关内容写入宪法不仅顺理成章,还是法国履行其国际法义务的表现。最后,《环境宪章》的起草过程本身也充分体现了公众参与,科庞委员会在草拟宪章内容的过程中特别采取听证会、互联网等途径随时征求社会公众意见,这也为环境公众参与提供了连贯的支持。

(二)环境公众参与原则宪法化的意蕴

将环境公众参与原则宪法化并不仅仅是规范形式的升级,更是环境法实质内容的深刻变革。法国著名环境法学家普里厄教授将宪法化视为一个走向“新环境法”(un droit de l’environnement renouvelé)的过程。“环境是所有人的事务。这一显而易见的事实表明,每个人都同时是环境的参与者和受害者,都同时是污染者和污染对象。正因如此,《环境法典》宣告了环境是国民的共同遗产,每个人都应当致力于监督和维护环境”,借助环境公众参与原则的宪法化,环境法通过与宪法的结合而成为“一个公民法”(un droit citoyen)。[4]

---

[1] Yves Jégouzo, «Le Rôle Constituant de la Commission Coppens», in *Revue Juridique de l’Environnement*, n° spécial, 2005, p. 83.

[2] 《里约宣言》于1992年6月14日由联合国环境与发展大会通过,在原则十规定:“环境问题最好在所有有关公民在有关一级的参加下加以处理。在国家一级,每个人应有适当的途径获得有关公共机构掌握的环境问题的信息,其中包括关于他们的社区内有害物质和活动的信息,而且每个人应有机会参加决策过程。各国应广泛地提供信息,从而促进和鼓励公众的了解和参与。应提供采用司法和行政程序的有效途径,其中包括赔偿和补救措施。”

[3] 该公约的全称是“在环境问题上获得信息、公众参与决策和诉诸法律的公约”,是环境信息公开和公众参与制度发展的里程碑,1998年6月25日由联合国欧洲经济委员会第四次部长级会议通过,于2002年开始对法国生效。

[4] Michel Prieur, «Vers un Droit de l’Environnement Renouvelé», in *Les Cahiers du Conseil Constitutionnel*, n° 15, Janvier 2004, p. 134.

从法律部门和法学学科的角度来讲,环境法与宪法以及环境法学与宪法学原本是相对独立的不同部门,但是日益严峻的环境问题已经将这种狭隘和孤立的观念彻底淘汰。无论是宪法还是环境法抑或其他部门法都应当采取必要措施来应对环境问题,由此,围绕环境问题所形成的不同种类和层级的规范,包括宪法环境规范、环境法律规范特别是法典、环境法规等在内的所有规范,构成一个应对环境问题的新的综合系统。正如法国生态与可持续发展部部长所说:"《环境宪章》提出了若干宪法原则,据此人们在反对环境损害的斗争中和在实现可持续发展的过程中,能够利用一个真正的环境法(un véritable droit de l'environnement)更有效地实现目标。"[1]就公众参与原则而言,它不仅是公民的参与权本身,而且还与环境人权、参与式民主等宪法价值相互衔接。

(三)以宪法实施为目标的《环境法典》修改

既然《环境宪章》、《环境法典》和其他相关规范构成一个以环境保护为主题的新系统,那么这一系统在法体系和教义学的意义上就必须是内在融贯的。宪法规范、法律规范、法规规范等不同规范尽管效力不同,但却构成内容协调一致的整体,因此就必须保证下级规范符合并更好实现上级规范所确定的原则、价值或目标。环境公众参与原则的宪法化对《环境法典》等其他规范提出了新的要求,必须通过法典条文的进一步完善来保证环境公众参与作为宪法原则的充分落实。就完善《环境法典》的条文而言,法律修改的作用居于首要地位。

自《环境宪章》生效以来,为了消除违宪和努力合宪,《环境法典》的修改几乎成为家常便饭。比如,法国议会在2012年专门制定了2012年12月27日第2012-1460号关于实施《环境宪章》第7条规定的公众参与原则的法律,对《环境法典》中原有的公众参与原则和制度进行修改、补充和优化。从形式上看,该法对《环境法典》的重要修改主要包括原则和机制两方面。

在原则方面,它扩大了环境公众参与原则的定义,将其定义表述修

---

[1] «Réponse à la question écrite de M. Serge Mathieu», Sénat, in *Journal Officiel*, 24 juill. 2003, p. 2390.

改为“每个人均得获知与环境相关的公共决策草案,并提出其意见,由有权机关予以考虑”。[1] 与前述旧定义表述相比,新定义不再局限于知情,而是涵盖了知情和参与等各个方面,由此环境公众参与原则的定义和适用变得更为一般化。

在机制方面,该法围绕新的公众参与定义修改、补充和完善了重要的环境公众参与机制,从而使整个具体制度体系臻于成熟。在制度层面最值得注意的倒不是其建立了哪些新机制,而是其通过引入地方试验制度[2]使公众参与机制具备了通过地方试验、科学评估和推广普及来实现自我升级和优化的能力。该法第 3 条规定,为实施《环境法典》第 L120-1 条的规定,得以试验的名义暂停或变通内阁法令或部长指令,在 18 个月期限内试行特定参与机制,在试验到期前 6 个月由政府向议会提交评估报告,以决定将参与机制推广普及还是修改或废止试验。

三、作为审查依据的环境公众参与原则

修改《环境法典》是立法者实施《环境宪章》第 7 条的表现。但事实上,环境公众参与作为宪法原则的所涉范围远超出立法过程。在宪法审查过程中,宪法委员会作为审查者、议会作为立法者和被审查者以及公民和环保社团等作为参与者形成了广泛互动。

(一)环境公众参与原则审查的形式特点

《环境宪章》是具有最高效力的宪法规范,因此是宪法审查的当然依据。据统计,截至 2020 年 12 月 31 日宪法委员会共援引《环境宪章》作出 41 项适用宪法审查程序的判决,其中 22 项援引第 7 条的公众参与原则暨程序性环境权,相比之下,第 1 条实体性环境权仅为 13 项,其余各条则是个位数。[3] 通常认为环境权作为《环境宪章》的基础包括

---

[1] Article 1er de la loi n° 2012-1460 du 27 décembre 2012 relative à la mise en œuvre du principe de participation du public défini à l'article 7 de la Charte de l'environnement.

[2] 关于法国地方试验法律制度的总体评介,可参见王建学、朱福惠:《法国地方试验的法律控制及其启示》,载《中国行政管理》2013 年第 7 期。

[3] 具体数据及其详尽分析亦可参见王建学:《论环境公众参与原则的宪法化及宪法审查——以法国〈环境宪章〉和〈环境法典〉为中心》,载《苏州大学学报(法学版)》2020 年第 4 期。此处将数据更新至 2020 年年底,但基本结论并未发生变化。

实体权利和程序权利两方面,第 1 条实体环境权的适用频率低的原因在于其内容主观性强,因此宪法委员会的审查立场较为谦抑,而对于程序性参与问题,宪法委员会则可以有更多的置喙余地。[1] 显然,第 7 条受到宪法委员会的高度重视,而且在 20 项援引第 7 条的判决中有 16 项仅单独援引第 7 条。环境公众参与原则毫无疑问地构成法国环境宪法体系的拱顶石。

前述 22 项援引第 7 条的宪法判决在总体上具有以下三方面特点。第一,从时间上看,全部判决均分布于 2008 年至 2020 年,具体而言:2008 年 2 项,2011 年 2 项,2012 年 5 项,2013 年 3 项,2014 年 3 顶,2015 年 3 项,2016 年 1 项,2019 年 1 项,2020 年 2 项。第二,从审查程序上看,16 项适用事后审查程序(QPC)即由普通诉讼的当事人提请,4 项适用事前审查程序(DC)即由特定国家机关提请,2 项适用法律与行政法规权限争议程序(L)即涉及立法权归属。第三,从判决结果来看,违宪判决占绝对多数,具体而言,仅 2 项合宪,2 项附保留合宪,其他均含有违宪认定,包括全部违宪、部分违宪和特定期限内违宪三种形式。

上述第一和第二两项特点表明,作为环境公共决策参与者的公民和环保社团在相关审查程序中具有重要作用,他们是最活跃的审查提请者。值得指出的是,法国的事后审查程序设立于 2008 年,并于 2010 年起付诸实施,以保障基本权利包括环境权为唯一宗旨,这也是全部判决均分布于 2008 年以来的原因所在。正如出庭律师于格洛所指出的:"事实上,QPC 程序维持了必要的机制,使立法机关被激励去适用公共参与原则并保证相关立法符合宪法规范。"[2] 第三项特点则证明了这

---

[1] 法国宪法委员会的立场代表了审查者的通常选择,但在实践中也不乏例外。比如,欧洲人权法院在 Guerra 案中的审查似乎走得更远,其判定意大利政府未公开相关信息导致申诉人不能充分评估其所面临的环境风险,因此侵害申诉人受《欧洲人权公约》第 8 条所保障的私生活和家庭生活受尊重的权利。参见李雪:《欧洲人权法院对未公开环境信息是否构成侵犯人权的认定——盖拉等诉意大利案》,载《苏州大学学报(法学版)》2019 年第 1 期。

[2] Christian Huglo, «La QPC: Quelle Utilisation en Droit de l'Environnement?», in *Les Cahiers du Conseil Constitutionnel* n° 43, avril 2014, p. 57.

种激励作用,大量违宪判决倒逼着议会修改法律,从而完善公众参与环境决策的具体机制。

(二)环境公众参与原则审查的实体内容

从实体内容看,第7条的公众参与原则包含两类程序性环境权:一是知情权即获得环境相关信息的权利;二是狭义环境参与权即参与制定环境公共决定。当然,这两项权利的实现受到法律保留的限制,即"在法律规定的条件和限制下"。宪法委员会在多项判例中阐释和发展了环境公众参与原则的实体内容,保证法律在其中发挥恰如其分的作用。在2011年10月14日判决中,宪法委员会确认了第7条属于宪法所保障的权利和自由之列,该条要求立法机关和行政机关确定该原则和权利得以实现的方式。[1] 此后,宪法委员会基于第7条进行了多次审查,不仅拓展了第7条的适用范围,建立了相应的审查标准,还发展了违宪认定的生效方式。

首先,就适用范围而言,宪法委员会在2012年7月27日判决中认为环境公众参与原则不仅适用于条例性决定,也适用于具体或个别性决定。[2] 在2012年7月27日的判决中,宪法委员会认为,第7条不仅适用于对环境具有消极影响的决定,也适用于对环境具有积极影响的决定,[3]这一原则在2016年的判决中得到重申。[4] 宪法委员会在2012年11月23日的判决中提出第7条适用于其生效(2005年3月3日)前已经存在的法律。[5] 其次,就审查标准而言,宪法委员会在2012年11月23日判决中将环境公众参与原则的适用范围扩展至"对环境具有直接(directe)和重要(significative)影响的非条例性决定",[6]建立了直接性和重要性的审查标准,此判决直接促使议会出台前述2012年第2012-1460号法律,全面更新《环境法典》中的相关内容。最后,

---

[1] Décision n° 2011-183/184 QPC du 14 octobre 2011 du Conseil Constitutionnel.

[2] Décision n°2012-269 QPC du 27 juillet 2012 du Conseil Constitutionnel.

[3] Décision n°2012-270 QPC du 27 juillet 2012 du Conseil Constitutionnel.

[4] Décision n° 2016-595 QPC du 18 novembre 2016 du Conseil Constitutionnel.

[5] Décision n°2012-283 QPC du 23 novembre 2012 du Conseil Constitutionnel.

[6] Décision n°2012-282 QPC du 23 novembre 2012 du Conseil Constitutionnel.

就违宪认定的生效方式而言,宪法委员会在2014年5月23日的判决中认为受指摘的法律自2006年12月30日第2006-1772号法律生效以来构成违宪,但自2013年1月1日开始不再违宪,因为2013年1月1日起《环境法典》第L120-1条经重新编纂后终止了违宪状态。[1]

(三)环境公众参与的宪法互动

总结《环境宪章》颁布以来所出现的环境法的宪法化过程,特别是围绕环境公众参与原则所形成的宪法和环境法变迁,可以发现包括宪法法官、立法机关、普通法官、公民等在内的所有主体之间形成了一种良性的宪法互动。正如阿吉拉(Yann Aguila)法官所说:"宪法法官通过强有力地建立一种新的司法动力机制,赋予了《环境宪章》条文以完全的效力。按照宪法原则来改造环境法是必要的,这种必要性已经为环境法创造了一种改革动力机制,其中,立法机关在宪法委员会的推动下,扮演着首要作用。最终,在一种'环境民主'的框架内,公民不仅是《环境宪章》所承认的权利的主体,而且也是《环境宪章》所施加的义务的主体。"[2]因此,环境公众参与原则的宪法化绝非可有可无的形式,而是实现环境法变革的重要途径。当然,仅在形式上将环境公众参与写入宪法文本是不够的,还必须从宪法文本进入宪法审查的层面。

《环境宪章》将环境权提高到受宪法保障的人权的高度,具有引领时代的地位。这种引领性地位特别体现在第7条的环境公众参与原则上。通过第7条的反复适用,宪法和环境法形成了环境治理合力,不同的宪法互动参与者共同编织着环境民主和环境正义的蓝图。当然不可否认的是,《环境宪章》仍然受到很多内在与外在限制,同样也面临很多挑战。在《环境宪章》颁布实行十周年之际,普里厄教授曾专门撰文回顾其实施情况,他认为:"尽管《环境宪章》时至今日仍然受到种种质疑和争论,但《环境宪章》也带来了不可避免的改变,其背后的宪法动力已经慢慢走上正轨,包括宪法法官和普通司法法官与行政法官在内

---

[1] Décision n°2014-396 QPC du 23 mai 2014 du Conseil Constitutionnel.

[2] Yann Aguila, «Les Acteurs Face à la Constitutionnalisation du Droit de l'Environnement», in *Les Cahiers du Conseil Constitutionnel* n° 43, avril 2014, p. 43.

的司法者已经在逐步适用它。随着它越来越具有实际的效力,《环境宪章》今后能够将公共政策导向新的环境伦理,从而足以应对生态紧急情况、下一代人的权利和地球生态挑战。"[1]

四、典型判例:2016 - 595 QPC 号判决

(一)事实概要

环境公众参与原则和程序性环境权是法国环境法律制度和实践中最重要的组成内容,构成理解《环境法典》和《环境宪章》关系的重要线索。出于具体且深入研究的必要,本部分择取这一领域最典型的一项宪法判例——2016 - 595 QPC 号判决——从而具体说明《环境法典》和《环境宪章》的关系。该案作为宪法案件的基础是一项环境刑法的案件,其中包括最高司法法院(刑事庭)于 2016 年 8 月 10 日作出的第 4141 号移送裁定(décision de renvoi)。巴黎上诉法院第十一庭(管辖轻罪、环境损害、消费者保护等案件)在审理环境刑事案件的过程中收到当事人所提出的违宪抗辩。违宪抗辩人为 Aprochim、Chimirec 和 Chimirec Est 三个公司,他们主张,《环境法典》第 L541 - 7 条和第 L541 - 22 条在经 2010 年 12 月 17 日法令编纂以前没有符合公众参与原则尤其是《环境宪章》第 1 条、第 2 条和第 7 条的规定,并且立法机关忽视了其立法权限,尤其是违反宪法第 34 条和第 37 条的规定。由于受到违宪指摘的这些法律规定适用于该案中的刑事程序,并且在宪法委员会以往的判决中从未受到审查,主审法院认为当事人提出的合宪性先决问题确实存在,因此在 2016 年 6 月 9 日裁定暂时中止刑事案件的审理,并将前述合宪性先决问题提交最高司法法院。最高司法法院认可了对《环境法典》第 L541 - 22 条的抗辩并将其移送宪法委员会。宪法委员会在 2016 年 8 月 23 日收到最高司法法院的移送,并于 11 月 18 日作出最终裁决。

该案的系争问题是:在《环境法典》第 L541 - 22 条第 1 款中,立法机关没有规定使公众参与确定特定种类废物清除活动的实施条件之制

---

[1] Michel Prieur, «Promesses et Réalisations de la Charte de l'Environnement», in *Les Cahiers du Conseil Constitutionnel* n° 43, avril 2014, p. 5.

定过程的程序,此种规定是否构成立法不作为并损害《环境宪章》第7条所确立的公众参与原则。

(二)判决概要

宪法委员会经审理在2016年11月18日作出裁决,其裁决的主体内容[1]翻译如下:

考虑到宪法;

考虑到经修订的关于宪法委员会组织法的1958年11月7日第58-1067号法令;

考虑到《环境法典》;

考虑到关于《环境法典》法律部分的2000年9月18日第2000-914号法令;

考虑到授权政府对法律进行简化的2003年7月2日第2003-591号法律;

考虑到关于全国环境承诺的2010年7月12日第2010-788号法律;

考虑到关于自动适用欧盟在废物领域的各种规定的2010年12月17日第2010-1579号法令;

考虑到关于宪法委员会合宪性先决程序的2010年2月4日条例;

并且考虑到下列各种法律文件:

最高行政法院和最高司法法院出庭大律师克莱芒(Clément)和莫诺德(Alain Monod)分别于2016年9月14日和29日为申请人所提交的意见;

巴黎律师公会托尔德兹曼(Emmanuel Tordjman)律师于2016年9月14日和29日为答辩人鲁瓦尔大区所提交的意见;

政府总理于2016年9月14日所提交的意见;

案件档案中的各种文件;

经2016年11月8日公开听取克莱芒和莫诺德作为申请方的陈述、托尔德兹曼作为答辩方的陈述和鲍狄埃(Xavier Pottier)代表总理

---

[1] Décision n° 2016-595 QPC du 18 novembre 2016 du Conseil Constitutionnel.

的陈述;

并听取了报告人的报告,宪法委员会认为:

鉴于:1.《环境法典》第 L541 -22 条经 2000 年 9 月 18 日法令编纂后,并于 2003 年 7 月 2 日法律第 31 条批准后,规定:"对于第 L. 541 -7 条所规定并以命令所细化的特定种类的废物,主管机关在全国或部分地方范围内依据第 L. 541 -2 条的规定确定清除活动的条件。""此类废物只能在特定设备中进行处理,并且其设备的开发者必须持有主管机关的批准文书。前述规定的命令所确定的生效日期起没有获得批准文书的既存清除设备,不得用于从事清除处理活动。"

2. 申请人公司认为,立法机关没有规定任何程序,从而使任何人都无法参与确定特定种类废物清除活动的实施条件的制定过程,因此立法机关已经忽视了其立法资格,违反了受《环境宪章》保护的公众参与原则。

3. 因此,对《环境法典》第 L541 -22 条第 1 款提出违宪抗辩。

——关于实体内容

4. 根据宪法第 61 -1 条第 1 款的规定,"在普通诉讼程序中,若认为法律之规定对宪法所保障的权利与自由构成侵害,可经最高行政法院和最高司法法院向宪法委员会层转违宪审查申请,由宪法委员会在确定期限内予以裁决"。立法机关忽视其自身的权限和资格(立法不作为,译者注)只有其获得一个合宪性先决问题的支撑时才能得到宪法委员会的援引,因为此时的立法不作为自身会影响到宪法所保障的权利或自由。

5. 根据《环境宪章》第 7 条的规定,"在法律规定的条件和限制下,每一个人都有权获得由公权机关掌握的与环境相关的信息,并参加会对环境产生影响的公共决定的制定"。前述规定属于宪法所保障的诸多权利和自由之列。《环境宪章》自其生效之后,对立法机关施加了一项立法的义务,也对行政机关施加了在法律框架内作出行政决定的义务,从而使它们尊重宪章所宣告的原则,决定宪章条款获得实施的方式。

6. 根据受指摘的法律规定,由生产者和存储者对特定种类废物进行清除活动的条件由条例加以确定。根据《环境法典》第 L541 -7 条的规定(经 2000 年 9 月 18 日法令编纂后),此类废物或者在其本身的物化状态中或者在其清除过程中可能导致环境损害。2000 年 9 月 18 日法令在实施《环境法典》第 L541 - 22 条的过程中,规定此类废物的清除活动包括收集、运输、存储、分拣和处理。因此,《环境法典》第 L541 - 22 条第 1 款规定的条例通过确定此类活动的条件,构成了《环境宪章》第 7 条意义上的环境相关的公共决定。

7. 一方面,《环境宪章》在 2005 年 3 月 3 日生效前,受指摘的法律规定没有侵害宪法所保障的任何权利或自由。

8. 另一方面,在《环境宪章》生效后和前述 2010 年 7 月 12 日法律生效前,关于《环境法典》第 L541 - 22 条第 1 款规定的公共决定之作出,没有任何法律条文规定其实施中的公众参与。因此,立法机关由于没有建立此类机制而在此期间违反了《环境宪章》第 7 条的要求。

9. 2010 年 7 月 12 日法律在《环境法典》第 L120 - 1 条中增加了一个规定,其中界定了对于国家以及其他公法人制定对环境有直接和间接影响的规则时,《环境宪章》第 7 条规定的公众参与原则得到实施的条件和限制。根据该条规定,基于具体情况的差别,或者通过将决定草案以电子方式公布于网络从而使公众可以提出意见,或者通过将决定草案公布于一个由各种相关者组成的咨询机构从而征询其意见。在 2010 年 7 月 13 日生效后,前述规定已经终止了之前的违宪状态。从此日期开始,受指摘的法律规定并没有侵害宪法所保障的任何权利或自由。

10. 据此应当宣告《环境法典》第 L541 - 22 条第 1 款之规定在 2005 年 3 月 3 日以前符合宪法,而在此之后直至 2010 年 7 月 13 日以前违反宪法。而自 2010 年 7 月 14 日起及前述 2010 年 12 月 17 日法律新的编纂后起,符合宪法。

——关于违宪宣告的效力

11. 根据宪法第 62 条第 2 款的规定,“基于第 61 - 1 条宣告为违宪之规定,自宪法委员会判决作出起废止,或自该判决确定的未来日期起废止。宪法委员会确定此类规定之效力可受挑战的条件和范围”。在原则上,违宪宣告应当有利于合宪性先决问题的提出人,而宣告违宪的法律规定不得适用于宪法委员会判决作出之日仍在进行中的诉讼案件。然而,宪法第62条的规定对此原则有所保留,宪法委员会有权确定废止的日期和判决生效的日期及其生效的方式。

12. 在该案中,不必提出受指摘法律规定的违宪宣告的效力方式。因此自本判决作出之日起开始生效。在此之后,本判决可以在任何案件中得到援引。

宪法委员会裁决如下:

第1条《环境法典》第L541－22条第1款(经2000年9月18日第2000－914号法令对法律部分的编纂),在2005年3月3日以前符合宪法。

第2条《环境法典》第L541－22条第1款(经2000年9月18日第2000－914号法令对法律部分的编纂),在2005年3月3日起直至2010年7月13日处于违宪状态。

第3条《环境法典》第L541－22条第1款(经2000年9月18日第2000－914号法令对法律部分的编纂),已经不再具有效力,因此自2010年7月14日起符合宪法。

第4条 前述第2条的违宪宣告按照本判决第12项所规定的方式发生效力。

第5条 本裁决应刊登于法兰西共和国官报并按照1958年11月7日法令第23－11条之规定予以公告。

本判决由宪法委员会2016年11月17日庭审作出,参加庭审的有:法比尤斯主席(M. Laurent FABIUS)、马洛里女士(Claire BAZY MALAURIE)、贝卢贝先生(Nicole BELLOUBET)、沙拉斯女士(Michel CHARASSE)、耶斯特先生(Jean－Jacques HYEST)、若斯潘先生(Lionel JOSPIN)、吕坎斯女士(Corinne LUQUIENS)和皮诺先生(M. Michel PINAULT)。

2016年11月18日公布。

(三)特定种类废物的处置与回收制度

法国关于废物处置与回收的立法开始于20世纪70年代中期,其中最早的一项是1975年7月15日第75－633号关于废物清除与物质回收的法律。随着环境法的法典化,这些相关法律的内容逐渐经过编纂而收入《环境法典》第 L541 –1 至第 L541 –50 条。这些内容由前述2000 年 9 月 18 日法令予以实施。前述立法的部分内容确保了欧盟相关指令与法国国内法的对接,特别是今天经常提到的 2008 年 11 月 19日第 2008/98/CE 号指令。之所以对废物清除和物质回收进行立法规制,是因为垃圾处理具有环境损害的风险,尤其是该案所涉及的特定种类的危险性废物,对自然环境和生活环境具有较大威胁,如果不建立完善有效的规制手段,人体健康和生态环境就会成为牺牲品。

因此,特定种类的工业废物在法国法上必须采取特殊的处置与回收技术,其处置与回收的整个过程也必须严格遵循特殊的规制要求。该案的三个违宪抗辩人均是从事废物处置与回收的公司,其行为属于受法律规制的对象。其中,Aprochim 公司创立于 1988 年,专门收集和处理含 PCB[1]物质的电子变压器,其母公司 Chimirec 集团创立于1957 年,是一个从事废物(含危险废物和日常废物)收集与处理的家族企业。Aprochim 公司位于法国马延(Mayenne)省的格雷兹·恩布埃(Grez – en – Bouère)市,在设立之初即有环保者对其厂址提出质疑和担忧。在 2003 年,该公司的前合作者曾指责公司在控制方面弄虚作假,在 2012 年巴黎方面启动对该公司的司法调查。

该案所涉及的废物是由命令所详细规定的,其中涵盖了欧盟指令的废物清单,尤其是含有石棉、砷、铜、铅或 PCB 的物质。对于此类废物,法律设置了两个系列的特殊规则。

一方面,生产、出口、进口、出售或清除此类物质的企业,必须向主

---

〔1〕 PCB 是英文“polychlorinated biphenyl”的简称,中文名称为“多氯联苯”,是许多含氯数不同的联苯含氯化合物的统称,其耐热性及电绝缘性能良好,化学性质稳定,常用作加热或冷却时的热载体、电容器及变压器内的绝缘液体,还可作为树脂、橡胶、结合剂、涂料、复写纸、陶釉、防火剂、农药延效剂、染料分散剂等多种工业产品的添加剂,20 世纪 30 年代以来由美国孟山都公司大量生产并广泛应用于工业,但该物质属于致癌物质,容易累积在脂肪组织,造成脑部、皮肤及内脏的疾病,并影响神经、生殖及免疫系统。法国在1987 年禁止生产此类设备,同时根据欧盟 1996 年 9 月 16 日第 96/59/CE 号指令,法国必须在 2010 年 12 月 31 日以前清除和净化含量超过 500ppm 多氯联苯的所有设备。原告 Aprochim 公司正是在此背景下创立的。

管机关承担信息报告义务(obligation d'information)。由此保证主管机关能够监督和控制此类特殊废物被无害清除的条件。《环境法典》第L541－7条在经编纂生效后直至2010年,一直规定此类企业"必须向主管机关报告关于此类物质的来源、性质、种类、数量、目的地和清除方式的信息"。如果违反此项报告义务,相关行为主体可能受到《环境法典》第L541－46条规定的刑事处罚。

另一方面,只有取得主管机关同意的设备或装置才能从事此类废物的清除。比如在该案中,受违宪指摘的《环境法典》第L541－22条即作了如此规定。PCB物质被纳入此类物质是由政府命令决定的。其实在欧盟法当中,PCB物质同样属于危险废物。因此,任何人若持有含PCB成分的废物,必须使此类废物由法国主管机关或欧盟成员国主管机关批准的设备或装置进行清除和回收。而违反《环境法典》第L541－22条所规定的条件,也可能招致75,000欧元以下的罚金或两年以内的监禁。

2013年12月18日,违宪抗辩人Approchim、Chimirec和Chimirec Est公司及其若干管理人员和普通雇员在巴黎轻罪法院受到刑事指控,即内容上违反《环境法典》关于危险废物的规定,主要是在2000年至2006年以非法方式清除含有PCB成分的油类废物。此类行为违反了《环境法典》第L541－46条第8项的规定。三公司后来将轻罪法院的有罪判决上诉至巴黎上诉法院,并在上诉审阶段提出了《环境法典》第L541－7条和第L541－22条的违宪抗辩。巴黎上诉法院据此在2016年6月9日将违宪抗辩提交最高司法法院。最高司法法院驳回了违宪抗辩人对《环境法典》第L541－7条的抗辩,但认可了其对第L541－22条的抗辩,因此《环境法典》第L541－22条的合宪性问题被提交宪法委员会进行审理。

(四)该案中的公众参与问题

1.《环境宪章》第7条在该案中的适用空间

根据宪法委员会的以往判例,在决定审查《环境法典》第L541－22条的合宪性之前,必须先确定该条的特定种类废物的清除活动的条件之确定是否对环境构成"直接和重要的影响"。从该案的情形来看,该问题的答案是肯定无疑的。一方面,相关废物按照《环境法典》第L541-7条的规定"就其本身的属性或者其清除活动会造成环境损害"。另一方面,按照《环境法典》第L541-2条的规定,清除义务对产生或保存废物的任何人构成影响,"其本身的属性会对土壤、植物和动物产生有害效果,损害特定地点或景观,污染空气或水,产生声音或气味,并以一般方式对人体健康和环境带来损害"。

该案答辩人鲁瓦尔大区强调《环境法典》第L541-22条规定的公共决定将会对环境产生保护性效果,因为其旨在避免对环境产生前述损害。但《环境宪章》第7条只是一般性地表述为"会对环境产生影响的公共决定",而没有指明其影响为积极抑或消极。而且如宪法委员会既有判例所确定的那样,即使是对环境具有保护性影响的公共决定,其作出也必须适用公众参与原则。因此,该案当然属性《环境宪章》第7条的审查范围。

2. 违宪与否的实体认定

宪法委员会如以往判例那样强调,《环境宪章》第7条所保障的环境权属于宪法所保障的权利与自由的范围,并且自《环境宪章》于2005年3月3日生效时开始适用,据此,立法机关在《环境宪章》生效后有义务确定此类权利得到适用的"条件和限制"。由此,基本可以毫无悬念地得到两个判断,《环境宪章》生效前的合宪状态,以及《环境宪章》生效后的违宪状态。根据前述第2012-283 QPC号判决,受指摘法律存在于《环境宪章》生效以前并不构成一个有效的答辩理由,[1]因此受指摘法律没有设置环境参与的条件肯定会在《环境宪章》生效后构成违宪状态。而在2010年7月12日法律通过以后,由于在《环境法典》中加入了公众参与原则得到实现的条件和界限,之前的违宪状态也就得到了纠正。这种分时间段来进行违宪与否认定的方法,在前述的第2014-396 QPC号判决中,宪法委员会也已经使用过。[2]

因此,宪法委员会最终将违宪与否的判断区分为三个时间段。从

[1] Décision n°2012-283 QPC du 23 novembre 2012 du Conseil Constitutionnel.

[2] Décision n°2014-396 QPC du 23 mai 2014 du Conseil Constitutionnel.

某种程度上讲,该案并没有提出新的宪法原则或开创新的判断方法,只是对以往判决方法的一种综合运用。

3. 违宪认定的效力

宪法委员会在第11、12个鉴于中确定了违宪认定的生效方式。尤其是第12个鉴于中提出,"在该案中,不必提出受指摘法律规定的违宪宣告的效力方式。因此自本判决作出之日起开始生效。在此之后,本判决可以在任何案件中得到援引"。事实上,这是宪法委员会首次就《环境宪章》第7条的立法不作为认定适用此种生效方式,在此前以QPC程序依据《环境宪章》进行审查时从未如此运用。

第五节　法国《环境法典》《环境宪章》及宪法审查:经验及启示

基于前文的描述、分析和论述,就环境(生态)法典化的主题而言,法国的经验及教训具有特别的价值。其原因在于:第一,法国经历了典型的环境(生态)法典化过程,其环境立法从无到有、《环境法典》从无到有的过程体现了环境(生态)法典化的成功经验;第二,法国同样经历了典型的后法典化过程,其《环境法典》在编纂完成之后与宪法层面的《环境宪章》不断磨合,由此也导致《环境法典》部分条文从不合宪到合宪的调整和修改;第三,在宪法委员会的宪法审查过程中,《环境宪章》的原则性条款与《环境法典》的内容不断融合,对环境和生态保护起到不可替代的规范作用。因此,本节作为结语对法国《环境宪章》《环境法典》及宪法审查进行简要总结。

一、环境权作为《环境宪章》的核心价值对《环境法典》发挥价值指引作用

环境权是宪法环保条款和整个环保事业的核心价值,在环境法律体系中也发挥着价值基础的作用。法国之所以选择就环境保护制定一个专门的宪法文本,就是为了表明环境人权在环保中的核心地位。通过将《环境宪章》纳入宪法序言,并与1789年《人权宣言》和1946年宪

法序言并列,突出了环境权对自由权、政治权和社会权的承继性,其象征意义不言自明。就一般意义而言,尽管环保条款在各国宪法中表现为不同类型,但国家所承担的环保职责最终都会落脚在人权保障这一核心价值之上。从宪法委员会的审查实践来看,《环境宪章》中的两类环境权条款所发挥的作用不尽相同。程序性环境权得到宪法委员会的频繁利用,《环境法典》中的具体环境参与机制频繁被宪法委员会认定为立法不作为或不充分作为,从而侵害了公众的程序性环境权,并违反环境公众参与原则。但实体性环境权的判例则少之又少。在宪法申诉人或抗辩人以实体性环境权受侵害为由主张《环境法典》违宪时,宪法委员会表现得极为克制和谦抑。正如阿吉拉法官所说,实体性环境权这样的抽象条款在性质上并无差别,只是司法者会表现得极为谦逊。[1]

在中国现行1982年《宪法》中,第9条第2款和第26条作为环保条款只突出了国家的作用。因此,有必要在宪法层面承认环境人权。具体而言,环境权入宪可以有释宪和修宪两种方式。从解释的角度,《宪法》第9条、第26条、第33条和第38条都可以引申出环境权。但通过释宪形成的环境权具有派生性,或多或少存在一定局限,因此有学者认为考虑到中国的现实,“以宪法修正案形式确认一个独立的环境权乃是我国环境权宪法化的最佳选择”。[2] 无论释宪还是修宪,关键是认识到,一切国家职责包括环保职权的背后都存在价值目标,即国家尊重和保障人权。因此,第9条第2款和第26条的环保条款不能予以孤立理解,有必要强调国家尊重和保障环境人权。

在强调环境权核心地位的同时,也有必要在规范角度正确处理环境权、环境公益与国家环保职责的关系。国家环保职责必须得到充分且正确的履行,从而保证环境权能够得到实现。国家环保职责以保护环境公共利益为核心,只有环境公共利益得到国家的充分保护,个人的

---

〔1〕 该观点是阿吉拉法官在2017年中法宪法上的环境权学术研讨会上的发言。

〔2〕 吴卫星:《派生性环境权宪法渊源的比较研究——兼论中国环境权宪法化的路径选择》,载张仁善主编:《南京大学法律评论》2016年春季卷,法律出版社2016年版。

环境权才能得到真正实现。但基于环境权的价值,不能认为国家是环境公共利益的排他性保护者,除国家以外,任何个人基于其主观环境权均应当能够通过环境公益诉讼等法律行动来保护环境公共利益,因为环境公共利益与个人的实质性环境权息息相关。在实体性环境权与程序性环境权的关系上看,法国的实践似乎说明,应当更加注意程序性环境权的保障,塑造更具有开放性的公众参与机制,实现环境问题的民主化治理。

二、环境公众参与原则是《环境法典》和《环境宪章》的拱顶石

尽管从基本价值出发,实体性环境权毫无疑问地构成法国《环境宪章》的价值基础,同时也成为整个环境法律体系的价值准绳,但在宪法和法律实施的过程中,由于实体性环境权在主体形式、内容构成、规范效力等方面均缺乏足够的明确性,因此给宪法解释和法律解释造成一定困扰。在此方面,法国宪法委员会的宪法审查极具代表性。宪法委员会为使自身免于政治性审查的指摘,历来倾向于避免使用过于抽象的宪法表述来宣告法律违宪,因此,宪法对于实体性环境权的审查也极为克制,导致实体性环境权条款几乎很少发挥作用。而环境公众参与原则和程序性环境权则趁机在实践中发挥了拱顶石的作用。如果基于宪法委员会的宪法审查实践,那么环境公众参与原则和程序性环境权的重要性如何强调都不过分。

实际上,从历史发展来看,中法两国现代环境法均发端于 20 世纪 70 年代,但我国环境法特别是环境公众参与原则的发展速度明显更慢。对于我国而言,环境公众参与原则的缺失是否在很大程度上导致环境法治的发展滞后？其答案无法确定亦无法求证。但对于法国而言,环境公众参与原则的发达则是其环境法治快速进步的重要原因。我国学界曾将 1989 年《环境保护法》第 6 条解释为环境公众参与,但现实情况是,直到 2012 年,我国尚无一条环境法律条款明确宣示确认公众参与为环境法之原则,更不能企及立法已明文确定其为基本法律原则。[1]

---

〔1〕 竺效:《论公众参与基本原则入环境基本法》,载《法学》2012 年第 12 期。

2002 年《环境影响评价法》第 11 条最早设立了公众参与制度。[1] 此后该制度虽有所发展,但在总体上看,“环境法中有关公众参与的规定覆盖领域不全,彼此间呼应不足”。[2]

2014 年《环境保护法》修订首次明确将公众参与确立为环境法基本原则,原国家环境保护部随即出台了《环境保护公众参与办法》。目前,环境公众参与的规范变迁正处于环境单行法基本原则的阶段,大体上与法国 1995 年巴尼耶法类似。客观而言,这种发展阶段在世界范围内较为落后。而且与巴尼耶法不同,我国的环境公众参与并非在积累环境公众参与机制实践经验的基础上由具体机制总结、提炼和上升为法律原则,[3] 更没有受到《环境宪章》那样的宪法价值、目标或原则的指引。因此,在我国法律体系和法律实践的纵深中,环境公众参与原则只在《环境保护法》的文本中孤零零地飘荡。因此,未来应当借鉴法国经验,一方面建构更为健全的参与机制和实践作为基础,另一方面在宪法和宪法审查层面统筹宪法与环境法的关联。

为落实环境公众参与原则,首先需要发展和完善《环境保护法》第五章所设置的信息公开和公众参与制度。近几年来,我国的环境公众参与机制实践正处于不断完善的缓慢过程中。从法国经验来看,完善参与机制体系的过程需要注意以下三方面问题。

首先,环境公众参与机制宜以公民权利为价值指针,从而在扭转环境保护国家主义的同时激发环境保护的社会活力。环境问题早已超出国家本身的治理能力,因此必须借力公众参与来实现环境治理目标。正因为如此,国家主义传统浓厚的法国在 1995 年巴尼耶法中以公民权

---

〔1〕 “《环评法》最为突出的成就是确立了环境影响评价中的公众参与。但是公众具体享有哪些权利,又有何种程序保障这些权利,以及如何救济这些权利?《环评法》都没有明确规定。”参见高敏、谷德近:《论我国环境影响评价中公众参与制度的完善》,载《当代法学》2003 年第 12 期。

〔2〕 史玉成:《论环境保护公众参与的价值目标与制度构建》,载《法学家》2005 年第 1 期。

〔3〕 公众参与在我国的展开显然是先原则后实践、以理念倒逼实践。事实上,公众参与原则写入 2014 年《环境保护法》接近意外事件,在全国人大常委会初次和二次审议的《环境保护法修正案(草案)》中均未有规定。

利来定义环境公众参与原则。我国的环境公众参与也一直由国家主导，“公众参与的进程一直处于自上而下的状态，政府处于主导地位，由其任享予取予夺之权力”，[1]因此，权利本位的环境公众参与原则及其制度建构是必要且适当的。

其次，环境公众参与机制的完善应避免体制改革决策中的主观性和随意性，降低体制变革的错误成本，由此必须采取科学方法。就此，法国 2012 年所建立的环境公众参与机制的改革试验制度具有重要借鉴价值。将试验引入公众参与机制的好处是，在维持既有参与机制整体稳定的前提下，通过在特定地方或领域采取法律或法规变通的形式，能够有机会在特定期限内试行新的参与机制，最终在对新机制的效果进行科学评估的基础上，提炼可复制的成功经验并进行推广普及，从而实现参与机制的渐进式改良。2015 年《立法法》第 13 条已在法律层面建立试点机制，显然该机制在环境公众参与领域具有广阔的适用空间。

最后，眼下的环境法典编纂有必要注重环境公众参与原则的规范形式和制度建构。学界普遍承认编纂环境法典的必要性，目前我国环境法律体系已形成基本框架，环境保护的主要领域也已基本实现有法可依，但分散式环境立法模式导致环境法律法规之间存在重复、矛盾等现象，因此有必要通过法典化来消除这些弊端，为生态文明建设提供系统化的法律规范体系保障。[2] 但公众参与原则在未来环境法典中的地位则尚未受到关注。本书认为，公众参与原则应当毫无疑问地构成环境法典的总则原则，并且其具体机制应当在环境法典分则中占有最重要的一席之地。以公民参与权为价值指针努力在实践中科学地发展和完善具体的环境公众参与机制，有助于为环境法典相关章节的起草积累实践经验。

三、宪法环境条款和环境法的基本理念应当切合实际

环境人权是宪法环保条款的核心价值，这表明了一种基本理念，即

---

[1] 黄云：《我国环境领域公众参与之法律探析》，载《政治与法律》2011 年第 10 期。

[2] 王灿发、陈世寅：《中国环境法法典化的证成与构想》，载《中国人民大学学报》2019 年第 2 期；窦海阳：《推进环境规范的法典化》，载《中国国情国力》2018 年第 11 期；张梓太：《中国环境立法应适度法典化》，载《南京大学法律评论》2009 年第 1 期。

宪法环保条款的指导思想是生态主义与人道主义的结合,环保的最终目的是使人的尊严得到更好的实现,避免因环境污染而使人类在尊严上受到贬损,因此,它基本上是一种弱的人类中心主义,并没有完全走向生态中心主义。事实上,在人权作为宪法的核心价值不可动摇的前提下,生态中心主义是不可能彻底颠覆人类中心主义的。从法国《环境宪章》的审查实践来看,相关环保价值和原则基本上得到宪法委员会的恰当解释,但其具体作用则存在差异。除程序性环境权发挥较大的规范作用,保障了环境公共参与机制以外,其他条款的作用尚待进一步观察。实体性环境权的表现不太明朗,但从平等原则切入强调环境权的平等保护则得到宪法委员会的肯认。而风险预防等原则则基本上发挥了维护国家环保职责,论证个人环境义务或负担的合宪性作用。

中国目前仍然是发展中国家,发展历来是宪法的中心议题。在2004年人权入宪以来,人权成为国家发展的正当性基础,因为它"突出了人权在国家生活中的坐标与功能,使人权从一般的政治原则转变为统一的法律概念和具有独立规范价值的宪法原则,预示着国家价值观的深刻变化"。[1] 尽管近几年来,随着绿色发展理论的提出,环境保护在整个法律体系中的地位得到不断提升,但亦不能走向极端的生态中心主义。2014年《环境保护法》第4条已经将保护环境上升为基本国策,而且将原来的"使环境保护工作同经济建设和社会发展相协调"改为"使经济社会发展与环境保护相协调"。本书认为,如此定位环保的重要性已经足够和适当,不过仍有学者批评2014年《环境保护法》低估了环保的重要性。必须注意到,过分拔高的生态主义不仅会限制国家的发展,也会给个人造成过度的环保负担,极大限制其他基本权利的实现。

因此,从《环境宪章》和《环境法典》的关系中得到的启示似乎是相关宪法环境条款应当既有一定的前瞻性又尽可能切合实际,既考虑到个人所可能面对的环境保护负担,也要注意国家环保义务的适当履行,实现二者之间的适当平衡。

---

〔1〕 韩大元:《宪法文本中的"人权条款"的规范分析》,载《法学家》2004年第4期。

四、宪法环保条款的实施应当以环境立法为主同时尽可能多样化

《环境宪章》通过多种方式得到了有效实施。宪法审查、环境立法、环境政策与环境教育等各种途径都有效促进了《环境宪章》的各个条款尤其是环境权条款转化为实际行动。就此，中国学术界仍然存在一定误解，如认为“对宪法环境权‘主观权利化’的努力，目前尚无明确的理论依据和实践案例，并未具备直接适用的司法效力”，[1]并进而完全否定宪法环境权条款的直接效力和独立性。在一般意义上，由于环境权得到越来越多国家的宪法确认，“环境权的司法救济将是二十一世纪环境权研究的重心”。[2] 在实践中，以环境人权为核心的宪法环保条款经由释宪机制正逐渐形成部门宪法意义上的环境宪法，国家的立法、行政、司法以及其他活动均受其拘束和指引，由此整个环境法或者与环境有关的法律统合在环境宪法之下，并发展为以环境人权为中心的较为系统的规则体系。但同时，也不能过分夸大法国《环境宪章》的作用，尤其是不能以《环境宪章》来取代或否定《环境法典》。《环境宪章》尽管确立了环境宪法的基本价值体系，但其作用绝非万能的。事实上《环境法典》和其他环境立法成为《环境宪章》的价值得到落实的最主要途径。如果离开了《环境法典》的制度性框架作用，《环境宪章》的价值体系就会沦为空中楼阁。

在中国，宪法环保条款同样主要通过环境立法得到落实，途径较为单一，而且宪法环保条款更是难以与宪法审查相关联，因此难谓具有直接效力。由于立法者在环境立法过程中只看到了国家环保职责，而没有看到宪法的人权条款，《环境保护法》对环境人权的确认和保障仍不充分。尽管早有学者提出中国环境立法一直以来“过于强调国家的环境保护权力忽视公民的环境权，使公民的环境权保护要求缺乏法律依

---

〔1〕 陈海嵩：《环境权实证效力之考察：以宪法环境权为中心》，载《中国地质大学学报（社会科学版）》2016 年第 7 期。

〔2〕 吴卫星：《环境权入宪之实证研究》，载《法学评论》2008 年第 1 期。

据”,[1]但 2014 年《环境保护法》仍然存在“环境权的宣告和认可不充分”[2]等问题,既没有在总则中明确宣告环境权,也未建立环境权的全面保障机制。由于立法过程中的缺失,环境人权未能成为指导国家环保活动的根本准则,环境权的救济机制也面临一定障碍。“在司法实践中,大量的以环境权为诉讼理由的判决遭到了否定。”[3]这种不利情形既有实体法的原因,如环境权的实体法宣告不明确,也有程序法与诉讼体制的原因,如原告诉讼主体资格缺失,以及环境侵权本身的特殊性没有得到应有考虑。这些问题值得中国学者进一步深入研究,并且从体制上推进环境权保障机制的完善。

环境法的法典化当然有助于促进宪法环保条款的实施,这不仅是因为环境法典可以使环境立法体系化、完整化和细致化,更好实现以立法来实施宪法环保条款,而且,在宪法诸多价值的辐射之下,体系化的环境法典更有益于环境法的守法、执法和司法活动。但是在环境法的法典化以外,我国也有必要重视立法以外的其他多样化途径。包括环境宪法和环境法典等在内的法律体系宜多元并进、相互配合,并采取多样化的实施手段和途径,从而在最大程度上对环境保护发挥积极作用。

五、环境法典的编纂应避免可能的合宪性瑕疵

法国《环境宪章》实施以来,宪法委员会通过对《环境法典》以及其他相关法律规范进行合宪性审查,其中甚至涉及多起《环境法典》违宪的判例。从环境(生态)法典化的过程来看,其起草和编纂业已注意尽量避免可能的违宪问题,但违宪问题的完全杜绝并不可能。因为立法过程本身包括法典编纂过程是一种抽象的规范制定行为,不可能对规范适用过程中的所有难题都有预见,要求法典编纂过程完全杜绝违反上位法是不具有期待可能性的。因此,宪法委员会运用《环境宪章》和其他宪法规范审查《环境法典》实际上是塑造一个更为合理的环境法

---

〔1〕 吕忠梅:《论公民环境权》,载《法学研究》1995 年第 6 期。

〔2〕 常纪文、焦一多:《新〈环境保护法〉的立法突破、缺陷与实效问题》,载《中国经贸导刊》2014 年第 18 期。

〔3〕 王琳琳:《论环境权的司法救济》,载《中国环境管理》2009 年第 3 期。

典的事后环节。通过宪法委员会的合宪性审查工作,法国的《环境法典》经过了多次的被动修改。当然,宪法委员会也经常要考虑到违宪判决可能产生的法律安定性的不便,因此既有采取保留解释的方式来避免违宪认定,即将《环境法典》特定条款的解释方案限定在合宪的范围之内,又有采取限期修改等较为灵活变通的方式,从而赋予立法者更多的可选择空间。

但是从法国的审查经验来看,《环境法典》的编纂和合宪性控制可能存在一个不具有可比性的问题。环境法的法典化牵涉甚广,法国所采取的方式是将《环境法典》从内部分为法律部分和行政法规部分,而在合宪性和合法性的控制上,宪法委员会主要审查法律部分的合宪性,至于行政法规的合法性则主要交给行政法官审查。我国的环境法典恐怕很难采取这种形式。如果环境法典全部由全国人大及其常委会以法律的形式来制定,那么其内容必定过于宏大,而且其合宪性审查的负担将极重,由于我国的合宪性审查机制在审查负载上仍然极为有限,前述问题也必须事前有所预见。

但是对于我国而言,尽管目前并没有如法国宪法委员会那样的活性化的宪法审查机制,但自 2018 年修宪组建宪法和法律委员会以来,合宪性审查工作已经得到极大推进,宪法和法律委员会在立法过程中曾经对《人民法院组织法》等多部法律草案和决定草案的合宪性问题进行专门审议。尽管这种审查更像是法国宪法委员会原有的事前审查,相对于事后审查作用有限,但仍能在一定程度上发挥合宪性控制的作用。在未来的环境法典编纂和起草的过程中,必须充分发挥宪法和法律委员会的作用,尽可能通过有效的审查功能来防止和减少环境法典中可能的合宪性瑕疵,从而打造一个更能有效嵌入中国特色社会主义法律体系、更加符合宪法价值和原则的环境法典。

第二编　统一生态法典编

第三章　俄罗斯生态立法的法典化："司法优位"与"立法优位"的谨慎探索

法典化的立法形式作为成文法国家生态立法的理想化模式，不仅仅标明了一国生态立法的发展水平，同时也代表了该国生态立法的发达程度。肇始于 20 世纪 80 年代的俄罗斯生态立法法典化运动，为当代俄罗斯生态立法法典编纂奠定了厚重的理论基础和实践基础。由于俄罗斯特有的法律文化和文牍主义传统的双重叠加，决定了俄罗斯生态立法法典化进程的渐进式发展路径与力求实效的秉持态度。俄罗斯在作为" 国际生态立法趋同化" 的法律全球化过程重要参与者的同时，也为各国生态立法的法典化运动提供了"司法优位"与"立法优位"平衡兼顾的生态法典编纂模式的参照。

第一节　俄罗斯生态立法法典化的背景及历程

20 世纪中叶以来，俄罗斯法学界非常关注生态法典的制定问题，在学者们大量的学术著作和相关的法律文献中，对俄罗斯生态立法法典化的必要性、基本定位、体例结构、编纂模式等诸多问题展开了激烈的讨论和论证。

一、苏联时期生态立法法典化的构想

早在 20 世纪后半期，苏联法律学者们就产生了制定生态法典的想

法。曾任莫斯科大学法律系生态和土地法教研室主任的 B. B. 彼得罗夫教授在 20 世纪 80 年代就曾建言在俄罗斯应进行生态法典的编纂工作,并设想在苏联的生态法典中要涵盖自然资源法和生态保护法,以及其他涉及生态保护的各项条例和规定。[1]

在当时,学者们提出的进行苏联生态法典编纂的构想并没有得到社会的足够重视。重要的原因是,学界对当时新提出的、尚很少为人知晓的、但后来逐渐成为学术界新宠的“生态”这一术语尚缺乏系统性的认知。尤其把一个不确定的“生态”学术概念作为法典名称,所引发的争论程度可想而知,时至今日,这种争论似乎还没有彻底结束。在当时的苏联法学界,人们对“生态法”的部门名称、法学院校关于“生态法”的教学名称该如何定性问题产生了很大的分歧。许多人还记得,在 1989 年苏联人民代表大会上被选为苏联最高苏维埃生态法委员会主席的一位候选人甚至也不能解释“什么是生态学”。由此可见,在当时,无论是苏联的官方,抑或学界对“生态”一词的认知在当时还没有达到理论上的高度共识。譬如,该如何确定“生态法”的法律部门名称,苏联学者们提出了很多不同的意见,有学者建议将该法律部门命名为“自然保护法”或“自然资源法”,也有的学者建议命名为“环境保护法”或“环境法”等。与此争论相关联的是,在 20 世纪七八十年代,苏联有关环境立法的相关部门,也以自然资源的名称命名,被称为自然环境、土地、森林、水及山体立法部。

1960 年,当时作为苏联加盟共和国的俄罗斯通过了《俄罗斯苏维埃联邦社会主义共和国自然保护法》。类似的法律在其他加盟共和国(如拉脱维亚、立陶宛、爱沙尼亚苏维埃社会主义共和国)也早就出现了。此外,乌克兰、格鲁吉亚和其他的苏联加盟共和国也曾通过了类似的法律。在苏联的加盟共和国制定的有关自然保护的规范性法律文件中,很多方面(如自然保护政策、自然资源利用的形式和种类、保护对

〔1〕 См.: Пет ров В. В. Проект Закона СССР об охране окружающей природной среды // Вест ник. Моск. университ ет а. Сер. 11. Право. 1990. №1; Он же. Экологическое право России: Учебник. М. 1995.

象、自然资源保护教育的必要性、社会自然保护联合会的活动,以及自然保护领域法律责任等)有着某种共性或相似性。尽管当时俄罗斯在自然保护方面的立法中不排除有较多的政治宣言色彩成分,但这些规范性法律文件成为后来俄罗斯联邦生态立法发展的基础,对俄罗斯生态立法的法典化进程起到了积极的促进作用。

1988 年 1 月,苏联共产党中央委员会和苏联部长会议通过了《关于国家自然保护事业具体改革》的决议,决定创建环境保护的苏联国家委员会,并着手制定旨在保护生态环境的《苏维埃社会主义共和国环境保护法典》。俄罗斯、乌克兰、白俄罗斯、哈萨克斯坦苏维埃社会主义共和国和其他一些加盟共和国的代表、各部和主管部门的负责人参加了由苏联部长会议国家自然委员会主席和苏联司法部部长主持的新法筹备委员会。但当时,由于人们对苏联国内进行环境保护的主客观因素认识的不足,以及各部门之间利益的不可调和,最终使这一决议拖延了数年。

在苏联立法委员会上,代表们不止一次研究和讨论了在苏联制定生态法典的现实可行性。甚至在立法委员会已经取得一致意见之后,因苏联政府的各个职能部门(如苏联能源部、有色和黑色冶金工业部、土壤改良和水利设施部、中型机械制造部、农业部、普通机械制造部、石油和天然气开采工业部和其他的一些大型工业部门)的负责人基于各自的部门利益最终不能达成妥协,使该法律草案意见最终被苏联政府否决。

二、俄罗斯联邦生态立法的法典化运动

1990 年,俄罗斯召集了生态保护领域法律权威专家组成了编纂统一生态法典的法律草案工作小组。其中包括苏联部长会议国家委员会法律处主任 Г. И. 奥西波夫、И. Ф. 巴克拉多夫教授、С. А. 巴戈柳波夫教授(苏联政府立法与比较法研究所)和 Р. Д. 鲍戈列波夫教授(苏联内务部研究院)、М. М. 布林丘克教授(苏联科学院国家和法研究所)以及司法部部分资深专家。苏联科学院通讯院士、生态立法法典化的主要活动者 О. К. 科尔巴索夫和 В. В. 彼得罗夫教授由于其提出的法律草案体例结构和内容没能得到苏联部长会议国家自然委员会领导人的认可而离开了小组。

激烈动荡的改革年代和频繁的立法活动延迟了在俄罗斯已经展开的有关编纂统一的生态法典的讨论，社会的注意力更多集中在对社会其他领域立法的关注上。[1]然而，由于苏联的解体，社会其他领域的立法构想同样没能摆脱“没有来得及通过即宣告结束”的厄运。值得庆幸的是，在1991年，俄罗斯生态学委员会的B. П. 瓦尔福洛梅耶夫教授和任职于俄罗斯苏维埃联邦社会主义共和国最高苏维埃生态委员会的B. B. 彼得罗夫教授正积极地筹备起草类似于“俄罗斯苏维埃联邦社会主义共和国生态法典”的立法草案。

1991年12月19日，俄罗斯苏维埃联邦社会主义共和国最高苏维埃通过了俄罗斯苏维埃联邦社会主义共和国2060－1号法令，颁布了《俄罗斯苏维埃联邦社会主义共和国自然环境保护法》。[2]虽然这部法律中有至少15处提到了“生态”一词作为对环境状况的总结，但生态法典的编纂问题，以及在特定时间内制定和通过这部法典的事项却从议事日程中删掉了。

这之后，有关生态法典制定的讨论在俄联邦议会的上院（联邦委员会）和下院（国家杜马）以及俄联邦安全委员会的生态安全委员会中经常进行。俄联邦安全委员会科学咨询委员会、生态委员会的鉴定委员会以及俄联邦国家杜马自然资源和自然资源利用委员会经常向生态法典化运动的倡导者和活动家们讨教，如生态法典与现行的《环境保护法》有哪些本质的区别，以及生态法典有什么特定的调整对象等问题。

在20世纪末和21世纪初的10年间，俄罗斯通过了近2000部联邦法律，总体上得到了社会给予的积极评价。但实际上，法律规范的多寡，并不是俄罗斯能否成为法治国家的决定性因素。实际上这么多的法律规范及法令并没能把俄罗斯引入法治国家的行列，法治社会的发

---

〔1〕 См. :Боголюбов С. А. , Колбасов О. С. Закон об охране природы в СССР. Каким ему быт ь? М. 1991.

〔2〕 Ведомост и РФ. 1992. №10.

达程度也并不是由国家中已有法律数量的多寡来衡量,因此,俄罗斯社会非常关注人们对法律的尊重及信仰程度,以及执法人员法律素养的提高。俄罗斯立法者已经充分认识到,必须要克服过去那种对社会有效规范全部寄希望于制定一部完备的法律或法典的幼稚想法,而忽略那些能够影响俄罗斯法治社会生成的其他社会因素。

在俄罗斯,对多数人而言(其中包括大多数立法机关成员和行政机关工作人员),起草法案并争取获得议会通过要比认真研究法律在社会实施过程中为何实效性大打折扣要容易得多。为此,俄罗斯联邦委员会开始对以“司法优位”为导向的法律实施的社会实效性进行评估,并在俄罗斯联邦政府立法与比较法研究所中设立了专门从事对该问题进行跟踪研究的部门。

有关俄罗斯生态法典立法目的这一核心命题的确定问题,俄罗斯学界有共识性认知,通常意义上讲,生态执法的效果和实效性水平取决于生态法典的内容、质量高低和技术水平。但同时,如果缺少了国家和社会的意志性以及非道德的(首先是非法的)社会氛围,生态法典的价值目标就很难实现。俄罗斯制定了被世人认为最民主的宪法和法律,然而,宪法和法律所确立的目标在俄罗斯社会远远没有实现,还仅仅停留在一种宣示性的法律实施阶段。1993 年《俄罗斯宪法》关于法律意义上的“人”作了诸多前卫性的规定:人的权利和自由具有最高的价值,国家负有义务尊重和保护人的权利和自由(《俄罗斯宪法》第 2 条);人民是权力的唯一来源(《俄罗斯宪法》第 3 条);每一位公民拥有的良好生态权,有获得可靠环境信息和遭受生态违法损害时的索赔权(《俄罗斯宪法》第 42 条)。为了在编纂俄罗斯生态法典之时能够有效地落实宪法所确立的人权价值,俄罗斯非常重视生态法典编纂如何贯彻人权保护的生态法律价值观和如何维护公民的生态权问题。

为了保障生态法典法律地位上的“立法优位”,曾有学者建言在俄罗斯宪法的修订案中增加“生态国家”的有关内容和“公共权力机关的生态化功能”的相关规定。为了协调经济发展和生态保护二者之间的矛盾关系,俄罗斯相关专家在讨论生态法典所应确立的价值目标的评判标准时,尤其关注法律制度的内容以及法律制度实施的现实可能性大小等“司法优位”问题。俄罗斯专家认为,生态法典与普通法律不应该仅仅在名称和形式上有所区别,更多地应体现在它的具体制度和措施实现机制的差异性上。

20 世纪 90 年代初期,在俄罗斯的巴什基尔共和国曾经有过编纂生态法典的尝试,该法典几乎是 1991 年《俄罗斯苏维埃联邦社会主义共和国自然环境保护法》的翻版(只是在参加自然环境保护的地方自治机构的规定上有所不同)。事实上,巴什基尔共和国为了实现这部法典的立法目的做了不少努力。但当时的立法机构仅仅注意到了法典的内容和形式问题,而忽略了国家、社会、科学界给予法典在组织实施、推广宣传、公众参与和法律实效性落实方面的不同期许,其结果,生态法典编纂并没有给当地的生态法治建设带来实质意义上的改变。

在俄罗斯,法律适用上的通行规律是:任何法律在通过之时都将伴随着社会上一系列的积极的响应,之后就会逐渐的降温,一切又将回到法典颁布前时的状态。为了对生态法典在适用上可能出现的状况和效果进行谨慎的预测和评估,发现其不足,并借助社会各种积极反馈对新法进行修正,俄罗斯学界正在探讨通过一系列的积极的旨在平衡“立法优位”与“司法优位”相互协调问题的措施(议会的听证、总统令的认可、政府部门之间建立的协调委员会)来解决法律实施过程中的法律规范之间竞合、冲突与协调,以及接受社会和媒体监督等问题。生态法典内容规定的科学与否,可以通过民众对法典的消极和冷漠态度窥探,当立法者不能够制定出高质量的生态法律规范之时,民众当然不会对新法寄予更多的热情。

俄罗斯立法者正是基于上述原因的考量,在俄罗斯生态法典编纂过程中,暂时没有细化生态文化社会的具体措施,以及实施生态教育、生态安全和生态监督的具体的操作规范。立法者不认可的原因是,在当今的俄罗斯暂时还缺少确立和保障上述法律关系实现的机制和全权部门,以及缺少对该种法律关系主体权利和义务进行法律调整的方法,因而无法保证类似法律规范在实施过程中权威性的发挥。由此可见,与先前频繁地对生态法律进行立、改、废的立法活动相比,当今的俄罗斯在立法观念上更加地趋向成熟。

三、俄罗斯生态法典的建构思路

有关生态法典的结构形式的问题,俄罗斯学者进行了深入的讨论并提出两种可行的模式:第一种模式是将所有涉及生态保护类的法律(其中也包括自然资源保护方面的法律)、其他涉及环境保护的法律制度和法律规范整合为一体;第二种模式是将那些具有直接生态特性的,涉及自然资源保护方面的法律、制度和规范性文件从生态法典中区分出来,赋予其某种特定的称谓。目前,俄罗斯的学界虽然对生态法典模式的选择意见并不统一,但对该问题在立法技术上和学理上已经做好了充分的论证。

1993 年,俄罗斯联邦环境和自然资源保护部法规司签署了“关于组建俄联邦自然环境保护学术工作组”的决定。俄罗斯科学院国家与法研究所的工作人员成了小组的骨干:О. К. 科尔巴索夫教授(在这项工作的开始阶段任副部长)、М. М. 布林丘克教授和 О. Л. 杜博维克教授成为该组成员。根据该学术工作组的倡议,工作组的部长 В. И. 达尼洛维 - 达尼良诺夫为联邦环境和自然资源部的领导成员安排了一次有关在俄罗斯编纂生态法典的学术讲座。在那次讲座中,学者们对俄罗斯进行生态法典编纂的必要性、发展俄罗斯自然资源立法保障体系的构想,以及环境和自然保护部应进行积极而具体的立法文件签署工作的必要性等问题进行了清晰的阐释,有力地推动了生态法典编纂工作在俄罗斯的进一步发展。

但在有关生态法典制定“司法优先”还是“立法优先”,以及“法律适用的重要性”等重要理论问题上,学者们的意见与官员们的意见总是相左,致使讲座无法顺利进行下去。最终,学者们只能拟定了一份非正式的立法草案递交给有关的俄罗斯国家机关和部门委员会。

学者们提出的生态法典草案强化了各个部委之间的协调和监督关系,按照俄罗斯联邦政府立法与比较法研究所教授 С. А. 巴戈柳波夫教授的观点,这是促使该法律草案夭折的重要原因。[1] 因为该法律草案

---

〔1〕 См.: Бринчук М. М., Дубовик О. Л. Акт уальные проблемы развит ия экологического права в 21 веке. М. 2007.

在分发给俄罗斯相关的部门、国家委员会及主管部门时遭到了他们强硬的排斥,尽管当时苏维埃委员会和其他一些领导机构也曾对该法律草案的部分意见表示了赞同和支持。这之后,1996 年,俄罗斯联邦的几个涉及自然资源和环境保护部委被重新改组为俄罗斯联邦自然资源和环境保护国家委员会,于是该法律草案被搁置,甚至人们开始遗忘了有关在俄罗斯制定生态法典的提案。

尽管如此,20 世纪 90 年代中期,俄罗斯科学院通讯院士 O. K. 科尔巴索夫仍对俄罗斯未来的生态法典进行了积极而乐观的展望。他认为,该法典作为 21 世纪所期望的目标,它的制定和通过是可能的。O. K. 科尔巴索夫的继任者莫斯科大学法律系生态和土地法教研室主任 B. B. 彼得罗夫、莫斯科大学法律系主任 A. K. 戈利钦科夫教授也不止一次讨论这个观点,认为 O. K. 科尔巴索夫教授对俄罗斯生态法典制定所秉持的态度是具有建设性的。[1]

20 世纪末和 21 世纪初,在俄联邦议会进行了积极的涉及自然资源和生态环境保护方面的立法活动,以代替 1991 年曾颁布的相关法律规范。2002 年 1 月 10 日,俄联邦总统签署了第 7 号令,颁布了《俄罗斯环境保护法》。[2] 该法所体现的立法理念与表达形式完全符合 1993 年《俄罗斯宪法》所确立的保护公民生态权的立法精神。考虑到俄罗斯过去 10 年经济、社会结构和国家管理的变化,《俄罗斯环境保护法》对某些专门性的术语如“生态审计”“生态危机”“生态安全”等进行了专门性的阐释。正因如此,在今天的俄罗斯,所有涉及有关“生态”的概念在立法上已经被完全接受,并且原则上可以在符合相应的法典精神条件下适用。

任何法律在颁布之初,总会遭到各种非议。2002 年颁布的《俄罗斯环境保护法》也经历了同样的命运,该法颁布之后,社会各界对此反响褒贬不一。尤其在法学界,学者在专业的出版物中提出了尖锐的批

---

〔1〕 См. :Голиченков А. К. Учебники и учебнве пособия по экологическому праву: ист оричечкий обзор и перспект ивы // Вест ник Моск. Ун – т а. Сер. 11. Право. 1999. №4.

〔2〕 СЗ РФ. 2002. №2.

评,并指出了该法中存在的一些问题,譬如:新法中关于生态化管理与社会生活的实际情况的衔接缺少现实的可行性机制,自然资源的利用规制的不确定性,由于某些概念的模糊和多义性破坏了立法创制的技术规则等。[1]

但后来,社会各界开始逐渐地适应并开始接受新《俄罗斯环境保护法》所确立的基本原则和制度。学术界也确信,尽管新法中存在某些不足,但随着在司法实践中的不断修正,新法的内容将得到进一步完善。而实际上,新法已经成为俄罗斯环境保护领域许多强力部门、行政机关、检察机关、审判机关和仲裁机关处理相关案件的基础和依据。

1991 年是俄罗斯生态立法的发展史上最具有里程碑性质的一年,俄罗斯权力机关进行了大量的生态立法工作。尽管其中不乏一些由于没有进行充分的理论论证而匆忙修改的情况,但就立法的整体情况而言,1991 年俄罗斯颁布的生态法律规范内容比较具体,相对于其他方面的社会立法而言,具有一定稳定性。某种意义上讲,1991 年俄罗斯所进行的生态立法工作对后来俄罗斯生态法律制度的体系化和系统化起到了积极的促进作用。这一时期生态立法中除了存在对某些生态术语界定的争议外,突出的优点体现在 1991 年《俄罗斯环境保护法》第 65 条有关国家作为自然环境保护的生态监督机关与国家作为资源利用的所有者身份的相分离,反对将二者功能集于国家一身的规定上。

从 2004 年 3 月开始,俄罗斯实现了国家生态监督职能与自然资源利用所有者职能相互分离。俄罗斯重新组建了两个部门:一个是负责对生态、工艺和原子能领域进行国家监督的联邦机构,该联邦机构直接隶属俄联邦政府;另一个是负责对自然资源利用进行国家监督的联邦部门,这个部门隶属俄联邦自然资源部。

有关生态立法法典化的问题,目前,俄罗斯正在稳步推进,审慎前行,同时在欧洲诸国也引发了激烈的讨论。与此同时,在欧亚地区人们已经开始了相关的实践,并对生态法典的框架结构和编纂的必要性、适当性等问题做了详尽的理论探讨。例如,欧洲委员会定期会举行关于

---

[1] См.:Еженедельник "Зеленый мир", журнал "Экологическое право" и др. за 2002 год.

制定统一生态法典的讨论;德国和其他的一些欧洲国家正在制定生态法典,其中法典方案的部分内容已经被公布。在南美的许多国家已经开始实施名为"生态法典"的有关自然保护的法律。

此外,独联体各国联合议会分别于2006年和2007年对《独联体国家生态示范法典》的总则部分和分则部分进行了体系化和系统化编纂。依据《独联体国家生态示范法典》的原则及体例,白俄罗斯、乌克兰、哈萨克斯坦已经通过了筹备制定生态法典的国家决议。2007年,哈萨克斯坦通过了生态法典。在乌克兰的基辅还专门举办了有关生态法典编纂的题为"生态法典:神话和现实"的国际学术会议。白俄罗斯、俄罗斯生态法典的筹备工作正在积极地进行着,有关生态法典编纂的前期的某些工作已经完成。俄联邦自然资源部组建了俄联邦生态法典编纂方案和隶属于俄联邦自然资源部负责起草生态法典的工作小组。

第二节　俄罗斯生态法典编纂规范性法律文件的选择与体例内容

俄罗斯生态法律规范主要由三大部分构成:环境保护类法律规范、自然资源类法律规范,以及其他法律部门与生态保护相关的法律规范。从俄罗斯生态法律规范构成特点来看,俄罗斯生态法律规范是由联邦级法律、法规、规章、总统令,以及联邦主体、自治地方颁布的法律、法规和自治条例等多维度、互相交织的"三位一体"的法律规范体系构成。由于该体系过于复杂庞大,给生态法典编纂规范性法律文件的选择带来一定的困难。

一、俄罗斯生态法典编纂规范性法律文件的选择

2002年秋,俄罗斯联邦政府通过了《生态法理论学说及其实现的行动计划》,该计划指出,俄罗斯联邦环保领域的法律规范虽然能够确保俄罗斯联邦的环境质量,但是相对于实际需求尚远远不够。以环境保护领域的法律规范为例,仅仅《环境保护法》《大气环境保护法》《环

境评价法》《自然保护区法》《水文气象法》《生产生活废弃物法》等法律远远不能满足俄罗斯当下国家生态安全保障之需。

对规范性法律文件的确定和选择关系到生态法典特定的编纂标准能否制定，能否更好地统合环境保护领域和自然资源利用领域，以及其他法律部门与生态有关的法律规范领域的协调与统合。俄罗斯生态法典编纂遵循了以下标准对规范性法律文件进行了确认和选择：

1. 在联邦级法律规范选择时，采用以下标准来确定某项联邦法律从属于哪个具体法律部门：

（1）法律规范类型化的选择以相关规范性法律文件的调整对象为基础；

（2）如果在上述基础上不能将某项法律列入环境保护领域或自然资源利用领域，则采用第二个标准——分析法律的内容，此时则要求法律规范的大部分内容属于环境保护领域或自然资源利用领域。

2. 考虑到各个联邦主体及自治地方生态禀赋的特殊性，以及未来填补俄罗斯联邦生态立法的漏洞与不足，俄罗斯生态法典编纂确定了对联邦主体及自治地方生态法律规范的如下选择标准：

（1）针对生态法律规范所调整的生态关系的不同，以及生态关系与地域、社会经济、自然气候等具有普遍性因素的不同特质，对地方性生态法律规范做前期类别甄别与筛选；

（2）将涉及联邦级生态法律规范没有列入调整范围的生态法律关系，以及可以填补联邦级生态法律规范漏洞与不足的联邦主体及自治地方制定的规范性生态法律文件列入联邦生态法典编纂所确定的选择范围；

（3）一些确立了普适性原则和规范的国际环境条约，为生态法律规范进一步发展可以提供指引的国际宣言及纲领，以及可以在一国国内立法中直接援引或适用的国际法律规范，或在国际司法案例中得到普遍认可的决议都可以作为俄罗斯生态法典编纂规范性法律文件所确定的选择范围；

（4）俄罗斯不是判例法国家，司法判例不是俄罗斯法律的直接渊源，因此司法判例没有被列入俄罗斯生态法典编纂规范性法律文件的选择范围。但在俄罗斯生态法典编纂过程中，生态司法实践中归纳和总结的相关经验，能够帮助立法者发现立法的问题与不足的司法判例，可作为生态法典编纂的参照。

《俄罗斯生态法典(草案)》在规范性法律文件的选择及统合整理方面做了大量的工作，其中，有16项国际公约、25项生态法律法规、15项总统令、140项联邦政府行政决定，以及4100项联邦主体的法律和规范性法律文件被列入生态法典编纂规范性法律文件的选择范围，为俄罗斯生态立法的体系化和系统化发展做了大胆的实践尝试。尽管争议颇多，但毫无疑问，俄罗斯的生态法典的编纂为推动国际生态立法的一体化发展做了审慎探索，为各国生态立法的法典化运动提供了国内立法与国际立法相互融合、一体发展的生态法典编纂模式参考。

二、俄罗斯生态法典的体例结构与内容

2007～2008年编纂完成的《俄罗斯生态法典(草案)》，分为总则和分则两大部分，共十编36章313条。根据《俄罗斯生态法典(草案)》第2条规定，生态法典的调整对象包括三部分：(1)环境保护领域的法律关系；(2)确保人的生态安全；(3)自然资源的保护、合理利用和再生产。根据法典起草者的想法，自生态法典颁布之日起，《环境保护法》《生态鉴定法》《大气环境法》《生产生活废弃物法》《自然保护区法》等生态法律将随即废止。

1.《俄罗斯生态法典(草案)》的体例结构。

《俄罗斯生态法典(草案)》的体例结构如下：

第一部分　总则

第一编　总论

第一章　基本规定

第二章　生态关系客体

第三章　环境保护领域生态关系的主体

第四章　环境保护领域的管理

第二编　生态安全的保障

第五章　生态安全

第六章　生产生活废弃物

第七章　危险材料、产品和物质
第八章　生态标准化
第九章　生态管控
第十章　生态审计
第十一章　生态鉴定证书
第三编　重要经济活动和其他活动的生态评价
第十二章　环境影响评价
第十三章　生态评价和生态影响鉴定
第四编　环境保护领域的经济调节
第十四章　环境保护领域经济调节的方法
第十五章　环境负面影响的代价
第十六章　生态基金
第十七章　生态保险
第十八章　生态计划
第十九章　生态调控中的社会物质激励
第五编　环境保护的信息保证
第二十章　生态信息
第二十一章　生态统计和报告
第二十二章　生态监测
第二十三章　生态科学研究
第二十四章　人口生态文化的形成
第六编　违反俄罗斯环境保护法的法律责任
第二十五章　违反俄罗斯环境保护法的法律责任和生态损害的补偿
第七编　国际合作
第二十六章　俄罗斯在环境保护领域的国际合作
第二部分　分则
第八编　自然客体和系统的保护
第二十七章　气候和臭氧层的保护
第二十八章　大气环境保护

第二十九章　水体保护

第三十章　土地和土壤保护

第三十一章　森林和其他植被保护

第三十二章　野生动物保护

第三十三章　地下资源保护

第九编　生态法律体系下的特殊地域

第三十四章　生态危险地域

第三十五章　自然保护区及客体

第三十六章　少数民族传统居住区和自然资源传统利用区

第十编　附则

2.《俄罗斯生态法典(草案)》的基本内容。

《俄罗斯生态法典(草案)》总则部分作为该法典的总领,覆盖该法典各编,形成了总分结合的法典结构,实现了制度传承与学说借鉴的结合。一方面,传承了生态法典之前的立法经验,坚持治理、预防和保护相互结合的立法理念,突出生态安全保障、生态风险预防、生态保护经济调节、生态信息保障、国际合作等重要原则与制度的规范调整。另一方面,总则部分确立了责任追究与生态补偿并重的责任规制手段,体现了对俄罗斯《生态法理论学说及其实现的行动计划》原则与决议的全面贯彻和落实,解构了传统生态治理"预防与管控"二元模式,突出强调了"经济手段"在生态治理中的运用。同时,《俄罗斯生态法典(草案)》注重与国际法律规范的接轨,倡导生态保护的国际合作,重构了俄罗斯生态治理的世界主义的原则与精神,契合了俄罗斯社会现实的多元诉求,集中体现了政府主导、社会参与与多元共治的现代生态治理的理念与精神。

该法典的总则部分按照潘德克顿式立法技术,形成了统领总则其他章节的一般内容,明确了法典的立法目的、基本原则、调整范围等法律解释适用的基本前提,以适应俄罗斯生态立法国际范式的转型与制度重构。

《俄罗斯生态法典(草案)》的分则由三编共 10 章组成,涵盖了对自然资源、环境保护法及其他方面法律规范的调整。第八编有关自然

客体和系统的保护由七章(第二十七章至第三十三章)组成:

第二十七章是关于地球气候和臭氧层的保护(第 27.1 ~ 27.8 条)。该部分内容涵盖了两项联邦生态法律的规定,分别是:《俄罗斯环境保护法》(2002 年 1 月 10 日第 N7 - Φ3 号法律第 54 条)、《俄罗斯大气环境法》(1999 年 5 月 4 日第 N96 - Φ3 号法律第 11 ~ 14 条等)。此外,该部分规定还包括了有关俄罗斯联邦气候学说的相关规定,以及《联合国气候变化框架公约的京都议定书》(以下简称《京都议定书》)中有关温室气体排放配额出售的相关规定。上述领域所有规范都被确立在生态法典的草案之中。

第二十八章是关于大气环境保护(第 28.1 ~ 28.7 条)的相关规定。该部分包括了大气污染和大气危害物质排放行为中法律关系调整的各种规范。现行的《俄罗斯大气环境保护法》(1999 年 5 月 4 日第 N96 - Φ3 号法律)中的大部分规范都被确立其中。某种意义上讲,该部分实际上完全复制了俄罗斯《大气环境保护法》的结构和内容,但缺少与跨国大气污染和气候危险性变化有关的一些重要条款。

第二十九章部分与水体保护有关(第 29.1 ~ 29.12 条)。值得关注的是,该部分内容的很多法律条款来自《俄罗斯水法典》的相关规定。由于俄罗斯生态立法体系中有关水体保护领域已经编纂成典,且水法典针对水体保护问题比生态法典草案规定得更具有针对性和更加宽泛。尽管如此,俄罗斯生态法典编纂者认为,引入另外一项法律当中的规定补充一项法律缺失的条款,使之在未来更加完整和全面是值得的。遗憾的是,俄罗斯生态法典草案缺少与水体使用权获取、公用水体、盆地水以及水体利用形式问题相关的规定,成为生态法典草案的最大的缺陷,这也成为生态法典草案迟迟不能通过的重要原因之一。针对上述缺憾,生态法典编纂者一直寄希望于在未来联邦生态法典草案的进一步完善中得以解决。

第三十章规定了土地和土壤保护的问题(第 30.1 ~ 30.9 条)。目前俄罗斯已经颁布并实施了土地法典,土地法典在土地及土壤保护领域规定得已经足够全面。俄罗斯生态法典对土地和土壤保护的基本规定也已经确立在《俄罗斯生态法典(草案)》的总则之中。不足之处是,

《俄罗斯生态法典(草案)》中缺少一些诸如与土地监测、土地规划、地块国家登记和国家政府自留地、土地没收方式以及土地权利保护和土地纠纷等问题有关的条款。

第三十一章涉及森林和其他植被保护(第31.1～31.4条)的相关规定。目前,有关森林和其他植被保护已经被规定在《俄罗斯森林法典》之中。《俄罗斯生态法典(草案)》对《俄罗斯森林法典》又做了补充和完善,全面准确地列举了有关森林利用及其利用方式的规定,同时还列举了有关森林和林地保护的规定。尽管如此,《俄罗斯生态法典(草案)》依然不够详尽和完善,缺少诸如:按指定用途对森林进行分类,木材交易和运输,森林和林地的保护,森林和林地的规划,森林再生和造林等相关规定。这成为生态法典草案重大的漏洞之一。

第三十二章规定了有关野生动物(动物群)保护的问题。《俄罗斯生态法典(草案)》对该领域没有进行统一有序的编纂,因为调整该领域的法律规范分布于许多规范性法律文件当中。比如在《俄罗斯行政处罚法典》(第8.29、8.30条)和《俄罗斯刑法典》(第257、258、259条)中都有关于该领域的规定。除此之外,俄罗斯联邦还颁布了《野生动物保护法》(1995年4月24日第N 52－Ф3号法律),该法成为调整野生动物保护领域法律关系的基础法律规范。

第三十三章调整的是矿产资源保护领域的法律关系(第33.1～33.8条)。值得一提的是,《俄罗斯生态法典(草案)》对矿产资源保护领域的规定充分体现了俄罗斯法律制度的特色。根据俄罗斯宪法相关规定,俄罗斯联邦境内所有的矿产资源都是国家的财产和民族的财富。俄罗斯已经颁布了调整矿产资源保护领域的《矿产资源法》(1992年2月21日,第N 2395－1号法律),某种意义上讲,《俄罗斯生态法典(草案)》是对《俄罗斯矿产资源法》做的进一步完善。《俄罗斯生态法典(草案)》对那些以不同形式利用矿产资源或对矿产资源造成影响的人提出了详细的要求,如开发和建设矿山时提出保护环境的要求;或者在矿山进行挖掘建设时,使用井下设施时,在对开采的矿产进行粗加工时提出保护环境要求。

《俄罗斯生态法典(草案)》在矿产资源保护调整领域的不足之处

是,没有规定矿产资源的利用形式、矿产资源使用许可、合理使用矿产资源的内容和形式、矿产资源开发所需地矿的供给、矿产资源开发的反垄断要求等问题。总体来说,《俄罗斯生态法典(草案)》包含了所有对矿产资源使用及保护进行调整的基本法律规范。但从法律实践角度看,该法典对如何充分协调与《俄罗斯矿产资源法》调整范围上的竞合与冲突问题尚有进一步完善的空间。

分则部分第九编由三章组成(第三十四章至第三十六章),对实施特殊生态法律机制地区的法律调整作出了详尽的规定。

第三十四章规定了生态危险区的法律地位和法律机制。时至今日,有关生态危险区的法律地位和法律机制问题依然无法完全纳入法律的调整范围。目前俄罗斯调整该领域的法律基础主要是《环境保护法》(2002 年 1 月 10 日第 N 7 - Φ3 号法律)和《自然或人为紧急情况下俄罗斯联邦人口和领土保护法》(1994 年 12 月 21 日第 N 68 - Φ3 号法律)。《俄罗斯生态法典(草案)》不仅对现行相关法律规定的不足做出了全面的补充,涵盖了有关生态危险地区法律地位和法律机制的全部的必要的法律规范,而且还明确界定了生态危险区的法律性质、概念界定及其适用范围,规定得十分完备,不存在实质性的漏洞。这也成为《俄罗斯生态法典(草案)》制度设计上的可圈可点之处。

第三十五章规定了自然保护区及其客体的法律关系与地位(第 35.1 ~ 35.42 条)。针对这个领域,俄罗斯联邦已经颁布并实施了《自然保护区法》(1995 年 3 月 14 日第 N 33 - Φ3 号法律)。《俄罗斯生态法典(草案)》公开列举了所有自然保护区的名单及其地位,体现了立法技术上的创新。按照该法典相关规定,所有的自然保护区形式都被纳入法律的调整范围,比如国家自然保护区,包括国家生物环境保护区,国家公园,自然遗迹,国家较小的自然保护区、自然公园、自然遗迹,树木园和植物园、疗养胜地以及其他形式的自然保护区。同时,《俄罗斯生态法典(草案)》对发挥自然保护区功用的财政基础作了详尽规定。该部分规定作为《俄罗斯生态法典(草案)》的重要组成部分和亮点之一,自提交审议之日起至今,法典编纂者一直致力于能够在自然保护区及其客体的法律关系与地位调整问题上实现立法上的新突破。

第三十六章规定的是对少数民族传统居住区和自然资源传统利用区范围内社会关系的法律调整。俄罗斯联邦已经颁布并实施了《北部、西伯利亚、远东少数民族传统自然资源利用区保护法》(2001 年 5 月 7 日第 N 49 – Φ3 号法律),从其名称和内容上可以发现,该法局限于特定的地域范围内,在地域之外不具备适用性和法律效力。《俄罗斯生态法典(草案)》弥补了上述法律在调整范围方面的不足。可惜的是,《俄罗斯生态法典(草案)》没有关于在少数民族传统地区进行自然资源使用和矿产及其他资源利用的相关规定,以及保护当地居民历史文化客体的相关规定。

分则部分的第十编是附则条款,该条款规定了自该法典颁布之日起某些法律的废止情况。

第三节　俄罗斯生态法典草案存在的问题与争议

生态法典的制定,引用俄罗斯生态法学家布林丘克教授的一句话,“这绝不是为了标榜俄罗斯生态立法的飞速发展而追时兴,在社会和自然关系的转型时期,它是为了克服一个自称为法治国家现已存在的生态危机和经济发展所面临的诸多矛盾的解决所必须做出的里程碑式的决定,这是崇高而伟大的事业,它要求动员社会的、科学的、职业的力量和资金,其功在千秋、利在当代”。

一、俄罗斯生态法典草案存在的问题

俄罗斯和其他一些国家对编纂生态法典兴趣浓厚,并对生态法典的制定寄予了很高的期望。在当今的俄罗斯,生态法典编纂已经从理论层面的讨论落实到具体的实践中来,经过多年的筹备和努力,2007 年,俄罗斯完成了生态法典草案的分则编的起草,2008 年完成了生态法典草案的总则编起草,目前,生态法典的草案已经完成。理论界讨论的已经不是应不应当制定生态法典的问题,而是已经着手对生态法典的具体架构设计和相关理论论证的科学性和实践问题进行再探讨和再

论证的完善。譬如:生态法典草案立法目的和任务是否能够反映国家生态法治建设的真正现实需求?生态法典和其他的(包括以前联邦生态基本法律)生态法律规范有哪些区别?生态法典在俄罗斯法律体系和立法体系中处于怎样的地位?它调整的对象是什么?它和另外的生态法律调整对象的划分是怎样的?实践的可能性如何?等等。

上述问题的解决一方面要符合俄罗斯联邦政府的相关文件,另一方面还应考虑到立法的技术规范、法律创制的理论观以及俄罗斯执法机关实践情况等诸多因素。俄罗斯的立法者在着手进行生态法典编纂的工作之时,已经注意到自己所从事工作的目的和任务,从而避免以往因追求法典编纂的生态立法体系化和系统化的文牍主义传统和技术细节,最终导致的生态法典编纂受到立法战略和立法技术的束缚。

在制定生态法典时,俄罗斯学者充分注意到本国和其他国家有关自然保护立法的实际情况对生态法典编纂的影响问题。尤其是独联体国家,在生态立法方面存在很多共性的特点,但同时也存在重大的差异性。就生态立法的体系化和系统化而言,乌克兰现行的《环境保护法》是在 1991 年通过的,而俄罗斯现行的《环境保护法》则是在 2002 年通过的。换句话来说,就生态立法的体系化而言,乌克兰要早于俄罗斯至少 10 年。

生态法典的制定是俄罗斯国家生活和俄罗斯国家法律体系重构中的重大事件,俄罗斯学者充分注意到民众对新颁布法律所寄予的更多的期望。人类生态立法的历史仅仅三十几年,较之其他立法而言还很年轻,因此,在启动生态法典编纂的立法动议之初,俄罗斯立法者就非常关注生态法典施行后的社会实效性。一致的观点认为,无论是基于何种主客观原因,都不应该使法典的权威性大打折扣。

俄罗斯学者已经注意到,在生态法典编纂时必须克服以往立法的盲从性,杜绝法律制定上的大跃进,并由此来避免法律真空的出现。生态法典的编纂必须避免使本来就已经很复杂的俄罗斯法律体系变得更加复杂化和文牍化,从而导致不得不推迟解决一些更为紧迫的社会现实问题的时间。

二、俄罗斯生态法典草案存在的争议

科学的理念和学术理论是法律规范确立的先验性理论前提，同时也应当作为调整重要社会关系所应遵循的重要法则之一。俄罗斯学界虽然没有将生态法典所应确立的目标、规划以及法典制定所遵循的法律学说列入法典草案的内容之中，但俄罗斯学界对生态法典所应调整的社会关系的认知和基本观点基本趋于一致：生态法是调整自然资源利用、自然环境领域中人、社会和国家重要关系的一个独立的法律部门。[1]

在俄罗斯，不仅理论学界对生态法典制定展开了激烈的讨论，作为法律践行者的律师也提出了制定生态法典的基本观点和法典的结构。按照该设计方案，生态法典至少由下列部分构成：特别自然保护法律规范（环境保护法、生态鉴定法、环境特别区保护法等）；自然资源保护法律规范（土地法、森林法、水法、矿藏法、动物保护法、大气保护法及其他法律）；其他法律部门中的生态规范（如《俄罗斯行政违法法典》第八章关于“自然资源保护和利用”的规定，《俄罗斯刑法典》第二十六章关于“生态犯罪”的规定，以及其他部门法中相关规定等）。

也有学者提出，新的生态法典的制定必须以传统的六个自然资源法典和法律作为基础。如果新法典中囊括了所有的涉及生态保护的法律规范，那么生态法典必将变成各种涉及自然资源保护和利用的法律大杂烩，或者包括几千条涉及自然资源法规范的笨重而繁琐的法律汇编集。这些法律规范的容量将比《俄罗斯民法典》条文数量还要多出近 1/4，因此，在法律适用方面将会非常的困难和不切实际。

此外，另一种建议认为，应该将自然资源利用的法律规范同环境保护的法律规范相区分，将二者划分给不同的联邦国家机关来管理。对二者的生态鉴定，分别由俄罗斯技术监督部和自然监督部门管理。这

---

〔1〕 См.：Экологическое право：Сборник акт ов // Под ред. А. К. Голиченкова М.，2004；Боголюбов С. А. Экологическое право：Учебник. М. 2004；Красов О. И. Экологическое право：Учебник для вузов. М. 2004；Бринчук М. М. Экологическое право：Учебник. М. 2005；Дубовик О. Л. Экологическое право：Учебник. М. 2006.

样有利于防止权力过分集中，有效地预防腐败并能防止垄断的产生。

生态法典编纂工作量是巨大的。在俄罗斯生态法典的编纂过程中，要参照几十部联邦自然保护法律规范以及几百个政府颁布的条例（如：生物自然保护区地位条例，联邦意义的禁伐区条例、国家环境鉴定条例等）。如何协调数以千计的法律条文之间的相互关系，难度之大不可想象。因此有俄罗斯学者建议，可以根据各个法律规范的效力等级对所有法律条文进行整合，根据其效力等级先后决定是否留存。最好的例证就是 2004 年 12 月 21 日俄罗斯颁布了第 172 号联邦法令，即《关于农业用地与非农业用地使用用途转化法》，[1] 该法就是由数百个法律规范整合而成的，对俄罗斯土地改革、社会经济稳步发展起到了不可估量的作用。

为了编纂一部高质量的生态法典，对相关专门术语的内涵进行科学界定便成了对该法典立法水平价值判断的前提。譬如："可持续发展"、"保护周围（自然）环境"和"生态安全"，对支付自然使用的目标资金性质的界定（是补偿性的，恢复性的抑或监察性的），自然资源及其附属的不动产之间的相互关系等。这项巨大而细致的工作对于编纂一部旨在生态环境保护和合理利用自然资源领域中具有开创性的法典是必需的。它的实现可以是逐步地、职业化地、按部就班地、边实践边检验地进行，也可以是一气呵成的，然后在之后很长的一段时间内完善实施过程中出现的不可避免的错误和不足。

俄罗斯作为联邦制国家，如何保障联邦法律在联邦主体环境保护和自然资源利用管理机关中的权威，以及划分环境保护和自然资源利用联邦监督机关、联邦主体监督机关及地方自治监督机关之间的权力就显得十分重要了。这些问题无论在理论上还是实践中都需要理性的对待和解决。就像彼得一世喜欢说得那样，"如果颁布了法律，就要执行它们"。"借助于行政命令，宣布立法上有了飞跃，而随后法律实施的目的并没有得到贯彻执行。"这是 20 世纪 20 年代俄罗斯法律实施的特点。为了避免历史错误的重现，俄罗斯努力学习国外生态法典编纂

[1] СЗ РФ. 2004. №52. ч. . 1.

的先进经验,在立足本国自然保护立法的客观现实的同时,还创造性地借鉴和吸收国外生态法典编纂的正反两方面的经验和教训。

自然资源作为一种特殊的财富表现形式,必然会涉及各个权利主体之间通过市场化的手段和价值规律对资源的优化配置,使权利主体的自然资源利用权得以实现。"依法对作为相应领土上各个民族生活和活动基础的自然资源的合理配置和民事流转是公民经济权利和自由的保障"。[1]因此,如何协调生态法典和民法典之间的相互关系,在保证自然资源的合理流转的前提下,实现环境保护和自然资源的合理利用成为俄罗斯立法者亟须解决的重要难题之一。《俄罗斯宪法》的第129条对此做了明确的阐释,其实现方式完全仿照了西欧的模式,规定了自然资源可以出让,可以从一个自然人转移给他人,在不违背相关法律对自然资源流转规制的前提下,可以采取多种方式进行。这种流转模式被确立在《俄罗斯土地法典》第3条、《俄罗斯水法典》、《俄罗斯森林法典》,以及其他涉及自然环境的立法之中。

同样,为了实现生态利益和经济效益的协调,《俄罗斯宪法》第二部分第36条规定了自然资源的拥有者在管理、使用和支配自然资源的时候,不得给周围环境带来损害,不得违反法律和侵犯他人的合法利益,类似的规定同样出现在《俄罗斯宪法》第209条的规定之中。

第四节　俄罗斯生态法典草案通过的前景及对中国的启示

生态法典的创制是衡量生态立法发达水平的一个重要标志。通过法律编纂及规范之间的整合、汇编或者其他方式来实现生态法律规范的体系化,借助现代科学的手段,实现立法内容上的系统化,已经成为当下各国生态立法趋同化发展的重要建构方向和发展趋势。

---

[1] См.: Бринчук М. М. экологическое право. М. 2005. 7 83.

一、俄罗斯生态法典草案通过的前景

通过法典化的形式对社会关系的重新调整不是对社会关系的重塑,因为社会关系业已客观存在。按照俄罗斯联邦政府立法与比较法研究所巴戈柳波夫教授的观点:当国家社会经济发展方向发生调整,政治形势等出现高质量的革新,国家和社会的发展进路出现根本转向时,用新的法律形式取代调整同一对象的现行法律应该是合理的。由此可知,社会发展的现实变化等构成了俄罗斯生态法典编纂的重要理由,也是俄罗斯完善立法工作的长期目标和任务。

生态法典编纂是俄罗斯生态法律规范体系化和系统化发展的客观要求和必然趋势。就目前情况来看,无论是俄罗斯的立法者,抑或是生态法学者都并不认为当下颁布和实施生态法典是十分迫切的。关于生态法律体系发展到一定程度是否必须进行生态法典编纂问题,莫斯科大学法律系主任戈利钦科夫教授进行过系统的研究,并提出了判断生态法典编纂必要性和可能性的标准。戈里琴科夫教授认为,立法工作的阶段特点、前提条件决定了生态法典编纂的适时性。只有把这些前提条件和阶段性特点结合在一起,才能保证未来法典的完整性、客观性和高品质性。

在俄罗斯,生态法典草案已经完成起草,但有关生态法典草案编纂的必要性和实施条件等诸多争论一直持续至今。《俄罗斯生态法典(草案)》能否得到实施,至少在立法者和法律专家中就存在不同的认识。

第一,确定生态法典编纂的必要性对生态法典编纂不可或缺。不应该天然给法典编纂这种法律体系化和系统化形式以自发偏好。一些生态法典草案编纂的参与者提出的将“环境保护引入经济调节的新形式”是从根本上完善生态法律规范体系和实施生态立法法典化的必要性并没有得到社会的广泛认同。反对者认为,这个理由并不能必然得出俄罗斯必须进行生态法典编纂的必要性,至少,期待通过生态立法法典化解决当前生态法律规范的现代化发展问题是不恰当的。

第二,有关生态法典编纂的现实条件是否成熟。俄罗斯立法者通常认为法典编纂是生态法律规范体系化和系统化发展的唯一可行方案。然而反对意见则认为，只有在其他完善该领域立法的所有可能性都消失时，以法典编纂的形式对现行生态法律规范进行体系化和系统化完善才是适宜的，这样的前提才应当被看作是进行生态法典编纂的必要条件。

第三，法典编纂的一个重要前提，是对现行生态法律规范进行规范化和系统化的经验积累，也就是以官方或半官方的形式对现行的生态法律规范进行体系化和系统化的实践经验获取。在这个经验的帮助下，可以找到一系列应对生态法典编纂可能出现的各类问题的解决方案和实质性方法，譬如，对生态法典编纂本质的理解，生态法典编纂可能性及界限，生态法典编纂主体和客体界定等问题。

第四，作为立法工作的重要先决条件，生态法典编纂必须充分反映生态法律科学的最新理论成就和社会生态法治实践的最成熟经验，并将上述的思想、观念、经验和最佳方案贯穿于生态法典文本的编纂始终。生态法典编纂不仅应体现严谨的专业性、编纂技术的可行性，同时还应充分反映国际生态治理的最新理念，回应国家生态法治建设的现实诉求，以及契合民众最关切的对生态环境改善和生命健康安全保障的迫切期许。很显然，俄罗斯生态法典草案距离上述要求尚存在一定的提升空间。

法律的生命在于实施，生态法典的编纂和实施是非常严肃的社会法律实践，必须从根本上解决上述诸多实质性争议，才能使法典的社会实效性得以充分发挥。也正是基于上述的考量，俄罗斯的立法者和生态法学者曾经对存在诸多争议的有关生态文化、生态教育、生态安全、生态监控、生态强制保险和生态审计等的联邦法律草案进行了否决。上述法案之所以未获得通过的原因是，和现行法律相比，这些法案缺少建立和维护相应法律关系的实施机制，对生态法律关系主体的新兴权利、义务和授权类型，以及法律调整的对象和客体的认识尚存在学理上的争议和缺乏法律实施意义上的规范界定。如果存在争议的法律得以通过，将无法保障上述生态法律规范得以有效实施，对法律尊严的维护更无从谈起。

很显然，生态法典完全有别于普通法律规范，无论在形式上和名称上,抑或在内容上和质量上都是对已有生态法律规范的升华与超越。正因如此,生态法典实施的首要前提是一部高质量和高水准的生态法典的编纂。在俄罗斯看来,仅仅确立明晰的生态法典编纂的立法目标、编纂规划、具体任务和理论学说等还远远不够,这亦不应构成生态法典颁布实施的理由和前提。生态法典的颁布和实施是为了调整最重要的社会生态法律关系,重要的前提是制定出结构清晰、体系完备、指向明确、制度可行、广泛认同的法典文本。如果当下对法典文本尚不能形成广泛的社会共识,将无法保障未来生态法典实施的实效性和对法律尊严的维护,既然如此,生态法典是否被颁布和实施已经不是俄罗斯的当务之急,对生态法典草案做进一步的完善才是俄罗斯当下的务实之选。

二、俄罗斯生态法典化对中国的启示

在俄罗斯,生态法典编纂被视为生态立法“最深入的系统化形式”。也就是说,作为生态立法程序最终成果的生态法典,虽然对其编纂的必要性、内容和形式等尚存在不同的理解,但毋庸置疑的是,生态法典的编纂作为一种生态立法系统化的主要形式,必然会带来生态安全、自然资源利用和环境保护领域社会关系的深刻调整。俄罗斯生态法典编纂对中国至少提供了如下的启示:

第一,应根据生态法律规范的不同性质和不同调整领域,对相应的各个单行部门法领域进行编纂技术上的系统化处理。也就是说,根据生态法律规范系统化的方式方法,对自然资源领域、环境保护领域及其他领域的法律规范进行系统化整合,如在自然资源领域对土地资源、森林资源、水体资源、动物资源、矿产资源等法律法规进行系统化梳理。

第二,生态法典编纂必须确立明晰的立法目标、核心任务和基本的价值原则,并以此为基础确立法典的体例、架构与内容。在法典的体系化和系统化架构中,应该秉持人与自然“整体化”的思维,生态法律规范“有机化”的思想,不可将人与各个自然要素相互对立。

第三,以官方或半官方汇编的形式对不同领域的生态法律规范进行正式的系统性提炼和整合,是开启生态法典编纂的重要前提。

第四,在理论层面,必须对未来生态法典总则的基本条款进行初步研究,确定法典规范的基本方向和调整的重大问题。

第五，根据国家生态战略的规划、生态法治建设的基本方向及生态环境的突出问题和重点问题确定生态法典编纂的制度架构体系。

第六，编纂技术层面，生态法典编纂应确定环境法律规范的选择标准及选择范围，以及对国际法律规范、条约及其他国际组织规范性法律文件的适用和取舍。

第七，生态法典编纂的舆论准备。针对生态法典编纂之于生态保护事业的社会意义，以及生态保护的法律新机制之于维护国家生态安全的实践意义做好舆论引导，以便引起社会的广泛关注和公众的积极参与。

生态立法的法典化作为生态法制现代化实现的重要途径之一，应该说，生态法典编纂是生态法制建设最理想的体系化和系统化形式。但同时，生态法典编纂无论对法典编纂的技术要求、社会利益的重构调整，抑或对法典与社会实践的契合度等诸多方面都提出了巨大的挑战。在生态法典编纂过程中，一些法律门类和法律机制会在利益相关方的影响和驱动下失去作用。因此，原则上，生态法典编纂应当保留那些已经被证明的有效的法律机制和规范。

随着俄罗斯民主政治的发展、市场经济的不断深化，如何实现公共利益与私人利益的相互协调，如何实现在合理利用资源的同时，有效地对生态环境实施保护，无疑构成了推动俄罗斯生态法典编纂的重要社会前提。俄罗斯生态法典编纂虽历经数年，但时至今日，迟迟没能颁布实施。某种意义上讲，俄罗斯生态法典编纂是为“后工业社会”创制一种可以实现生态保护与经济发展双赢的法律规制新模式做出的大胆探索和谨慎前行。不仅如此，俄罗斯生态法典编纂的范例启示还在于，为世界各国提供了“将经济手段引入生态保护”生态法治理念革新的新尝试，为世界各国有效解决“现代性发展困境”提供了某种新思路。

第四章　哈萨克斯坦共和国生态法典：大胆尝试与先施先行

哈萨克斯坦共和国原为哈萨克苏维埃社会主义共和国，是苏联加盟共和国之一，1991 年 12 月 16 日宣布独立后更名为哈萨克斯坦共和国，现为独立国家联合体（以下简称独联体）成员国之一。目前为止，哈萨克斯坦是独联体成员国中最先，也是唯一一个正式通过生态法典的国家。

哈萨克斯坦是世界上最大的内陆国，横跨亚欧大陆，由于地处大陆，远离海洋，其气候特点属于典型的干旱大陆性气候。上述诸多因素赋予了哈萨克斯坦复杂且多样的生态结构，可谓是一个自然资源极其丰富与生态环境十分脆弱紧密交织的国家，因此哈萨克斯坦一直十分重视生态保护。

第一节　哈萨克斯坦生态法典制定的背景及历程

哈萨克斯坦与我国领土接壤，在生态禀赋、环境条件、资源结构等方面两国具有诸多相似之处，故此，哈萨克斯坦生态法典的建构理论与实践经验对我国环境法典的编纂具有重要的借鉴意义。除此之外，哈萨克斯坦作为我国“一带一路”框架下的重要的合作伙伴国家，目前，逾 3000 家中国企业落户哈萨克斯坦，成为努尔苏丹发展“互联互通”

的主力军,了解和遵守哈萨克斯坦的生态立法也是顺利开展经济活动的重要前提保障之一。

根据《苏维埃社会主义共和国宪法》第 73 条第 4 项规定各加盟共和国应当保障苏维埃社会主义共和国法律法规的协调统一,并以此原则为依据,苏维埃社会主义共和国和加盟共和国分别制定本国的立法。因此以 1991 年苏联解体这一重要的历史事件为时间轴,哈萨克斯坦生态立法进程可分为苏联解体前的两大阶段和苏联解体后的两大阶段。

一、苏联时期生态立法法典化的构想

苏联时期,哈萨克苏维埃社会主义共和国作为苏联加盟共和国,其生态立法法典化进程可分为两个阶段:

第一阶段(1917~1968 年)。根据苏联宪法的相关规定,哈萨克苏维埃社会主义共和国对合理使用自然资源问题给予了高度重视,为此,1918 年哈萨克苏维埃社会主义共和国成立了专门的自然保护委员会。在此阶段,随着社会主义经济建设的不断发展和人类利用自然资源广度的不断扩展,自然资源问题以及将自然资源按照各类型分别进行法律规制的需求日益迫切,为此,哈萨克苏维埃社会主义共和国通过了一系列有关保护和合理使用自然资源的法律。1962 年 4 月 16 日,哈萨克苏维埃社会主义共和国最高委员会主席团通过了《关于保护哈萨克苏维埃社会主义共和国自然界》的法令,该法令对国家矿产、水域(地表水和地下水)、森林、动物和鸟类、空气、土壤、稀有景观等规定了严格的生态标准,还颁布了关于利用自然资源及保护土壤肥力、森林、空气和水等自然要素的程序规定,以及捕鱼和狩猎应遵循生态规则的特别指导。

第二阶段(1969~1990 年)。按照国际自然和自然资源保护联盟的决议要求,哈萨克苏维埃社会主义共和国于 1978 年制定了珍稀和濒危动植物红皮书,并在这一时期制定了多项规范性生态法律文件以调整不同自然资源客体的利用和保护关系,如《大气保护法》《动物保护和利用法》等。在莫斯科举办的第一届全联盟大学科学与方法论会议上,苏联确定了环境保护法和自然资源法这两门学科课程,标志着环境保护和自然资源利用成为生态立法发展的两大方向。据此,哈萨克苏维埃社会主义共和国制定了《土地法》和《环境保护法》。1988 年苏联开始着手制定旨在保护生态环境的环境保护法典，但是由于各部门之间体制上不可调和的矛盾，苏联20世纪90年代前后面临的激烈和动荡的政治环境，以及政治及经济体制改革所带来的诸多社会矛盾凸显，生态法典的编纂工作被迫搁浅。

二、苏联解体后的哈萨克斯坦生态立法法典化进程

苏联解体后，哈萨克斯坦成立独立的主权国家，为了更好地对本国自然资源的合理利用和生态环境的有效保护进行法律规制，哈萨克斯坦重新开启了生态立法的法典化进程，这一时期的生态立法的法典化进程分为两个阶段：

第一阶段(1991～2003年)。1991年苏联解体后，为了与新生的共和国的国家生态保护要求相适应，哈萨克斯坦开始对本国的生态保护立法进行系统的规划和改革，及时对相关的立法进行立、改、废工作。

从1991年开始，哈萨克斯坦作为独立国家先后颁布了《土地法》《环境保护法》《特别自然保护区》《水法》《森林法》《关于动物界保护、再生和利用法》等法律。在颁布的土地改革、关于土地税、关于优先发展农村，农村和农业综合体、关于建筑与城市建设、关于居民的卫生防疫福利、关于个人住房建设、关于旅游、关于标准化和认证、关于运输等总统令中，以及《关于向合资企业，国际联盟和组织，外国法人和公民提供土地用以在哈萨克斯坦共和国境内开展活动的程序》等行政程序规则中都规定了相应的生态法律规范、生态标准和适用规则。

值得一提的是，1995年，哈萨克斯坦首次将环境保护作为本国立法总的指导思想付诸各个部门立法实践之中，随后又将其写入本国宪法："国家旨在保护有利于人类生命和健康的环境"，"隐瞒威胁到人类生命健康的事实和情况的官员应依法承担责任"(《哈萨克斯坦共和国宪法》第31条)，"哈萨克斯坦共和国公民应当保护环境并珍惜自然资源"(《哈萨克斯坦共和国宪法》第38条)。在哈萨克斯坦颁布的《关于动物界保护、再生和利用法》中，不仅确定了捕猎和渔业的组织和管理原则，同时还规定了相关的申请程序和实施条件，而且首次在立法层面上对保护、再生和使用水生及陆地野生动物作出了规定，以及提出了对相关动物的栖息环境进行保护问题。

1996 年哈萨克斯坦通过了生态保护领域第一部具有战略意义的《哈萨克斯坦共和国生态安全构想》，同时颁布了具有法律效力的《关于土地的总统令》《关于地下资源和地下资源利用的总统令》《关于石油的总统令》《关于环境保护的总统令》等行政令。《关于土地的总统令》主要规制土地关系以保障合理利用和保护土地、再生土壤、保护和改善自然环境、为所有经济形式的平等发展创建条件、保护公民和法人的土地权、建立和发展不动产市场、巩固土地关系的合法性。《关于地下资源和地下资源利用的总统令》解决了地下资源所有权主体、地下资源利用领域的执行机关职权、地下资源利用权和勘探开采许可、地下资源勘探开采合同、保护地下资源和环境等诸多问题。由于该总统令颁布时哈萨克斯坦正处于向市场经济过渡时期，因此该总统令没能涉及追究违反立法的地下资源利用者的责任、有关地下资源利用纠纷解决程序等与地下资源保护和合理使用相关的问题。这些问题均已在 2007 年颁布的生态法典中得到完善和补充。

第二阶段(2004 ~ 2017 年)。2003 年，时任哈萨克斯坦共和国总统的纳扎尔巴耶夫签署了《2004—2015 年哈萨克斯坦共和国生态安全构想》，在这份国家生态安全发展战略中，哈萨克斯坦确定了国家可持续生态发展的综合性措施，号召公民和社会组织积极参与到环境保护事业中，为此专门成立了自然保护组织——自然保护委员会。该委员会的任务是组织和协调生态安全科学机构，对涉及环境保护和生态安全保障的问题开展研究工作，动员公众积极参与到国家生态安全保障及环境问题解决的行动中来。

《2004—2015 年哈萨克斯坦共和国生态安全构想》为 2010 年前实现哈萨克斯坦社会的可持续发展确立了基本的生态标准，同时从立法上赋予这些生态要求和生态标准直接的法律地位和效力，在法律层面上对环境保护问题进行归纳总结和系统化，并将生态保护的国际标准推广到本国的生态安全保障和环境保护法律实践中。

2004 年 11 月 10 日，哈萨克斯坦共和国部门间特别工作组成立，标志着哈萨克斯坦生态法典制定工作正式启动。该工作组制定了生态立法改革构想以及确定了哈萨克斯坦生态法典草案的基本构成。哈萨克斯坦在制定本国生态法典过程中，采用了20多项不同国际组织的指导性和建议性文件、14项国际公约、近30项欧盟指令和外国法律法规，以《独联体国家生态示范法典》的原则和精神为基础，吸收200余部的哈萨克斯坦法律法规相关规定。经过哈萨克斯坦共和国环境保护部立法部门，以及法律专家和实务部门专家的共同努力，《哈萨克斯坦共和国生态法典》于2007年1月9日问世，截至2017年，已历经40余次修订和完善。

第二节　绿色发展与哈萨克斯坦生态法典的体例与内容

绿色发展是公认的实现可持续发展的重要途径，甚至是唯一的途径。当下各界对绿色发展理解不同，或将之看作新的产业经济部门，或是认为这是一项旨在协调"人与自然"和谐发展的生态新技术，或是将之视为未来经济社会发展的新模式。无论何种观点，都不排斥将绿色发展等同于经济结构调整、清洁能源发展和减轻对传统能源与资源的依赖。

一、哈萨克斯坦共和国的绿色发展战略与生态法典的"绿化"

为改变经济增长方式，2010年7月1日，在哈萨克斯坦召开的"第三届阿斯塔纳经济论坛"开幕式上，时任总统纳扎尔巴耶夫提出关于应对气候变化、发展绿色经济、落实全球能源生态战略的主张，提倡发展清洁能源、重视环保、改革经济结构和发展模式。此次演讲被认为是哈萨克斯坦从传统经济向绿色发展过渡的标志，此后哈萨克斯坦颁布了一系列发展战略和规划。2012年哈萨克斯坦发布了《2050年战略》，2013年通过了《哈萨克斯坦向绿色经济转型构想》、《2030年前哈萨克斯坦燃料能源综合体发展构想》和《2014～2040年哈萨克斯坦水资源管理国家纲要》。[1]

---

〔1〕 张宁：《简析哈萨克斯坦的绿色发展战略》，载《欧亚经济》2020年第2期。

自2010年提出向绿色经济转型后，哈萨克斯坦政府结合“2050年战略”，努力调整本国经济结构，发展创新产业，提高可再生能源比重，减少环境污染，降低对油气的依赖。哈萨克斯坦之所以如此重视产业结构的“绿色”调整，主要是基于哈萨克斯坦长期以来严重依赖能源出口这一单一的经济结构等客观实际。近年来，随着石油等传统能源市场的大幅度波动，对哈萨克斯坦的经济发展和社会就业造成极大影响，给社会稳定和社会风险的防范带来诸多隐患。大力倡导可持续发展，对于哈萨克斯坦而言，既是客观现实所迫，又是防患于未然的必然选择。

哈萨克斯坦的绿色发展战略根本实现途径是发展绿色经济，绿色经济作为可持续的循环经济，其核心是发展绿色环保技术，实现有效利用自然资源，提高自然禀赋的利用效率，增进社会经济增长，促进社会福祉的提高，减少社会不平等，避免子孙后代陷入生态危机的环境风险。哈萨克斯坦的绿色发展战略包括转变传统经济发展模式、改善环境管理体制、增加可再生能源生产和利用、积极应对气候变化危险、减少有害物及废弃物排放、提高资源利用效率和增加节能产品的研发等内容。

为落实绿色经济战略和实现绿色经济目标，哈萨克斯坦政府在制定生态法典时，着重关注七大关键领域的法律调整：

1. 可再生能源；

2. 住房和公共设施的能源利用效率，发展保温设备和设施，提高热利用率立法；

3. 农业中的有机农业，增加有机肥使用量，减少合成化肥和农药使用量，提高土壤肥力、水资源利用率和牲畜出栏率，发展农业机械化；

4. 加强废弃物管理，扩大垃圾填埋场规模，提高垃圾综合处理水平；

5. 改善水管理系统，节约用水，合理利用水资源；

6. 发展清洁运输，提高成品油标号，减少尾气排放；

7. 保护生态系统。

为实现上述目标，哈萨克斯坦确定了相关的10个重点行业，即农业、渔业、林业、住房和公共服务业、能源、加工业、旅游业、运输业、废弃物处理、水利。

哈萨克斯坦的绿色发展和绿色经济作为社会经济转型的重要举措,通过全方位的生态立法方式加以确定并赋予其相应的法律保障。哈萨克斯坦的绿色发展并不是简单地否定过去的经济生产方式和增长方式,而是对原有的经济模式的改进和升级。因此,以法律作为保障的绿色发展和绿色经济,不仅保持了哈萨克斯坦国家的 GDP 增长,增加了国民财富收入,同时,创造了更多的社会就业机会和大大地降低了环境风险对国民经济和社会发展的威胁。

二、哈萨克斯坦生态法典的体例及结构

《哈萨克斯坦共和国生态法典》在体例结构上可分为总则和分则,由九编、四十七章、326 条构成。《哈萨克斯坦共和国生态法典》吸纳了《哈萨克斯坦共和国环境保护法》《哈萨克斯坦共和国生态鉴定法》《哈萨克斯坦共和国大气法》等法律的内容,《哈萨克斯坦共和国特别自然保护区法》的内容没有被纳入其中,但仍保留其独立的法律效力。

(一)法典总则

《哈萨克斯坦共和国生态法典》总则部分由七编、二十七章、193 条组成。

《哈萨克斯坦共和国生态法典》第一编作为法典的总领篇,由 105 条构成。总则编规定了该法典涉及的基本概念和术语的法律解释(第一章第 1 条);确定了国际条约相对于该法典之间的优先适用关系,以及该法典相对于哈萨克斯坦其他环保领域法律法规之间的优先适用关系(第 2 条);明确了该法典的适用范围:用以协调在哈萨克斯坦共和国境内实施与自然资源利用和环境影响有关的经济活动和其他社会活动时所产生的环境保护、恢复和保存,自然资源使用和再生领域的关系,但该法典未规定的部分环境客体和特别自然保护区的保护和利用关系由哈萨克斯坦特殊法进行调整,其中包括该法典第 8、9 条列举的国家自然保护资源和特别自然保护区。该法典的第 5 条从多个维度规定了多达 15 项的生态立法基本原则,其主要以保障国家可持续发展和生态安全为要旨。譬如采用生态系统方法协调生态关系原则、预防环

境污染和造成其他任何形式的环境损害原则、环境损害赔偿原则、环境影响付费和许可原则、采用最佳生态清洁和资源节约型技术原则、将生产和消费废弃物作为再生资源优先使用原则、在通过实施决议时应当推定拟议经济活动和其他社会活动存在生态危险并承担环境影响评价和人类健康评价的义务等原则。

因哈萨克斯坦是一个以自然资源和矿产为主要财政支柱的国家，为了大力发展经济，近些年，哈萨克斯坦通过招商引资吸引了大批外国投资者进入本国资源领域从事开发经营，绝大多数的矿产地和石油产地被外国公司所掌控，因此在制定生态法典时特别提出在使用自然资源和对环境施加影响时，应确保国家利益这一原则。

除此之外，《哈萨克斯坦共和国生态法典》第一编明确了环境保护的客体（第一章第 7 条）、自然资源利用的概念，以及自然人和法人在人类日常生活中、经济活动和其他社会活动中对自然资源的利用和（或）对环境产生影响的界定问题。并将自然资源利用划分为两大类：一般性自然资源利用和特殊性自然资源利用（第 10 条）。同时对自然资源利用者做了法律上的界定（第 11 条）。按照自然资源要素种类，该法典分别对其特殊性自然资源使用权的产生基础及条件进行了规定（第 12 条），规定了自然人以及社会团体在环境保护领域的权利和义务（第二章第 13、14 条）；详细列出了自然资源使用领域的国家机关名录，并明确规定了国家和各级地方机关在环境保护和自然资源领域各自的职权（第二章和第三章）。

《哈萨克斯坦共和国生态法典》的第二编规定了生态法律制度。其中包括生态许可制度、生态标准制度、技术规制制度、环境影响评价制度、生态鉴定以及生态审计制度、国家管理温室气体排放和吸收。

在生态标准方面，《哈萨克斯坦共和国生态法典》规定了三类标准：环境质量标准、排放标准和自然资源利用和保护标准。排放标准是哈萨克斯坦最新确定的生态标准，其包括技术具体排放标准、最大允许排放和排泄污染物标准、生产和消费废弃物处理标准、允许施加物理影响标准（热量、噪声水平、振动、电离辐射等物理影响），其中技术具体排放标准是在引进最佳可行技术的基础上，针对具体工艺和行业的技术规定制定的。上述标准是发放综合性生态许可证的依据。生态标准与第八章的排放许可共同构成生态许可制度。除上述标准外,还针对个别地区(住宅区、特别自然保护区、休闲区、沙漠和半沙漠地区)制定了环境质量指标,其质量指标是指在考虑到逐步提高环境质量需要的情况下,在一定时期内环境标准化参数的最大值。其目的是让哈萨克斯坦整体环境逐渐符合环境质量标准。

《哈萨克斯坦共和国生态法典》第 32 条对生态标识提出了要求,这是个很有特色的规定。生态标识是生产者在自愿的基础上标记的生态清洁产品符号,是指产品符合标准,证明其生产对环境、居民健康和生物资源造成有害或不良影响程度是最低的。确定产品是否符合环保要求的名录和程序由技术规范立法确定,该法典对此没有作出规定。

《哈萨克斯坦共和国生态法典》详致地规定了环境影响评价的程序,按照评价的重要性和完整性对环境影响评价客体进行了分类,为此,将经济活动和其他社会活动按照生产客体的卫生等级划分成了四类,同时直接详细列举了活动的具体类型(例如,勘探和开采矿产活动属于第一类;所有类型的自然资源利用和特殊性水资源利用属于第二类等)。该法典将生态鉴定分为国家生态鉴定和社会生态鉴定,其中规范性法律法规也成为生态鉴定客体,并对社会生态鉴定的程序和技术进行了规范。

《哈萨克斯坦共和国生态法典》可圈可点之处还在于,该法典确定了实施生态审计的程序,将生态审计分为强制性生态审计和自发性生态审计。在自然人和法人实施的经济活动和其他社会活动对环境造成大规模损失的情况下,以及从事生态危险类型的经济活动和其他社会活动的法人——自然资源使用者进行重组或破产的情况下,应当进行强制性生态审计,对实施生态审计的各阶段具体活动作出了极其详细的规定。

《哈萨克斯坦共和国生态法典》第三编主要规定了环境保护和自然资源利用的经济协调机制以及生态损失经济评估。该法典还对环境保护的经济管理体制和生态保护的市场机制运用等进行了规定。其中包括:环境排放配额的市场机制和销售机制,环境排放付费制度(由税法规制),生态保险制度,自然资源有偿使用制度。

《哈萨克斯坦共和国生态法典》第四编对生态监督问题作出了全面的规定。整个法典的第十二章详尽规定了在环境保护,自然资源保护、再生和利用领域的国家监督概念,根据自然资源类型将国家监督进行的分类等。

《哈萨克斯坦共和国生态法典》第五编主要是关于生态监测和生态清查(针对自然资源、消费和生产废弃物、有害物质和放射性废弃物、向地下资源排放污水),国家评估温室气体排放和吸收系统,生态信息(明确定义、国家对污染源的排放和转移进行登记、建立国家生态信息库和国家生态图集、获取国家生态信息等),国家对污染土地的强制性登记等的规定。该法典第十八章确定了自然资源清查的统一要求,其中第149条规定了哈萨克斯坦共和国应创建和管理哈萨克斯坦共和国自然资源国家清查统一系统。该清查系统是各行业部门之间的信息系统,将哈萨克斯坦共和国所有类型的国家清查一体化,以保障对哈萨克斯坦的自然潜能和经济潜能实施统一的、综合的核算与评估。

《哈萨克斯坦共和国生态法典》第六编规定了生态紧急情况区和生态灾难区。对生态紧急情况区和生态灾难区概念、界定标准和启动程序做出界定,同时确立了生态紧急突发状况发生时的相关启动、管理的应急机制。对生态紧急突发事故及生态灾难可能造成的生态损害赔偿问题和生态监测问题,以及解除生态紧急状态及违反生态紧急状态的责任制度作出了规定。

《哈萨克斯坦共和国生态法典》第七编对学校生态教育和公众生态教育、生态科学研究、环保领域的国际合作进行了详细规定。对国际生态标准的宣传、环保部门对采用国际生态标准的自然资源使用者的监察、环境保护经济激励机制的完善,以及鼓励自然资源使用者采用国际环保标准规定了具体的措施。

(二)法典分则

《哈萨克斯坦共和国生态法典》的分则用20个章节对在开展经济活动和其他社会活动时应遵守的一般性生态要求作出了规定。针对各种活动类型(设计和建造居民区,安置、建造和重建企业、设施和其他客体，使用工业客体、电力客体、交通通讯客体、农业和土壤改良客体，生产和使用汽车以及其他交通工具，安置原子能发电站、热能发电站和水力发电站，军事、国防和军事活动，使用自然资源）分别进行了一般性生态规定；对保护各自然综合体和客体（臭氧层和气候、大气、土壤、地下资源、森林、植物和动物、水体）领域的关系进行了规范调整；并针对珍稀和濒危动植物、特别自然保护区、里海北部的利用与保护进行了规制。

此外，《哈萨克斯坦共和国生态法典》针对以下活动提出了具体的生态要求：放射性材料和原子能的使用；生产和使用潜在生态危险化学品、生物物质转基因产品和生物制品；产品生产和消费废弃物的处理、填埋和贮存；放射性物质的填埋和贮存；产品生产和消费废物处置的所有权；国家对温室气体和消耗臭氧层物质排放活动的管理。

《哈萨克斯坦共和国生态法典》还明确了生态违法责任和生态纠纷解决机制。

第三节　哈萨克斯坦生态法典的问题及启示

哈萨克斯坦生态法典对本国的绿色发展战略和传统发展模式转型给予了立法上的回应。根据《BP 世界能源统计年鉴 2019》的数据，作为资源输出大国，依照现有勘探储量和开采水平（储采比），哈萨克斯坦的石油资源未来还可开采 40 年，天然气可开采 50 年，煤炭可开采 360 年。故此，哈萨克斯坦如果不能在能源枯竭前做好准备，这将意味着哈萨克斯坦未来会面临重大的生态安全风险，故此，采用法典的方式对既有的发展模式进行全面的调整，也是立足当下，顺应未来发展之需。

一、哈萨克斯坦生态法典的特色

《哈萨克斯坦共和国生态法典》作为世界上最早以“生态法典”命名的生态立法，从其名称本身就可以看出，这是一部集污染治理、资源可持续利用、环境保护、清洁生产和环保技术开发，以及新能源利用于

一体的、综合性调整的立法规范。概括起来,哈萨克斯坦生态法典有如下几个特点:

第一,将自然资源开发和利用权视为国家利益的一部分加以捍卫。哈萨克斯坦经济结构单一,能源与资源开发和输出成为其主要的经济支柱,在积极吸引外国投资进行资源开发的同时,生态法典将资源主权的捍卫作为重中之重予以确立。

第二,将"可持续发展"理念作为整部法典的立法精神,在满足当代人开发及利用资源的同时,照顾到合理且公平地满足未来世代子孙在自然资源利用方面的需求。

第三,积极服务于国家的"绿色发展"的经济结构转型,助力于可持续的、有序的消费和生产发展模式建构。

第四,将"风险预防"及"谨慎原则"贯穿立法之中,限制、预防任何可能给环境或人类健康造成损害和损失的物质和活动跨境转移,同时对可能对环境造成不可逆转或严重损失的威胁规定了严格的预防措施。

第五,关注生态法律实施的实效,就环境保护国家机构之间活动的协作性、协调性和公开性做出统筹规划。

第六,关注社会生态文化和生态教育建设,注重对民众,特别是国家相关机构负责人和相关从业者的生态启蒙和教育。

第七,关注生态立法之间的协调。生态法典对现行生态立法中基本法与各单行法所调整关系的法律效力和适用规则进行明确,以弥补生态法典调整范围之不足。

第八,注重与国际条约接轨,吸收欧洲和国际先进立法理念和采用先进的国际标准,突出国际条约相对于哈萨克斯坦生态法典有优先适用的法律效力。

第九,通过对法律术语的精准解释,避免了法律适用上的不确定性和歧义。

二、哈萨克斯坦生态法典编纂对中国的启示

哈萨克斯坦生态法典的制定以世界第四次工业革命浪潮为国际背景。哈萨克斯坦生态法典的制定立足本国国情,把调整本国的工业化

优先方向，放弃“夕阳产业”作为经济结构转型和绿色发展的基本立法目标。《哈萨克斯坦共和国生态法典》自 2007 年颁布以来，进行了不断的补充和完善。2012 年之后，《哈萨克斯坦共和国生态法典》修订同国家“2050 年战略”紧密结合，做了大幅度的调整，以适应哈萨克斯坦未来绿色发展战略之需。

哈萨克斯坦是中国建设“一带一路”的重要合作伙伴国。早在 2017 年，中国原环境保护部、外交部、国家发展和改革委员会、商务部四部委就联合印发了《关于推进绿色“一带一路”建设的指导意见》，原环境保护部发布《“一带一路”生态环境保护合作规划》。而哈萨克斯坦的“2050 年战略”，其总目标是确保哈萨克斯坦在 2050 年前进入世界前 30 个发达国家行列。根据哈萨克斯坦“2050 年战略”要求，哈萨克斯坦将采用全新的自然资源管理体系。首先，能源市场在保持以碳氢化合物为主体的同时，发展可替代能源和可再生能源，积极引进太阳能和风能技术，到 2050 年可替代能源和可再生能源在全部能耗中所占的比重大于 50%；其次，提高土地利用率，将土地租赁与技术和资金投入相结合，努力发展节水农业，争取 2030 年前 15% 的农业灌溉采用节水技术。此外，发展技术密集型产业，争取在 2030 年前国家经济结构以加工业为主，2030 年后以技术密集型产业为主。

中哈两国作为近邻，生态体系交叉，面临的环境风险相似，在生态保护和绿色发展立法领域，中哈两国存在广阔的合作和相互借鉴的空间。哈萨克斯坦的生态法典的制定至少可为我国生态法典的制定提供如下启示：

第一，生态法典的制定要缜密筹划、化解争议、目标明晰、重点突出、勇于尝试、哈萨克斯坦在制定生态法典时，经过数十年的筹划，尽管争议颇多，但还是在世界范围内率先通过了第一部“生态法典”，很好地解决了学术界多年以来“资源立法”与“环境保护立法”体系上的分庭抗礼。生态法典的规范领域不求大而全，而是将国家和社会发展的方向性和关键性的核心问题作为法律调整的重点加以确立。

第二，生态法典制定无法毕其功于一役，必须渐进发展和逐步完善，不可急于求成。随着新技术的突飞猛进和社会生活的深刻调整，法律的调整必须要与瞬息万变的社会发展相契合。《哈萨克斯坦共和国生态法典》自颁布以来,几乎每隔几年就出台几部修正案,以适应社会发展和国家发展战略之需。自 2007 年至 2017 年,在《哈萨克斯坦共和国生态法典》颁布的 10 年间,已经经历 40 余次的修订和完善。

第三,生态法典的制定要立足当下突出问题,更要关注未来社会发展总趋势。传统观念认为,哈萨克斯坦是一个标准的资源输出型国家,生态法典应该更多地围绕“资源的可持续利用”而设计。然而从哈萨克斯坦生态法典的内容来看,该法典更多地突出了对未来清洁生产和环保新技术的应用,以及新能源对传统能源的替代。甚至,哈萨克斯坦将国家的未来定位为绿色发展和技术创新型发达国家。

第四,生态法典的制定应抛弃狭隘民族主义羁绊,大胆吸收和借鉴国外和国际生态立法的前卫理念、创新思想、先进规则和标准,以适应国内生态立法与国际生态立法“一体化”发展的未来趋势。哈萨克斯坦在制定生态法典时,充分借鉴和吸收了欧盟指令、国际条约、国际组织规范性文件和外国法律法规的先进经验,为本国环境污染治理、能源高效利用、环境保护改善、核与辐射安全规范,以及生态环保科技创新能力的加强提供了源源不断的智力支撑,是哈萨克斯坦生态法典的“国际品性”打造的动力之源。

第三编　生态示范法典编

第五章　独联体国家生态示范法典：协同与统一

独联体是由苏联加盟共和国中除波罗的海三国（立陶宛、拉脱维亚、爱沙尼亚）之外的12个加盟共和国组成的。2005年土库曼斯坦从会员国变为联系国，2009年格鲁吉亚因格俄武装冲突退出独联体，2014年乌克兰启动退出独联体进程，2018年4月12日乌克兰宣布退出独联体，截至2020年12月，独联体共有9个成员国。独联体既不是国家，又不是超国家实体，也不享有凌驾于国家之上的权力，仅作为从苏联独立出来的主权国家之间为避免冲突和加强合作的协调机构，总部位于白俄罗斯首都明斯克。

独联体是迄今为止幅员最大的国家集团，总面积达2166.44平方千米，占世界陆地面积的1/6，相当于另一个国家集团——欧盟面积的7倍之多。独联体成员国家自然资源禀赋丰富，生态结构类型化和区域性特点突出，对自然资源保护和全球环境改善贡献巨大。

第一节　独联体国家生态示范法典制定的背景及历程

私法一体化是独联体成员国构建的国家联盟在立法领域中优先实现的重要目标之一。由于独联体成员国之间幅员辽阔，在经济、科技、宗教和文化方面联系紧密，作为苏联的共同成员国彼此间有着共同的历史记忆和地缘政治上的利益纠葛。苏联解体后,要实现后苏联空间的和平、协作与发展,必然要求其私法领域的协同和统一。独立国家联合体本质上是区域性国家联盟,“一体化”的发展和融合是独联体国家未来建构的重要方向,实现独联体国家立法上的内部统一和协调是实现独联体“一体化”发展的重要举措。

一、独联体国家生态示范法典建构的法律基础

由于独联体各成员国作为主权国家在司法主权上相互独立,在协调独联体成员国协同发展方面可以采取的最重要的步骤就是起草和推行私法示范法。

在独联体成员国示范法运动中,示范立法可以分为两类:示范法典和示范法律(示范法)。二者的不同之处在于前者调整范围更为广泛且立法技术更为体系化,而后者主要是针对某具体类型的社会关系进行法律调整的立法,调整对象相对要单一些。二者的共同点在于都是具有推荐性的立法文件,不具有强制约束力,但是由于二者都是由独联体成员国特别是俄罗斯的法学家们长期进行研究而起草并经议会间大会正式通过的,所以具有极高的学术价值和参考意义,[1]而且独联体成员国为示范法的内国建立的使用、监督和完善的机制,对独联体成员国的国内立法具有重要的借鉴意义。到目前为止,独联体国家已经制定了独联体民事示范法典、水法示范法典、税法示范法典、生态示范法典、土地示范法、破产示范法、社会组织示范法、国家知识产权权利实现示范法等。

生态保护全球性的特征和生态结构区域性的特点决定了独联体国家制定统一的生态法典的必要性。苏联时期,由于该地区作为统一的国家存在,在生态、环境、自然客体及人类生命健康保护和质量提升方面具有统一性的国家立法保障。苏联解体后,这种生态、环境、资源与人体健康一体保护的立法结构被打破,加之各个独立国家之间为争夺领土、资源和环境的局部冲突不断(如阿塞拜疆与亚美尼亚围绕纳戈

---

〔1〕 张建文:《面向人权保障的国有财产立法——〈独联体成员国示范国有财产法〉述评》,载《中国不动产法研究》2019 年第 1 辑。

尔诺—卡拉巴赫地区的争夺，摩尔多瓦与要求独立的德涅斯特河沿岸地区武装冲突，格鲁吉亚对南奥塞梯和阿布哈兹地区的武装冲突等），在此情境下，制定一部遵循自然规律和环境容量限度利用、安全和可持续利用自然资源、互利合作应对区域环境问题、平等协商解决自然资源利用争端及共同维护区域生态安全的生态示范法典对独联体各个成员国显得尤为必要。

由于独联体各成员国的生态地缘空间相互交叉，多年来该地区在区域性生态安全保障和生态保护等国际事务上一直协同合作，在生态法治建设领域中获得较多共识，这些共识大多以“生态示范法典”的形式确立下来。作为国际组织立法的常用形式，生态示范法典在独联体生态保护和生态安全保障方面起到了重要的统一和规范作用。

制定统一的独联体生态示范法典的法律基础是1991年12月8日独联体成员国签署的《关于建立独联体协议的议定书》确立的各成员国在环境保护领域的合作基本框架和协调机制。根据该议定书第7条规定，参与建立一个全面综合的国际环境安全体系属于独联体各成员国在平等基础上、通过共同协商机制开展联合活动的领域。独联体生态示范法典不仅对其各加盟共和国生态立法编纂工作具有举足轻重的指导性作用，在经济全球化和国际区域经济一体化快速发展的当下，更是解决区域间生态问题的立法典范。

独联体生态示范法典的编纂工作由成员国国家间议会大会主导和负责。成员国国家间议会大会是独联体国家进行统一立法并向各成员国议会提供建议的国家间机构，由独联体各成员国立法机构参与组成，大会的立法成果体现了“后苏联空间”的综合特征以及求同存异的实践诉求。截至目前，在环境保护、自然资源利用制度、国家生态标准过渡机制等方面成员国国家间议会大会通过了20余项示范立法。

二、独联体国家生态示范法典制定几个阶段

独联体各成员国以生态示范法典的原则和精神为基础，在各自国内制定了与之配套的生态法典（法律）具体落实业已达成的各项共识，充分体现出生态示范法典的总领性、指导性功能，为成员国间开展生态立法合作提供了基础性法律遵循。

值得说明的是，到目前为止，独联体生态示范法典无论在时间意义上，或者在立法创制意义上都是全球范围内区域生态立法法典化最具创新性的典范。其对实现和促进独联体成员国立法的统一化目标和独联体一体化发展起到了重要的促进作用。作为“后苏联空间”的独联体国家彼此间有着共同的历史记忆，同时也存在不同国家和民族之间差别性的双向互动。“独联体”正是“后苏联”复杂意涵下的综合产物，既是其空间意涵的具体载体，也是其时间意涵的历史见证，还是共同发展的协作平台。[1]

独联体国家生态示范法典的编纂历程可分为两个阶段：

第一阶段（2005 年以前），独联体国家间议会大会的系统化立法活动主要致力于将独联体成员国中的涉及同类的资源利用社会关系、环境保护社会关系及其他生态法律关系的法律规制进行趋同化整合。例如，颁布了《独联体加盟共和国地下资源和地下资源利用示范法典》、《独联体加盟共和国森林法典》、《独联体加盟共和国土地法典》、《关于生态安全示范法》、《关于生态保险示范法》及《关于生态信息准入示范法》等。

第二阶段（2005 年以后），为完善成员国在内国法一体化和趋同化领域的合作，规范和完善成员国国家间议会大会的示范法立法活动和制订立法规划，提高示范立法的科学水平，2005 年 4 月 14 日独联体成员国国家间议会大会通过了《2005 年至 2010 年独联体国家立法示范立法和趋同化的前瞻性计划》。同时依照该计划制定了《独联体加盟共和国水法典》、《公民遭受辐射污染和核试验的社会保护法》、《生产和消费废弃物法》以及《生物安全法》等。在上述大量环境保护和合理使用自然资源方面的规范性法律法规的基础上，独联体国家开始了生态示范法典的编纂工作，分别于 2006 年和 2007 年对生态示范法典的总则部分和分则部分进行了系统化、体系化编纂。依据《独联体国家生态示范法典》的原则及体例，独联体成员国哈萨克斯坦已编纂并颁

---

[1] 许鹏、袁杰：《论后苏联地区公民爱国主义教育的法律遵循——以独联体〈爱国主义教育示范法〉为视角》，载《西南石油大学学报（社会科学版）》2020 年第 1 期。

布了其生态法典,而白俄罗斯、俄罗斯也据此编纂了本国生态法典,正在提交议会审议和通过。

第二节　独联体国家生态法典的体例与主要内容

一、独联体国家生态示范法典的体例

《独联体国家生态示范法典》体例结构上分为两编、二十八章、135条。该法典开篇明意:本法典用以调整自然资源使用领域,环境保护和生态安全保障领域的生态法律关系,明确了各国家权力机关和国家行政区划的主体国家权力机关在生态领域的职权、自然人和法人在生态领域的权利和义务,以及生态立法的违法责任。

该法典将三组密不可分的社会关系确立为生态法典规制客体:(1)环境保护领域的社会关系;(2)人类生态安全保障领域的关系;(3)自然资源保护、合理利用和再生领域的社会关系。

二、独联体国家生态示范法典的内容

(一)总则部分

《独联体国家生态示范法典》总则部分由12章58条组成。主要规定了如下内容:

1. 基本概念术语的解释。该法典对涉及生态领域的独联体国家生态示范法典中最重要的概念和术语进行了系统化梳理和解释,且提出了一系列新的概念(第一章第1条)。

2. 立法原则的体系化。该法典将分散在诸多独联体国家生态示范立法中的原则进行归纳和总结,使之更加体系化(第二章第2条)。

3. 明确适用范围以及与其他部门法、成员国法及国际法的关系。该法典明确了生态示范法典的适用范围、生态法典和其他部门法之间的关系(第二章第3、4条);确定了生态关系客体、主体、时间和空间效力、国家生态政策的基本方向、独联体国家各加盟共和国国内生态立法与国际法相关规则的关系(第二章第5~9条)。

4. 确定了生态保护的国家义务及社会权利。该法典主要对生态领域国家机关的职能进行划分（第三章），对公民、社会组织、社会运动、政党和其他非商业组织在生态领域的权利和义务作出了明确规定（第四章）。

5. 生态保护的国家规划及制定程序。该法典规定了制定有关合理利用自然资源、保护环境和生态安全保障的国家规划及其制定程序；规定各成员国应以基础及应用科学研究为基础，制定本国家的生态安全、社会经济可持续发展规划。其经济活动和其他社会活动对环境、人类健康造成损害和对生态安全构成威胁的法人也应当计划、制定和实施生态安全保障措施（第五章）。

6. 对生态标准制度、生态许可制度、生态要求、环评及生态鉴定的规定。该法典规定了生态标准制度和生态许可制度（第六章），分别对实施经济活动和其他社会活动的秩序做出要求，对制定有关建设、改建、暂停、停止不同经济活动和社会活动客体的项目，以及在建设、投入使用和停止使用该客体时应当遵守的生态要求进行了规定（第七章）。同时规定了环境影响评价制度和生态鉴定的目的、适用范围及其原则（第八章）；对生态监督的任务和类型（国家生态监督、生产生态监督、社会生态监督）进行了规定，并分别对三种类型的生态监督实施者的权利和义务以及其监督结果的效力作出了规定（第九章）。

7. 生态保护的经济手段和科学研究。该法典对保护生态安全的经济制度和促进经济活动和其他社会活动生态化的经济手段进行了规定，确立了生态审计制度和生态保险制度的具体内容（第十章）。同时鼓励在环境保护和生态安全保障领域开展科学研究活动（第十一章）。

8. 开展生态文化教育。该法典还专章对生态文化、生态启蒙的构建、法律规制原则、相关专家和组织负责人的培养进行了规定（第十二章）。这是构成该法典的重大特色之一。

（二）分则部分

《独联体国家生态示范法典》分则部分由16章77条组成。具体内容如下：

1. 基本概念的补充及生态安全特殊保护领域的基本要求。该法典分则对在示范法中使用的基本概念作出了补充。对在从事以下活动时应当遵守的环境保护和生态安全保障要求作出了规定：(1)在生产、处理和利用危险化学物质时；(2)在农业和林业中使用化学物质时；(3)在生产、处理和利用危险生物物质时和在生物作用时；(4)在使用放射性物质和核材料时；(5)在产生不良物理影响时。同时规定了在规制气味影响领域应当遵守环境安全标准的要求，并要求独联体国家按照统一原则对危险化学物质和生物物质实行国家注册和审计(第十三章第59条)。

2. 环境检测及自然客体保护。该法典确立了国家环境监测制度(第十四章)，又分别规定了土地资源、地下资源、地表水、空气、气候、大气臭氧层和近地宇宙空间、森林和其他植被、动物群免受不良影响的法律保护制度(第十五章至第十八章、第二十二章至第二十四章)。

3. 环境保护和生态安全保障领域的技术规制及环境许可证。该法典对环境保护和生态安全保障领域的技术规制进行了规定，其中包括其目的和原则、标准、确立合格的秩序、生态包装和国际标准的采用(第十九章)。同时，对环境影响综合许可制度进行了规定，规定应向自然资源使用者颁发综合许可证，其中包括根据最佳可行技术确定的向环境排放和排泄污染物质、废物形成和能源消耗的标准以及技术标准；对正处于自然保护措施开展阶段的自然资源使用者实施向环境排放和排泄污染物质、废物形成和能源消耗的配额制度，并对配额制度的有效期和履行条件作出了严格规定(第二十章)。

4. 生态税及自然客体的特别保护。该法典规定了环境影响付费制度，其中包括生态税制度(第二十一章)。对处于特别保护制度下的自然客体的保护措施、划分标准、保护制度，以及濒危动植物和其他生物体的保护作出了规定(第二十五章)。

5. 生态法律责任。该法典规定了预防和制止生态法律违法和生态犯罪的法律保障制度，通过列举的方法将生态违法和生态犯罪进行了明确界定，并规定了造成环境损害应当承担的责任类型、生态损害赔偿制度和生态纠纷解决机制(第二十六章)。

6. 生态保护的国家间及国际合作。该法典对生态领域的国际合作原则,国际生态公约、协约与独联体国家生态立法的关系,生态领域的国际协约在独联体国家生效的程序进行了规定(第二十七章)。同时确立了该法典的法律地位和生效时间(第二十八章)。

第三节　独联体生态法典的特点及启示

一、独联体国家生态示范法典的特点

独联体作为苏联解体后替代后苏联空间的国际性组织,其通过的具有高度统一化的《独联体国家生态示范法典》超越了不同国家间历史和文化差异、主权和治权的羁绊,化解了多元利益分歧,凝聚了最大共识。正基于此,《独联体国家生态示范法典》在独联体各成员国的接受度非常高,各个成员国据此积极推进本国的生态法典的立法进程,促进了该法典立法精神在独联体各个成员国的有效贯彻和落实。《独联体国家生态示范法典》无疑已经成为国际区域生态保护和生态安全保障领域最具有代表性的生态立法,对促进区域生态立法协同和实践具有重大意义,为国际区域间生态立法和生态保护的务实合作提供了重要的参照和借鉴。《独联体国家生态示范法典》在法律性质和内容指向上有三大特点。

首先是前瞻性。从目前的国际生态立法的趋向上看,无论是在立法精神、立法目的、基本原则和制度,抑或是在模式建构等方面,"趋同化"都已经成为生态立法的主要趋势,即国际生态立法与国内生态立法的趋同、区域间生态立法的趋同,以及国家间生态立法的趋同。《独联体国家生态示范法典》不仅是对国际社会"生态立法"未来发展趋势的契合,也是对全球化以来"环境问题"全球性爆发在国际区域立法上的积极回应,从而为人类后疫情时代在涉及全人类重大生存安全共同威胁方面的全球共识的达成提供了前瞻性的尝试和探索。

其次是协同性。从《独联体国家生态示范法典》的内容来看,该法典规定了独联体成员国的公民、法人、商业组织、社会团体、政党和其他非商业团体在生态领域的权利和义务,同时规定了独联体成员国及其

国际合作组织制定环境保护领域和生态安全保障领域标准制度的基本原则和基础，体现了该法典在独联体成员国生态保护领域的统一规范的法律地位，为协调各成员国贯彻该法典的立法精神确立了基本原则，有利于该法典的实效性的传播、接受和落实。

最后是法律弹性。生态示范法本身作为国际组织立法的主要形式，往往很难通过强制约束力发挥效用，而只能以倡议、建议性条款方式借助激励措施进行推广，这使其本身便具有一定的弹性空间；同时，“后苏联”的独联体成员国们在出现纷争和歧见时大多因各自独立的主权国家身份而不讳以公开化的形式展开斗争，且不同国家间的现实国情差异较大，必须赋予该法典一定的弹性来帮助各国变通实施配套政策，否则难以达成一致，获得共识。

《独联体国家生态示范法典》因独联体国家共同的政治、历史和文化经历而获得高度的认同度，基本实现了立法精神所预期的收效。

二、独联体国家生态示范法典对中国的启示

《独联体国家生态示范法典》除了上述特点之外，在立法理念、体例结构、立法技术、逻辑体系等方面具有如下可圈可点之处，这些“优点”恰恰为目前我国环境法典的编纂提供了可借鉴之处：

1. 法律术语解释精准，避免了法律适用在立法技术层面的冲突。生态立法中涉及大量的科学和技术术语，如何将这类专业术语转化为法律语言，这是避免法律适用过程中由于立法技术问题人为产生歧义冲突之根本。该法典开篇明确定义了相关技术术语的法律内涵，从根本上避免释法冲突。

2. 系统梳理、提炼和整合，体例结构系统化和体系化突出。《独联体国家生态示范法典》是在独联体国家在环境保护领域的各单行示范法的成果之上系统梳理、提炼和整合编纂而成，不仅解决了各单行示范法之间互相冲突、法律适用不明等问题，而且对各加盟共和国的立法发挥着重要的示范、指导、引航的作用，因此在内容方面更加注重规范的体系化、各项制度的原则和要求的协调性，将各项制度的核心理念系统化、概括化，避免法典制定上的顾此失彼。

3. 关注生态立法与其他部门法之间的协调和联动。《独联体国家生态示范法典》在调整相关生态法律关系时，充分关注和衔接了其他法律部门诸如民法、财政法、金融法、刑法、行政法等的相关规定，从根本上避免了不同法律部门在适用法律规范上的竞合与冲突。

4. 立法体例脉络逻辑严谨、简洁明了，体现了规范主义的传统立法特质。《独联体国家生态示范法典》采取“编—章—条”的编纂体例，立法思路简明清晰，在总则部分中对立法目的、立法原则、概念阐释、职权划分等基本问题做出清晰阐释，对生态规划、生态标准、生态要求、环境影响评价制度和生态鉴定等基本制度和工具做出原则而细致的规范；在分则部分对纷繁复杂的自然客体除了做类型化的区分，同时针对不同自然客体的种属关系进行高度的抽象和概括，既避免了内容规定上的挂一漏万，又避免了立法结构包罗万象的“大杂烩”弊端。

5. 吸收国际先进理念，与国际接轨。独联体作为区域性国家间组织，在环境保护方面特别注重国际合作和国际公约与协约的适用，以及国际标准的采用。在内国立法与国际公约、协约发生冲突时，优先适用后者，此种做法有利于吸收国际先进的立法理念及立法技术上的与时俱进。

第四编　综　合　编

第六章 瑞典环境(生态)法典化的实践:框架性编纂与授权立法

瑞典是欧洲乃至世界最发达的国家之一。它不仅具有良好的自然环境,而且也有着在世界各国中比较完备的环境法律制度。[1] 瑞典环境立法在经历了从单行法逐步体系化的发展之后,环境(生态)法典化运动提上议事日程。最终 1998 年瑞典颁布了《环境法典》,该法典被认为是"世界上第一部具有实质编纂意义的环境法典"。因此,考察瑞典环境法法典化的历程与特色,对我国研究制定环境法典具有借鉴意义。

环境法典构成了一项框架立法,这是瑞典将环境政策原则转化为实际行动的关键工具。这意味着其规则通常不会为各种操作规定极限值,并且在各种利益之间取得平衡时也不会进行详细的说明。中央政府机构在环境部门(如瑞典环境保护局和国家化学检验局)发布的法规中通常会更具体地规定这些规则。

环境法典的立法目的是促进可持续发展,这将确保今世后代获得健康、健全的环境,它适用于对实现可持续发展目标具有重要意义的所有活动或措施。实现可持续发展的总体目标是保护人类健康、保护生物多样性、最大限度地利用自然资源以确保可持续利用,以及保护自然和文化环境。这些都与环境法典的目标紧密相关。该法典的规则适用于所有做出可能危害人类健康或环境,破坏自然或文化环境或破坏生

[1] 王灿:《瑞典环境法典的体系及其借鉴意义》,载《中国环境管理》1995 年第 5 期。

物多样性活动的人，也适用于对自然环境造成的各种影响，无论大小。该法典适用于住房环境和建筑环境以及公众可以进入的所有其他地方，包含与诸如污水处理系统、堆肥、"病房"和热泵、机场、火力发电厂和纸浆工业等多样化活动有关的规定。该法典涵盖的所有运营和措施都必须追求可持续发展目标，并遵守其规定所确立的共同考虑规则。

凭借其相关的条例和规则，环境法典涵盖了非常广泛的领域。该法典的规则体系中总共包含数千条规定，对环境犯罪的大多数处罚都收集在环境法典中。除处罚外，还包括对更具体的行为处以罚款。罚款由监管机构决定，但可以向法院上诉。如果经营者继续实施制裁措施，监督机构就有可能决定增加制裁费用，制裁收费是对违反环境保护规定的行为作出迅速反应的有效手段。

第一节　瑞典环境法法典化的背景及历程

一、瑞典环境立法的发展历程

瑞典的环境立法总体上可以分为以下三个发展阶段。

在 20 世纪 70 年代之前的初步发展阶段，环境立法的关注领域历经了人类健康保护、自然资源利用以及污染防治的变迁。例如 1874 年的《公共卫生条例》，20 世纪上半叶的《森林法》、《水法》、《渔业法》以及 1969 年重点关注污染防治的《环境保护法》。

瑞典环境立法的繁荣时期始于 1972 年斯德哥尔摩联合国人类环境会议，环境问题成为国际关注的一个政治问题。几十部环境法律和几百个政府条例的颁布，以及早期立法的更新，使瑞典于 20 世纪 90 年代初逐步形成了完整的环境法体系。此时，瑞典的环境立法虽然已经相当完善，但仍然存在一些明显的不足。

直至 1992 年里约热内卢联合国环境与发展大会之后，瑞典环境立法才正式进入了法典化阶段。1992 年联合国环境与发展大会后，可持续发展原则被国际社会广泛接受，1997 年的《阿姆斯特丹条约》将可持续发展原则确立为欧盟的一个主要目标，欧洲各国开始将该原则转化为具体的措施和行动。[1] 瑞典国会在1998年锁定的新的国家环保战略目标,也成为后来制定环境法典的基本前提。

二、瑞典环境法法典化的原因

探究瑞典环境法法典化的根源,除了大陆法系法典化的传统因素之外,瑞典环境立法与实践也呈现出了法典化的诉求。瑞典政府办公室(regeringskansliet)于1998年发布了一份环境法典概要,回顾了编纂环境法典的三个原因。其一,环境立法众多、难以综合理解,监管结构需要协调:瑞典宪法规定议会为立法机关,但在环境保护方面,由于议会的立法者缺乏环境立法的能力和经验,只好将大量立法授权给政府或政府的有关机构去进行。这样本应由一个法律解决的问题,可能要由几个机构颁发几个法规和规章来解决,由此造成了法规和规章的过多过乱。这不仅影响了环境法的权威性,而且也影响了环境法体系的协调和环境法律、法规与规章之间的平衡。其二,针对公路及铁路等严重破坏环境的领域之监管不足:当时瑞典对于此方面的监管较为欠缺,亟须完善法律来约束此类领域破坏环境的行为。其三,新环境问题的出现需要更广泛的关注:1992年联合国在里约热内卢的环境会议也促进了瑞典环境法的改革。这次会议使可持续发展的思想在全世界得到共识,不仅对环境资源保护,而且对整个人类发展的转变,即由过去的不可持续发展转向可持续发展而言,是一个很重要的里程碑。这次峰会要求改变人类过去几百年来以消耗资源污染环境来换取发展的模式,走可持续发展的道路,所以要求各国从法律上对各方面的利益关系进行调整。

三、瑞典环境法法典的制定过程

环境法典一朝问世的背后,可谓十载苦心酝酿。早在1989年5月,瑞典议会的一个委员会就开始了环境法典的起草工作。随着1995年瑞典加入欧盟,环境政策及法律的一体化改革也向瑞典提出了客观立法需求。与此同时,国际环境理念与国家发展战略的互动,也成为环

---

[1] 李挚萍:《可持续发展原则基石上的环境法法典化——瑞典〈环境法典〉评析》,载《学术研究》2006年第12期。

境法法典化的主要推手。1992 年里约热内卢会议对可持续发展理念予以正名,受其影响,1997 年秋瑞典政府内阁声明将致力于将瑞典转变成生态可持续国家。1997 年 12 月,社会民主党政府提出一项环境法典草案(Government Bill 1997/ 98:45),得到了环境党和左翼党的支持,随后向议会提交了政府议案(Government Bill 1997/ 98:90)。议会于 1998 年春审议,并于 6 月通过了该议案。《瑞典环境法典》于 1999 年 1 月 1 日正式生效实施,这可以说是瑞典环境法发展史上的里程碑。当发展和环保在世界上很多国家和地区成为一对令人痛苦的矛盾时,瑞典却在拥有发达的技术和较强大的工业力量的同时,拥有美丽的森林、山峦、湖泊与河流,成为可持续发展社会的范例。后《瑞典环境法典》于 2000 年 8 月 1 日进行了修订。

第二节 瑞典环境法典的体例与主要内容

一、瑞典环境法典的体例

《瑞典环境法典》在"部件"组织形式上分为编(part)、章(chapter)和条(section)三级,大体结构可分为总则与分则。在融入了 15 项环境立法之后,法典由七编 33 章组成,近 500 个条文。由于先前制定法中的许多相似规定已经被一般规定所替代,条款数量有所减少;同时仅基础规定被收入法典中,更多细则则由政府条例来细化制定。尽管如此,环境法典还是一项主要立法。

二、纳入瑞典环境法典的环境单行立法

瑞典制定环境法典是为了在环境和自然资源方面产生一部协调的、强有力的立法,通常来讲,法典编纂是对单行法进行体系化整合的过程,并不是将环境法领域内的所有法律法规全部规定于环境法典中。《瑞典环境法典》于 1999 年 1 月 1 日生效,以前的 15 项环境单行立法同时废止,被整合纳入《瑞典环境法典》的 15 项环境单行立法包括《自然资源法》(Natural Resources Act)、《自然保护法》(Nature Conservancy Act)、《动植物物种保护措施法》(Flora and Fauna 〈Measures Relating to

Protected Species〉Act)、《环境保护法》(Environmental Protection Act)、《健康保护法》(Health Protection Act)、《水法》(Water Act)、《农业用地管理法》(Agricultural Land Management Act)、《转基因生物法》(Genetically Modified Organisms Act)、《化学产品法》(Chemical Products Act)、《生物杀虫剂法》(Biological Pesticides〈Advanced Testing〉Act)、《林地杀虫剂法》(Pesticides〈Spreading over Forest Land〉Act)、《含硫燃料法》(Fuels〈Sulphur Content〉Act)、《公共清洁法》(Public Cleansing Act)、《水体倾倒废物禁止法》(Dumping of Waste in Water〈Prohibition〉Act)和《环境损害法》(Environmental Damage Act)。

三、瑞典环境法典的主要内容

1999 年 1 月 1 日,环境法典充实了瑞典的环境法。其名称似乎意味着涵盖所有与环境有关的问题,然而情况并非如此。《规划和建筑法》、《古代古迹法》、《林业法》和《道路法》等规划和土地使用法不包括在内。此外,《核作业法》等保护性立法和《矿产法》、《狩猎和捕鱼法》等自然资源开采法也被排除在环境法典的范围之外。尽管有这些遗漏,但该法典还是对瑞典环境法做了重大修改。它不仅将大部分环境立法集中在一个总的框架下,而且还执行从国家政策、欧共体指令和国际环境法中得出的新原则。

《瑞典环境法典》包含七编,分别是总则、自然保护、关于特定活动的特殊规定、案件与争议事项的审查、监管、处罚和赔偿,涉及的领域非常广泛。

《瑞典环境法典》的第一编是总则,包括立法目的和适用范围,以及需要考虑的一般原则。该法典开篇(第一章)表明旨在促进可持续发展,以确保当代和未来世代拥有一个健康良好的环境,因而原则上该法典适用于一切可能危害环境的人类活动,并具体列举了五类活动。然而,在水利事业、基因技术、化学品处理等一些特定领域,该法典相关规定的适用范围有限。在此有一个重大变化值得注意,该法典将先前基于水利事业和化学品处理等特殊领域的原则规定,归纳并推广至针对所有涉及环境危害风险的活动和措施。具体体现为第二章提出的 10 项一般原则,这些原则主要作为行为人的环境义务以及政府许可的考虑因素。这些原则包括：证明责任原则、必备知识原则、预防原则、最佳适用技术原则、合理选址原则、产品选择原则、资源管理和生态循环原则、成本合理原则、污染者负担原则与危险活动停止原则。此外，第三章和第四章对土地和水域管理作出了规定。关于土地管理的规定的目的是明确社区发展所关心的重要领域，在作出关于土地使用的决定时应优先考虑这些领域。应尽可能保护条款中提到的利益，使其不受对其不利的土地使用变化的影响。另一项新的变革是引入了环境质量标准（第五章）。这一编最后还规定了环境影响报告和其他决策所需的文件等内容（第六章）。

第二编是自然保护，涉及保护区和动植物物种保护。第七章涉及国家公园、自然和文化保护区、天然遗迹、植物和动物保护区、海岸保护区、环境保护区、水保护区等区域的保护。第八章重点考虑了动植物物种保护的特殊情形，例如禁止伤害、外来物种移植及贸易。

第三编对特定活动作出了特别规定。在该法典的一般规定外，以下七类活动还须遵循第三编规定：环境危害活动和健康保护（第九章）；被污染的区域（第十章）；水上作业（第十一章）；开采业、农业和其他活动（第十二章）；基因工程（第十三章）；化学产品和生物技术有机体（第十四章）；废弃物和生产者责任（第十五章）。

第四编规定了案件和争议事项的审查。除审查的一般规定（第十六章）外，还涉及对许可证（第十七章）和被上诉决定的政府审查（第十八章）、由行政机关和市级政府进行审查的事项（第十九章）、环境法庭的案件及其诉讼程序（第二十章至第二十四章），以及诉讼相关费用（第二十五章）等内容。其中环境法庭制度的革新尤其值得注意。该法典创设了地区环境法院（regional environmental courts）来取代先前的国家环境保护许可委员会和水法庭；于斯维亚上诉法院（svea court of appeal）内增设环境上诉法庭（environmental court of appeal）（高等环境法庭），并于瑞典最高法院内设立环境终审法庭。由此建立起一套内置于普通法院体系中的环境法庭审判制度。

第五编是监管，旨在确保该法典的各项规定得到有效遵守。第二十六章规定了监管体制，包括政府机关的监管职责，其可依授权发布指令,以及活动行为主体的自我监督机制。这些规则授权公共当局进行干预,即使该法典没有具体规定行动和措施。第二十七章涉及监管费用的相关规定。第二十八章规定了政府机关及私主体为履行其环保职责,而有权进入不动产、建筑等相关设施。

第六编是处罚规定。“刑罚规定和没收”(第二十九章)这一章与刑法中的环境犯罪有所衔接,该法典的特色在于,一方面加重了处罚力度,同时又将入罪门槛由重大疏忽降低至一般程度上的疏忽。另一方面,该法典中的“环境处罚费”(第三十章)作为一项新型收费制度,取代了先前实际上很少使用的环境保护费,这一制度采取严格责任,并且其适用不排除刑事处罚。

第七编是补偿与赔偿。其中,第三十一章规定了补偿与赔偿的适用情形,即由于公共部门干预而致使财产权受到影响,以及由于水上作业等许可申请程序所致的财产损害。第三十二章规定了环境损害赔偿及其他私人请求权主张。损害赔偿适用于人身和财产损害,赔偿责任原则上属严格责任;强制购买也可以适用于财产利益或使用功能严重丧失的情况。此外,私人还可提起诉讼要求停止违法活动或采取防护措施。第三十三章规定了从事环境危害活动的行为人需支付环境损害保险与环境修复保险的费用。前者适用于人身和财产损失的情形,后者则适用于清理污染和恢复环境。

四、瑞典环境法典的一般原则

瑞典环境法的一般原则是将瑞典环保工作经过多年实践逐步形成的指导思想加以总结提炼而成的,体现环境法目的并具有高度抽象性的根本规范,并且明确规定在环境法典中,也就是环境法典的基本原则。[1]《瑞典环境法典》的第二章阐述了瑞典环境法审查等的 10 项一般原则,这些原则主要作为行为人的环境义务以及政府许可的考虑因素。这些原则包括:证明责任原则、必备知识原则、预防原则、最佳适用技术原则、合理选址原则、产品选择原则、资源管理和生态循环原则、成

---

〔1〕 侯月丽:《瑞典环境法及其借鉴意义之探析》,中国海洋大学 2005 年硕士学位论文,第 14 页。

本合理原则、污染者负担原则与危险活动停止原则。以下对这些基本原则稍作介绍。

证明责任原则:实施者必须证明其经营活动是以环境上可接受的方式进行的,符合审查规则。同样的情况也适用于正在规划行动或措施的人。举证责任始终由实施者承担,那些受这些行动影响的人不必证明相反的情况。在实践中,这意味着实施者必须根据对许可证申请进行的调查和在实施过程中的自我检查记录,说明他们的实施情况和打算采取的预防措施。关于环境法典规定的申请程序,当局可规定条件,确保遵守审查规则。然而,许可证持有人必须遵守审查规则,即使在其许可证未涵盖的地区也是如此。

必备知识原则:从事某项活动的人必须具备必要的知识,包括活动的性质和范围。知识要求能够调查某一行动对环境的影响的重要性。该规定的目的是确保实施者在开始实施之前已获得相关的专门知识,以防止损害和妨害。这一要求的范围显然因操作或措施的性质而有所不同。所要求的知识可能与一项措施对环境的影响以及为限制这些影响而必须采取的措施有关,同样地,也与忽略采取一项措施或限制其范围的后果有关。并且,实施者必须时时掌握他们的操作及其对环境和人类健康的影响。换句话说,知识需求不是静态的,而是随着时间的推移而变化,这取决于知识的发展、新技术和环境的变化。认为某项许可根据环境法典不应当被批准的人们也当然要遵守这项原则,比如有关的管理机构也应该掌握有关这项活动及其对环境影响的必要信息。

预防原则:最重要的考虑规则就是预防原则。每一个正在进行或打算这样做的人都必须采取必要的预防措施,以防止和减少对人类健康和环境的损害或滋扰,这一规则是“污染者付费”原则的自然后果,一旦确定了损害风险,即适用。[1] 只要有损害或损害的风险,行为人就有义务采取必要措施,消除或防止对健康和环境的不利影响。该规则适用于所有可能与本法典目标相关的操作,也适用于可能与法典目

[1] Per Molander & Mannheimer Swartling, *Swedish environmental law – a brief presentation*, International Centre for Commercial Law (Legalease), 1999.

标相关的所有操作。采取预防措施能够限制和减少因操作造成的排放和其他损害的风险,因为它们迫使每个从事对环境有危害活动的操作者必须分析其活动对环境的影响。而这些不仅是在开始新活动之前,在活动进行期间也需要持续地进行多方面的考虑。

最佳适用技术原则:此条是用于专业生产活动的。"可能的最佳技术"一词既适用于操作本身,也适用于工厂的建设、运行和撤销。适用最好的技术的一个必要条件是它必须在有关的行业中在工业和经济方面是可行的。无论是对可能污染环境的排污活动,还是对可能造成环境破坏的自然或自然资源的开发活动,都要求采用最佳技术,以防止环境的污染和破坏。

合理选址原则:根据适当的地点原则,在土地或水域作业的情况下,场地必须符合环境法典的目标和有关土地和水管理的规则。适当的地点原则是基于这样一个事实,即选择地点对一项行动造成的环境影响至关重要,而且通过选择适当的地点可以尽量减少对环境和人类健康的损害。环境影响说明中关于替代场址的报告为选择场址提供了佐证数据。选择的地点应是作业最符合法典的考虑规则和特别土地管理规则的地点。适当的选址原则是要考虑的,即使在不可行的情况下,也要将一个作业定位到远离拟议地点的地方,因为它涉及利用特定的自然资源,例如砾石坑、森林或瀑布等。

产品选择原则:产品选择原则包括避免使用或销售可能对人类健康或环境造成危害的化学产品,如果可以使用其他危险性较小的产品,则应避免使用。这一原则适用于所有使用或销售产品的人。因此,它也适用于个人。在实践中,产品的选择取决于用户,其能最好地决定一个产品是否符合他的目的。产品选择原则不能被预防原则所取代,而应并行应用。每次做出选择时,必须评估产品的内在特性,并与其他替代品进行比较。产品选择原则应该始终适用于有选择的地方,而不仅是第一次。因此,这与知识要求和使用最佳可得技术的原则有紧密的联系。

资源管理和生态循环原则:根据资源管理原则,必须以确保有效使用原材料和能源以及尽量减少消耗和浪费的方式开展业务。首选能源是太阳能、风能和水电以及生物等可再生能源。按照生态循环原则,必须能够以可持续的方式使用、再利用、回收和处置从自然环境中提取的所有材料,尽量减少资源的使用,且不损害环境。这一原则的最终目标是保持封闭的材料循环。这两项原则都适用于并非次要的所有行动和措施。这两项原则的适用应有助于在使用原材料和其他材料方面建立一个资源效率更高的社会,并有利于无害环境地生产货物。然而,在存在环境利益冲突的情况下,可能难以适用这些原则。例如,在生产中使用回收材料是一种健全的资源管理方法,但同时,这可能导致比使用原始材料更有害的排放。当涉及将这两个原则应用于产品的制造时,生命周期分析是有帮助的,因为原材料和能源的消耗在不同的阶段是不同的。例如,一辆汽车在生产阶段消耗一定的资源,在报废时再次消耗其他资源。

成本合理原则:所有审查规则都将根据利益和成本加以适用。与业务有关的条件必须基于环境考虑,而不涉及不合理的费用。如果对环境的好处不能弥补所采取的预防措施的费用,则必须划定界限。这还意味着,除纯粹的环境利益外,还必须考虑到其他利益。例如,不得允许采取的措施造成过度不便和侵犯人身自由。同时还必须考虑是否在经济活动范围内采取措施,以及是否由作为个人的个人采取措施。此外,所规定的条件不得过于严格,以致危及政府和议会通过的关于整体防御的目标。根据举证责任原则,实施者必须证明,从环境角度来看保护措施的费用是没有道理的,或者说它是一种不合理的负担。

污染者负担原则:造成或可能造成环境影响的人必须为必须采取的预防或补救措施付费,以遵守一般的审查规则。无论这些行动是否以商业方式进行,都没有区别。这条原则得到国际承认。“污染者付费”是指通过亲自采取措施或者资助他人采取措施的特殊方式,来防止或者补救某种妨害或损害的一种义务。实践中,由于经济、环境等原因,负有责任的实施者有时不适合自己采取措施补救妨害或损害。一来可能是因为必须采取紧急措施而一时无法确定责任人,二来则可能是因为只有特定的人有权力或者有能力采取必要的措施。

危险活动停止原则:如果一项行动或措施可能造成重大损害,那么即使根据法典采取了必要的预防措施,除非存在特殊原因,否则也不得允许这种行动或措施。停止规则适用于法典适用范围内的所有操作和措施。并且,必须有可能以某种程度的概率评估风险。停止原则为健康和环境设立了一个绝对的可以承受的最低限度的保护线,而不考虑经济方面的因素或者实施该活动的重要性。为了更加有力地防止危险活动和措施对环境的危害,在其他原则尚不能充分适用的情况下,停止原则更应该被充分适用,严格遵守。如果审查机关认为有必要适用停止规则,则必须决定禁止停止该规则的行动或命令。如果当局认为行动出于特殊原因是合理的,则必须由政府决定此事。这方面的一个特殊原因可能是该行动提供了就业机会。如果一项活动可能导致许多人的生活条件严重恶化或对环境造成重大损害,则政府只能在特殊情况下允许。如果该行动可能损害公共健康,那么甚至连政府也不能允许其实施。

五、瑞典环境法典的几个特殊保护地区

《瑞典环境法典》从具体国情出发并与国际环保水平接轨,针对不同的调整对象设置了很多专项管理规定,用以保障公众健康和环境的可持续发展。该法典载有保护某些类型地区的规定。这些保护条款的目的通常是保护宝贵的自然和文化资产,但也保护获得私人土地的权利。在特别保护区,例如野生动物保护区的准入权可能受到限制。

国家公园:如果国家拥有一个在其自然状态下值得保存的具有巨大持续价值的土地或水域,那么政府可在议会批准后将该区域指定为国家公园。如果国家不拥有该地区,那么它必须首先获得土地,例如强制购买。

自然和人文保护区:为了保护生物多样性、保护宝贵的自然或人文环境或满足该地区的娱乐需要,郡行政委员会或地方政府可将土地或水域指定为自然或人文保护区。保护该地区必须有强烈的公共利益。国家或地方政府可以强制购买土地,并且属于私人财产的这种地区也可以成为自然和人文保护区。

自然遗迹:某些独特的自然物体,如古树、“Rauks”(哥特兰岛上的石灰岩地层)、漂移版块,可能需要保护它们的未来。在这种情况下,郡行政委员会或地方政府可以宣布将这样一个自然物体,包括其周围地区划为自然遗迹。

栖息地保护区:设立栖息地保护区的目的是保护已知对生物多样性很重要的各种小型栖息地。其中一些小栖息地受到法律的特别保护,包括绿树成荫的道路、空地、石墙以及农田上的池塘和湿地。但这种保护不适用于建筑区附近。其他栖息地可由郡行政委员会或郡林业委员会作出特别决定予以保护。

动物和植物保护区:如果需要保护某一地区的动植物物种,则郡行政委员会或地方政府可以颁布限制狩猎或捕鱼权、限制公众或土地所有者进入该地区的权利的条例。

环境保护区:如果一个大的土地或水域易受污染,或某一地区尚未达到环境质量标准,为纠正这种情况可能需要特别规定,则政府可宣布该地区为环境保护区。

水源保护区:如果一片土地或者水域被用作或者可能被用作水库或者重要的水源涵养区域,则可由郡行政委员会或当地政府宣布为水源保护区。水库意味着为供水、热产生或灌溉目的调集地表水或地下水。水源保护面积应足够大,使原水在正常处理后能够用于预定目的。因此,水源保护面积可以远远大于集水区。[1]

第三节　瑞典环境(生态)法典化给中国的启示

视线从域外考察移向国内现实。自2021年1月1日起我国《民法典》施行,中国正式进入民法典时代,环境法也需要尽早思索法典化这一命题。瑞典作为个中翘楚,其法典化历程和已有成果可以给我国带来如下四方面的启示。

一、单行法繁杂冲突下的法典化路径

单行立法的狂欢是环境(生态)法典化的必然起点。回想20世纪

---

〔1〕 Ministry of the Environment, *The Swedish Environmental Code: A Resume of the Text of the Code and Related Ordinances*, Ministry of the Environment (Stockholm, Sweden), 2001, p. 9 – 22.

末期的瑞典,在其单行立法日趋完善的同时,环境法体系中难免出现冗杂与冲突等问题,加之可持续发展等环境治理新理念的盛行,最终促使瑞典成为欧洲环境(生态)法典化浪潮中的先行者之一。类比瑞典环境立法的发展阶段,我国近30年间也可谓环境立法逐步繁荣,然而当前的环境法体系亦不可谓毫无问题,如2014年修订的《环境保护法》中新增的环境信息公开与公众参与规则,是否需要在后续的单行法中每每重复。面对这一困惑,《大气污染防治法》修订时选择了重复规定,而当下《水污染防治法》修正再次无法回避这一问题。如果考虑到立法资源的精练而断然不予重复,则如何面对公众从非专业角度出发的质疑,以及对单行法修改技术进路摇摆不定的专业性质疑。而立法上的冗杂、缺失,甚至冲突也必将导致执法与司法上的困境。同样承袭大陆法系,瑞典选择了法典化路径来应对单行法繁杂冲突的问题,在一定程度上也揭示了环境立法模式向法典化转变的必然趋势。尽管存在诸多怀疑的声音,但法典固有的权威性与严密性等特征对增强我国环境法治实践而言意义重大。

二、环境法典编纂模式的选择

编纂模式的选择,是环境(生态)法典化的"任督二脉"。形式编纂与实质编纂的权衡取舍,决定了法典化的指导思想以及实施路径。《瑞典环境法典》采用了框架性编纂加授权立法的实质编纂模式,既汇集整合了诸多已有立法,又在一定程度上作出革新,实现了环境立法现代化的愿景。同时,该法典与道路法、铁路建设法、森林保护法等单行法平等适用,如此即以更新特别法的方式侧面弱化了法典可能存在的僵化之弊端。基于环境问题的时代特征,该法典颁布两年之后即进行了修订,这也赋予其一定的灵活性。

当立法者无法达到法典编纂的理想境界时,就有必要降低对法典编纂的要求,使这种要求在实践中也能实现。[1] 从已经着手编纂环境

---

〔1〕［德］弗兰茨-约瑟夫·派纳:《公法法典化的思考——以环境法和营业法为例》,史仲阳、乔文豹译,载范健、邵建东、戴奎生主编:《中德法律继受与法典编纂》,法律出版社2000年版。

法典的国家来看,每个国家的立法模式都不一样,但是各个国家都是从本国的实际情况出发,来选择适合本国的法典编纂模式。《瑞典环境法典》不同于严格意义上的传统法典,它属于框架性编纂,瑞典并没有追求一部大而全的环境法典,而是从一种低水平的法典化开始,逐步向更高程度的法典化迈进,仅将基础的规定纳入法典中,更多的细则由环境单行法做补充。[1] 同时,法典法与单行法共存,要特别防止去法典化现象的出现。[2] 就我国环境立法现状而言,纯粹意义上的实质编纂难度恐高,而形式编纂又难免徒有其表,因此或可借鉴瑞典模式。环境法法典化的过程意义是大于结果意义的。[3] 立法者在编纂法典时很难将目前以及将来可能会发生的法律关系全部考虑在内,因此,采取理想化的法典编纂模式是不现实的。[4] 尽管中国环境法的发展模式必须发生转换,从单行法模式转向适度法典化模式;但这并不意味着将来环境法的发展与过去的单行法模式彻底决裂,而是可以在一段过渡性时期内继续并存。[5]

三、国际先进理念与国内发展战略融合

国际先进理念与国内发展战略的融合,是环境(生态)法典化的着力点。《瑞典环境法典》在产生之初,即受到国际环境理念的影响;而其总则部分,更是从立法目的到一般原则,再到质量标准与环境影响评价制度,都充分彰显了可持续发展、生态保护优先等先进的环境立法理念。现代人的生活方式一定不能破坏环境和过度消耗自然资源,我们自己和子孙后代必须生活在一个健康而健全的环境中。该法典第一章“环境法典的目的和适用范围”中的第 1 条即为:“本法典的目的在于促进可持续发展,以确保当代与未来世代有一个健康和良好的环境。发展应当基于这样一种认识,即自然是值得保护的,与我们改造、开发自然的权利相伴随的是明智管理自然资源的职责。”并且说明环境法

---

〔1〕 郭瑶帅:《瑞典环境法法典化对我国的启示》,载《环境与发展》2020 年第 2 期。
〔2〕 石佳友:《民法法典化的方法论问题研究》,法律出版社 2007 年版。
〔3〕 吕忠梅、窦海阳:《民法典“绿色化”与环境法典的调适》,载《中外法学》2018 年第 4 期。
〔4〕 张梓太、陶蕾、李传轩:《我国环境法典框架设计构想》,载《东方法学》2008 年第 2 期。
〔5〕 张梓太:《中国环境立法应适度法典化》,载《南京大学法律评论》2009 年第 1 期。

典的适用应当确保:(1)人体健康和环境免受污染物或其他影响造成的损害和妨害;(2)有价值的自然和人文环境得以保护与保存;(3)生物多样性得以保存;(4)对土地、水和整体自然环境的利用得以保障生态、社会、文化和经济等方面的长期良好管理;(5)材料、原材料和能源的再利用、循环利用以及其他管理模式得到鼓励,以期建立和维持自然循环。[1]

纵观整个法典的主要内容,可以发现其也反映了瑞典水土丰富的国情。瑞典人少地多,自然资源丰富,湖泊水域众多,其环境质量高于欧洲一般水平。国家优势很大程度体现在拥有丰富的自然资源上。国家和国民都极为珍惜本国的自然环境,将其视为国家当前和未来发展的基础而给予着重的保护。瑞典一向注重从具体国情出发确立环境立法的重点,根据自己国家的特点,以自然和资源保护为重点构筑其环境法体系,拥有自己的环保思路和环保方式。较污染防治而言,该法典更加注重自然资源保护,不仅单设了第二编"自然保护"(包含第七章"区域保护"和第八章"保护动植物物种的特殊规定"),在总则部分更是强调了对土地与水资源的保护。总则中的第三章"土地和水域管理的基本规定"和第四章"有关瑞典特定区域土地和水资源管理的特别规定",共包含了17条有关保护土地与水资源的内容。

可持续发展战略作为一个新的总体发展战略,其实施会引起法律制度的重大变革。从可持续发展的角度而言,早先的环境立法对解决一些环境问题是远远不够的。当前可持续发展理念盛行于国际社会,而我国也以生态文明与绿色发展作为经济社会发展转型的宏观指导。因而,未来我国环境法典的立法目的、基本原则以及主要制度也需以此为核心切入点。

四、动态化体系与制度革新

动态化体系与制度革新,是环境(生态)法典化的亮点。除采用"总则—分则"的一般结构外,动态化编排可谓瑞典环境法典的一大特色,夏凌、金晶等学者将之归纳为"预防—管制—救济",这样的编排使

---

〔1〕《瑞典环境法典》,竺效等译,法律出版社2018年版。

人们对环境法能够一目了然。其中尤为值得注意的是环境法庭制度以及法律责任衔接问题。现今我国也正在加快推进环境资源审判专门化建设,2014 年 6 月最高人民法院创设环境资源审判庭,截至 2017 年 5 月底,全国范围内共设立各级环境资源审判业务机构 940 余个,但在管辖、受案范围、特殊审判规则等方面,仍需进一步深化环境司法改革。同时,《瑞典环境法典》在法律责任方面,也充分衔接了刑事、民事以及相关政府责任,更是创新加入了保险制度以实现环境责任的社会化分担。环境法律责任与其他部门法的联动是一种必然,侵权责任法巩固和丰富了环境侵权责任规则,2014 年我国《环境保护法》增加了按日计罚等行政法律责任方式,并完善了环境民事公益诉讼,《刑法修正案(八)》也使环境犯罪成为行为犯。这些成果未来在环境法典中如何体现,法律责任的衔接可谓至关重要。

瑞典的环境(生态)法典化运动始于授权立法过多、单行立法各自为政等问题,而在对环境法律体系进行法典化调适的基础上,通过引入环境法庭等制度,也实现了适当的立法革新。较严格意义上的法典而言,《瑞典环境法典》的定位较低,属于框架性的实质编纂,以放弃绝对的严密性与确定性实现了相对的开发性和可操作性。一言以蔽之,《瑞典环境法典》以实用主义理性阐释了法典化理论与实践的转向,值得我国借鉴。

第七章　意大利环境法的法典化：由“统一规范”开启的法典化进程

查阅意大利的重要法规，会发现一个有趣的现象，所谓“环境法典”的官方表述是 norme in materia ambientale，即“有关环境的法规”。这不禁使人产生疑问：它究竟是不是法典？为什么它没有被冠以“法典”（codice）的称谓？

第一节　意大利环境法的法典化历程

一、古罗马时期的环境立法

亚平宁半岛上的环保意识起源于古罗马时期，这是基本公认的事实。在古罗马流传下来的法律文献中，可以看到成组的针对土地、河流等自然元素以及与环境相关的城市基础设施进行干预的学说片段，它们以裁判官令状为基础，表达了古罗马人对自然环境及人类群体健康（salubritas）的朴素关切。

令状具有紧急救济的功能，无须通过争讼程序，法官就可以根据一方当事人的请求颁布令状，禁止对方当事人实施某一致损行为或者勒令其对已然造成的损害采取措施进行恢复。这一特性对及时、有效地阻止环境损害行为和对环境损害施与救济是十分有利的。这些由裁判官创设的、常用来实现环境保护功能的令状包括但不限于以下几个：

(1)关于水道的令状(Interdictum de rivis),[1]禁止某人暴力阻止权利人清洁和修复水道等水利输送设备;(2)关于下水道的令状(Interdictum de cloacis),[2]禁止他人暴力阻止权利人对下水道的清洁和维修,以及禁止向公共下水道中注入不洁之物损害下水道的卫生状况;(3)关于水源的令状(Interdictum de fonte),[3]禁止他人暴力阻止合法使用人从水源中取水;(4)关于日常用水和夏季用水的令状(Interdictum de aqua cottidiana et aestiva),[4]禁止他人无故阻止合法使用人于日常或夏季用水;(5)制止暴力和欺瞒的恢复令状(Interdictum quod vi aut clam),[5]勒令污染水井的人恢复水质;(6)其他。

古罗马人的环境保护理念和措施有两个方面颇值得我们关注。首先,这些令状中的大部分(甚至全部)并非专门为了治理环境而创设。它们能被应用于环境保护得益于以拉贝奥为代表的法学家的"脑洞大开"。拉贝奥指出:"清洁的水是土地的一部分",它们或在那里产生,或在那里被收集(如水池、渔场或者水井),或因为最后流向那里。所以,任何在土地上施工或者在水中作业等人为导致空气、水质等自然环境资源污染变坏的行为,都可以,也应当被理解为一种对公共设施、土地和水道等基础设施的破坏行为,对此,应该允许权利人适用相关的令状禁止这种破坏行为或者要求恢复。通过对"损害行为"和"损害对象"的扩张性解释,权利人也可以享受并行使自己对某一具体环境要素的权益。[6]

---

〔1〕 The digest or pandects, trans. by Samuel P. Scott, Cincinnati, 1932, https://droitromain.univ-grenoble-alpes.fr/Anglica/digest_Scott.htm, Book 43, D. 43. 21. 1pr..

〔2〕 The digest or pandects, trans. by Samuel P. Scott, Cincinnati, 1932, https://droitromain.univ-grenoble-alpes.fr/Anglica/digest_Scott.htm, D. 43. 23. 1pr. &D. 43. 23. 1. 15.

〔3〕 The digest or pandects, trans. by Samuel P. Scott, Cincinnati, 1932, https://droitromain.univ-grenoble-alpes.fr/Anglica/digest_Scott.htm, D. 43. 22. 1pr. &D. 43. 22. 1. 6.

〔4〕 The digest or pandects, trans. by Samuel P. Scott, Cincinnati, 1932, https://droitromain.univ-grenoble-alpes.fr/Anglica/digest_Scott.htm, D. 43. 20. 1pr. &D. 43. 20. 1. 27.

〔5〕 The digest or pandects, trans. by Samuel P. Scott, Cincinnati, 1932, https://droitromain.univ-grenoble-alpes.fr/Anglica/digest_Scott.htm, D. 43. 24. 11pr..

〔6〕 [意]安德烈·迪·波尔托:《罗马法中的环境保护》,罗智敏译,载费安玲主编:《罗马法与学说汇纂》第2卷,知识产权出版社2009年版。

其次，法学家将一些令状（如保护公共道路的令状）的使用权授予了“民众”，即所有人都有权利就公共道路及邻近空气污染问题提请令状。[1] 民众诉讼的处理依据是环境元素属于“公有物”的理念，其在属性上既非损害赔偿之诉也不是行政制裁措施，介于公、私法之间，由私主体提起一个公共性质的诉讼，产生一个公共性的结果，该私主体因为从属于某一范围的公众而间接获得胜诉利益。这种模式与现代法上公私法分离的做法明显不同，它的存在或许可以为完善当前推行的环境公益诉讼（或者创设一种新的环境诉讼来解决生态损害问题）提供一丝灵感。[2]

二、现代法意义上的环境保护立法

早在意大利王国时期，就已经出现了国家层级的环境立法意识。例如，1933 年的《水与电气设备法》（R. D. 1775）、1934 年涉及不健康工业规制的《卫生法》（R. D. 1265）等，都包含关于环境保护的规定。

意大利共和国建立以后颁布的第一部有关环境治理的专项法规是 1966 年的《大气污染防治办法》（L. 615），其后还有 1974 年的《危险物质和药剂的分类及包装标识规范》（L. 256）、1976 年的《水污染防治规范》（L. 319“梅而里法”）等。整体而言，在 20 世纪 80 年代之前，意大利的环境立法较为分散，仅针对个别污染事项，作为保障经济发展规划实现的附带品而纳入立法。零散的法规不能满足司法实践需求，现实中的问题只能通过扩张解释的方法应对，这一状况促使法律工作者们推进环境立法。[3]

20 世纪 80 年代前期，意大利相继颁布了一系列环境法律法规：

---

〔1〕 The digest or pandects, trans. by Samuel P. Scott, Cincinnati, 1932, https://droitromain.univ - grenoble - alpes. fr/Anglica/digest_Scott. htm, D. 43. 8. 2. 29&D. 43. 8. 2. 26.

〔2〕 [意]安德烈·迪·波尔托：《罗马法中的环境保护》，罗智敏译，载费安玲主编：《罗马法与学说汇纂》第 2 卷，知识产权出版社 2009 年版；[意]约勒·法略莉：《古罗马的环境保护》，载《厦门大学学报（哲学社会科学版）》2012 年第 4 期。

〔3〕 Massimo Luciani, *The Principles of Environmental Law and Their Complex Regulatory Transposition in Italy* (paper represented at the International Conference on the Translation and Publication of the Environmental Codes of Various Countries, Beijing, October 2017).

1982 年的《海洋保护法》(L. 979)、1984 年的《肥料使用原则新规》(L. 748)和《有关垃圾处理的 1982 年第 915 号共和国总统令的第 4 条的首次适用规则 》(D. C. I.)、1985 年的《关于保护特别环境利益区域的紧急规定》(L. 431“格拉索法”)等。在 20 世纪 80 年代的众多立法中,尤为重要的一部法律是 1986 年颁布的《设立环境部和有关环境损害的规则》(L. 349),其在形式和效力上都成为法律工作者和评论者心中“真正意义上的”“有关环境保护的一般性法律”。有关建立旨在保护环境的中央专属部委的提议一经提出就获得议会的完全赞同和大力推进。最终颁布的法律规定了新设部委的组织结构和职能权限,将以前分散在各部的职能进行统一并对科技机构进行了重组,引入环境损害的预防、补充、赔偿等原则,建立环境影响评价、宣布严重危害环境和环境损害等法律制度。与以往的法律法规相比,这部法律表现出极大的创新性:一方面,它作为一个“连接机制”,将空气、水、土壤、垃圾等垂直分散的环境元素联结到一起,形成一个系统的、统一的调控、管理、保护体系;另一方面,它展现出一种“宪法层面的价值观”,肯定“环境价值”属于“全国社会”和“未来一代”,对环境的保护是一种“社会共识”。它所确立的一些具有前瞻性的原则,如可持续发展和责任细分等,都为后来的《里约宣言》、《马斯特里赫特条约》和欧盟五项行动计划所采纳。尽管囿于所属年代的法治思想和制度,这部法律尚不算完备,但不可否认其作为意大利综合性环境立法开端的意义。自此之后,环境领域的立法活动进入密集期。在 2006 年新的统一法规出台之前,具有国家效力和地区效力的单行法律法规(包括法律、立法令、共和国总统令、部际会议宣告、部委令等)有 200 项之多,其内容涉及大气臭氧、声音污染和垃圾处理等方面。[1]

---

〔1〕 Danilo Pappano, L'evoluzione della disciplina ambientale in Italia, dalla frammentazione alla codificazione; Giampaolo Rossi, *The Evolution of Environmental Law in International, European and National Legislations, with Particular Reference to Italy* (paper represented at the International Conference on the Translation and Publication of the Environmental Codes of Various Countries, Beijing, October 2017).

三、环境法典编纂工作的开启

法律法规如雨后春笋般涌现。然而,随着时间的推移,新的问题也暴露出来。首先,单行性立法总是无法摆脱分散和片面的弊端,基本原则和共通条款的缺失导致法律规定之外的其他人类活动所触发的环境问题得不到有针对性的解决。而立法的滞后性又迫使司法和立法机关无休止地面对各种各样新涌现的污染问题和环境保护问题。其次,以“锁链式”环环相套的单行法规数量过于庞大,增加了行政机构和私主体的履行成本,既不便于查阅,也不便于执行和遵守。最后,原有的一些立法原则和目的、组织职能机构和制度设计已经逐渐失去了意义,有些制度已经发生了重大甚至反转性的变化。例如,议会有关报告环境状态的义务随着获取环境信息权和代表处制度在国内的适用而逐渐减弱。而在欧盟,负有汇报义务的主体是委员会而非欧盟议会。针对这些问题,“需要系统化和确定化的环境法”的需求再次被提起,其中两种“模式”最具可行性:要么就各个环境问题的单行法整合出一个“统一文本”,要么就环境法的整体内容和各个部分编订法典,即“法典化”。[1]

意大利人选择了前者。2004 年第 308 号法律授权政府以统一文本的形式,就几个重要的环境领域和环保事项,诸如垃圾处理、水土保持、保护区管理等,进行重新调整和补充。2006 年 4 月 3 日,《意大利环境法规》(D. Lgs 152),又称“环境法统一文本”颁布,基本上取代了以往所有有关环境的单行法律法规。起草工作历时 15 个月,编纂者在整合了最初的 6 个草案的基础上,又增加了 3 个“共通规定”的条款。整个文本由 6 个部分组成,各个部分根据内容的多寡,下设编、章、节、条、项,一共 318 条规范,其后附加 45 个附件。该法令于同年 4 月 29 日生效(其中第二部分延迟到同年 8 月 12 日生效),之后经过数次修订、补充(几乎每年一次)。截至最新一次修订(2017 年 7 ~8 月),先后

---

〔1〕 Andrea Farì, *Complexity and Perspectives of Environmental Codification in Light of Ltalian Law Experience* (paper represented at the International Conference on the Translation and Publication of the Environmental Codes of Various Countries, Beijing, October 2017).

共增加2个部分,3个章,共计96个条款,附件也增加至61个。

第二节 “意大利环境法典”的内容

虽然意大利环境法法典化进程尚未完成,但是,以“法典”形态为最终目标的“环境法统一文本”(D. Lgs152)仍旧是按照大陆法系传统法典的体例结构编排的,即将一些总括性的、适用于各种环境问题的整体性规范,放在“法典”的首、尾位置,中间是针对某一具体环境问题的特定性规范。

一、适用于各种环境问题的整体性规定

“环境法统一文本”(D. Lgs152)适用于各种环境问题的整体性规定包括第一部分、第二部分和第六部分。第一部分涉及的普遍规则和第二部分的几种评价机制,就像是“法典”的“头部”,对整个“法典”的规范具有统领作用,它们也是实施各种环境行为必须遵守的准则和满足的要件。而第六部分的规定则更像一个解决问题的口袋,把所有涉及环境损害赔偿的情形都纳入进来,赋予救济的权利,对整个“法典”而言起到“收尾”的作用。

第一部分“一般规定和基本原则”,即在上文所谓3个“共通规定”的基础上发展而来的、有关环境法规适用的一般性规定,包括该法所适用的领域、战略环境评价、环境影响评价、综合环境许可,针对土壤、水资源、垃圾处理和空气污染的治理以及环境损害赔偿。明确立法的目的是保护、优化环境,合理谨慎地利用环境资源,提升人类生活质量。针对将来可能发生的新的环境问题,规定了后续措施的采用标准。同时,明文规定了环境法的制定原则、环保活动的原则、可持续发展原则、辅助性原则和忠实配合原则,以及环境信息的取得权和合作目的的参与权。

第二部分“战略环境评价(VAS)、环境影响评价(VIA)和环境综合许可的程序(IPPC)”,共6章。其中,第3-2章“环境综合许可”为2010年新增章节。该部分充分贯彻欧盟(欧共体)2001/42/CE号指

令、85/337/CEE 号指令、97/11/CE 号指令、2003/35/CE 号指令和2008/1/CE 号指令,设定环境影响评价和战略环境评价制度,就对环境有重大影响的计划、方案,与人类生存环境和健康相关的事项进行评价;为了减少污染和污染源的排放,设立环境综合许可制度。明确与此相关的基础性概念、规范的对象,明晰有关主管部门的行政职权,设立环境影响核查技术委员会和环境综合许可调查委员会,并就评价与许可的一般性程序及其之间的协作与简化作出规定。

第六部分“环境损害赔偿的规定”,共 3 章。这 3 章分别规定了环境损害赔偿的适用范围,既包括对土壤、地下土层、地表水和地下水以及海洋排放污染物和垃圾处理等专业活动,也包括出于故意或过失的非专业活动;既针对实际产生的环境损害,也针对可能发生的潜在损害威胁。规定了环境损害威胁的预防措施和修复措施,特别针对尚未确定,但有明显证据显示存在环境损害的风险与威胁的情形,赋予风险制造者紧急预防和排除险情的义务。授权环境和土地海洋保护部行使损害赔偿诉权,向造成损害的主体诉请民事赔偿。2015 年,增设第六-2部分“环境保护的行政和刑事违法的处罚规定”,针对尚未对法令所保护的环境资源、城市规划或景观资源造成现实损害或者现时、确定的危险的环境保护违法情形科以处罚,加重了对损害环境行为的处罚力度。

二、针对不同环境对象的保护性规定

“环境法统一文本”(D. Lgs152)规定了针对土壤、水资源、废弃物和空气四个与人类生存紧密相关的环境保护对象的法律规范,将它们分别放置在“法典”的第三部分、第四部分和第五部分。这部分规范构成了“法典”的“主干”。

第三部分“土壤保护和抗沙漠化、水污染防治和水资源管理的规定”。该部分由于涉及土壤和水资源两个重要的环境领域,因此“体积”最为庞大,共三编,11 章,所包含的条款数量比重达到整个法规的1/3。其中,第一编“关于土壤保护和抗沙漠化”,旨在通过塌陷防治、排除危险情况和抗沙漠化等途径实现对土壤和地下土的保护和治理,以及对域内水文环境的治理。第二编“关于水污染的防治”,旨在减少对地表水、地下水和海洋等水资源的污染,通过适当手段保护并改善水资源质量,实现对水资源的持续、稳定和公平利用。第三编"关于水资源的管理",以水资源管理和综合水利服务为对象,涉及环境和竞争的保护、确定提供综合水利服务的根本等级,以及相关职权单位的基本职能。第四编补充规定一些临时性规定与最终规定。

第四部分"废弃物管理和污染场所改造的规定"。废弃物的管理关乎公共利益。废弃物的整治应遵循预防原则、制止原则、可持续发展原则、比例原则、承担责任原则、产生废弃物的源头材料使用过程中所涉及各主体的合作原则,以及"谁污染、谁付费"等原则。该部分共设6章,规定了废弃物、包装和特种废弃物的管理措施,以及废弃物的焚烧、城市废弃物管理费的征收和污染场所的改造。其中,有关废弃物的焚烧一章(第3-2章)为2014年修订时新增加的章节。在采纳相关欧盟指令的基础上,对废弃物的管理和受污染场所的修复进行了规范,规定了有利于环境保护和人类健康的废弃物治理措施,以减少垃圾产生和废弃物管理过程中的消极影响。

第五部分"空气保护和大气减排的规定",共3章。为了实现《京都议定书》中设定的大气质量目标、预防和减少对大气排放,该部分针对可能向大气产生排放的设备(包括民用取暖设备)设定排放限值,规定排放许可和活动规范、排放物的取样和分析方法,以及用以评价测量值与排放限值是否相符的标准。规定了额定热输入小于3MW的民用取暖设备的安装、修改和排放限值。规定了燃料,特别是用于供暖能力低于阈值的民用供暖设备和用于海事用途的供暖设备的燃料。2016年新增第5-2部分"特殊设备的规定",由第298-2条独立构成一章,专门就二氧化钛和硫酸钙的生产活动进行规范。

三、庞大的附件群

"环境统一文本"(D. Lgs152)的附件,共61个,分别对应第二部分到第六部分的规定。内容包括自治区主管资格、环境报告的内容、水体的功能性分类标准、敏感区域的确定标准、危险物质清单、垃圾焚化场排放标准等多项技术指标和规范。

从文字量上看,附件具有和"法典"正文相媲美,甚至超过正文的篇幅。这些附件是“法典”不可或缺的组成部分,与“法典”一起不断经受着立法者和法学家的检验和修订。与“法典”正文中那些原则性、规范性的条款不同,附件中的规定多为技术性和指标性的,它们的存在使“法典”“活”起来,具有更加突出的实用性和可操作性。

第三节　意大利环境法典的评价与启示

一、意大利环境法典的优点与不足

意大利素来被誉为欧洲花园,意大利人倡导健康的生活理念,意大利国家看重并大力发展旅游产业,这些元素都促使意大利环境法规的制定工作不断追求更高更完备的效果。作为在意大利全境范围内有效的最高级别的环境法律法规,该法具有很多突出的优点:

其一,大环境概念拓宽法规的适用范围。专项立法时期因限定调整对象而限制法律适用空间的警示,对后期的立法产生很大影响。《意大利宪法》、2006 年的“环境法统一文本”以及相关的法律文献都没有对“环境”作出明确的定义,而是将对环境的保护作为立法目的,以此来拓展环境保护的广度。最终形成宪法、专门法和其他部门法共同加持的保护体系。其中,《意大利宪法》第 9 条规定:“共和国对自然景观和国家的历史文化财产进行保护。”自 2001 年起,《意大利宪法》第 117 条规定:“国家就下述事项进行立法:……针对环境、生态系统和文化财产的保护。”最高法院以上述根本法为基础,将环境描述为“自然资源和人类活动显著成果的大背景”(Cass. pen., sez. III, 28 ottobre 1993, n. 9727)。

其二,确立了许多有关环境保护的新的、有益的原则和制度。自 1986 年第 349 号法律到 2006 年的“环境法统一文本”,意大利环境法规不断创造、引进和完善有关环境保护的基本原则和具体制度。“环境法统一文本”在第 349 号法律的基础上优化了环境影响评价的相关规范,引入战略环境评价制度,实施综合水循环管理和设立流域管理局,预防和控制废弃物的生产并促进再利用,制定大气排放规则,以及引入共同防御原则、环境信息向公众公开制度,等等。这些原则和制度在当时具有创新性和开拓性,直至今日也是全球环境保护的基本方针和发展方向。

其三,法规和科学数据的良好结合。较之传统部门法,环境法的实践与自然科学的结合最为紧密。环境影响评价、排放治理标准、授权许可评估都离不开具体的数据指标和科学的评定检验方法。而"环境法统一文本"囊括了土壤、空气、水、废弃物等多个纵向环境领域,所涉及的数据、指标之大可想而知。其现有附件部分的文字规模甚至超出了法规正文本身。这在部门法中是十分罕见的。这一做法为统一文本的适用创造便利,公、私主体仅仅通过一个文本就可以获知其在生产、活动中应该具体遵守的各项标准。

在肯定优点的同时更要正视其缺点。2006 年的"环境法统一文本"虽然也经常被称为"环境法典",但是,从法学专业角度评价,"环境法统一文本"距离真正的"法典"尚有明显差距。

首先,法典化不完全、体系特征不明显是"环境法统一文本"最受诟病之处。鉴于单行法规汇编不可逾越的缺陷,人们希望环境法可以在法典化进程中走得更远一些。然而,当前的"环境法统一文本"却表现出一种介于单行法规汇编和法典之间的"四不像"状态。总则和分则之间的区别不明显。总则部分除了几个立法价值原则之外,没有任何对整体适用的实质性一般性条款。各个看似应为"分则"的部分,自然也就没有与总则对应的、用来具象化一般条款的具体条款。实际上,每个部分都自成体系,除了具有各自的"小总则"之外,还有独立的处罚章节。这与最后的责任与处罚部分(第六部分)在功能上又重合了。

其次,立法程序和立法技术上的一些不足也使法规的整体效果大打折扣。意大利的很多环境法学者都认为,对于这样一部体系庞大、内容繁杂、可预见更新速度快的新型部门法而言,15 个月的立法期太过于仓促,难以对既有问题和将来可能发生的问题进行充分的思考、做出得当的应对。立法令中虽然设定了一个由专家委员会、议会负责人委员会、自治地区代表和公共、集体利益代表组成的团体共同负责新规范的制定并对其影响进行评价,但是其实际上却没有发挥设想中的作用。

专家学者的意见过分理论化而缺少实践性,自治区代表和公私组织代表则很难真的加入这个过程中去表达任何具有实际意义的意见。此外,后期的修订也缺乏统一性,不同的人员对局部的添加修改甚至造成了文本在概念表述上的不一致和混乱。

二、意大利环境法典对我国环境立法的启示

环境法作为新时代最重要的一个部门法,我们可以预想到其体系的庞大、内容的繁杂、更迭的迅速和对科学知识、技术的纵深需求的多样化,这给立法带来了极大的困难和挑战。意大利环境法的法典化进程还没有最终完成,体系的构建和内容的分布都不够完备,在规则和处罚条款的安排上多有冲突矛盾之处。此外,长期的修订过程导致环境法文本在文字表述上间或出现一些不连贯或错误的情形,影响了“法典”的严谨性,这也需要在最终的定稿过程中谨慎修饰。

尽管如此,对于刚刚将环境法法典化进程提上日程的我国而言,意大利“环境法典”还是具有诸多可供参考借鉴之处。

首先,应审慎对待立法模式的选择。法典的优势有目共睹,作为大陆法系国家,环境法法典化也与我国整个成文法体系相一致。但是,即使是以法典化为最终目标,我们也应该就如何实现法典化进程做出谨慎的思考。环境法的复杂程度比起我们现有的任何一个部门法都有过之而无不及。诚如意大利环境法规从颁布至今 15 年(截至 2020 年)也仍未完成法典化,其初始文本耗时 15 个月,被普遍批评过于仓促;现如今伴随着自然科学、技术和人类社会自身的快速发展,对文本的修订似乎也频繁的让人看不到完结的那一天。这既是意大利人对法典的迷恋情怀,也是“法典”二字对意大利人的桎梏。鉴于此,我们应该以自身条件为基础充分对比法典与单行法和特别法的优劣,反复思考如何妥善解决法典封闭性与环境法快速发展之间的矛盾,确保环境法具有时代前瞻性且可以灵活地应对不断更新的环境保护和法治发展要求。

其次,应审慎对待法典结构的整体预设。需要考虑总的原则和制度与各部分和各个具体制度之间的比例关系,防止头重脚轻或者某个环境领域独大的问题出现。需要考虑处罚章节的设置,协调处理处罚或赔偿制度与其他部门法相关制度之间的衔接。需要处理好制度条款

和技术指标的配套衔接，力求数据指标与制度进行无缝对接的同时又要注意避免法典体积的过度膨胀。还需要注意国内法对国际条约、指令的采纳，环境问题是全球化问题，环境法的立法和实践不但不能与国际社会脱节，相反要密切关注国际法的变化和国际环保技术、手段的革新，对于有益于我国的内容，应及时引进、快速更新。

最后，需要审慎设计法典化的过程和参与人员组成。环境法的法典化是一项重要且复杂的工程，前期必须做好充分的准备，尽可能全面地考察别国法和国际法的制度设计和实践经验，认真评估我国现阶段的环境保护能力和资源，成立适宜的起草团队。从最初的立法令来看，意大利组织了一个由专家委员会、议会负责人委员会、自治地区代表和公共、集体利益代表组成的团体共同负责“环境法典”的制定并对其影响进行评价。结果却颇受批评，舆论指责专家学者的意见过分理论化、缺少实践性，而自治区代表和公私组织代表则很难真的加入这个过程中去表达任何具有实际意义的意见。在意大利经验教训的基础上，我们还应考虑如何协调立法人员和各技术领域专家学者的通盘合作，确保未来的环境法典不只是一部原则性的法律文本，更应具有更高的执行性和可操作性。

第八章　菲律宾环境法的法典化：形式编纂的模式探讨

菲律宾自然资源丰富，曾面临严重的环境污染和自然资源破坏问题；政治上历经几个国家的殖民统治。菲律宾环境立法数量庞大，立法形式上，既有《环境法典》《水法典》《渔业法典》等法典，也有普通法律；内容上，涵盖了自然资源各个领域的资源保护立法和单项污染防治立法，包括针对森林退化、生物多样性丧失、水污染、空气污染和固体废物污染等具体领域的立法。总体而言，菲律宾的环境（生态）法典化起步时间较早，体现了较先进的环境保护理念，但仍存在很多问题和不足，对我国当前和今后环境（生态）法典化具有重要的借鉴意义。

第一节　菲律宾环境法法典化的背景

一、菲律宾自然资源与环境保护概况

菲律宾位于亚洲东南部，濒临南中国海，农林渔业发达，是以农业为主的发展中国家。菲律宾的海洋资源丰富，动植物种类繁多。作为有7000多个大小岛屿的岛国，其对自然资源破坏或者环境污染比较敏感，由于地理位置及气候影响，菲律宾自然灾害尤其是台风频发，经常造成严重的财产和生命损失，扰乱正常的社会经济秩序。这些都促使菲律宾很早就着手开展环境立法工作。此外，菲律宾的矿产资源丰富，矿产资源开发、利用和保护相关法律规范也是其环境立法的重要内容。

虽然两国在历史积淀、自然禀赋、地域面积以及法律政治体制等方面存在差异，但同处发展中国家，中菲在全球资源环境恶化和应对气候变化的形势下均面临发展转型的问题。菲律宾环境保护相关的立法数量多，且较早颁布了包括《菲律宾环境法典》在内的一系列环境保护法典，体现出该国非常重视环境立法以及环境法典在环境资源保护中的规范指导作用。

二、菲律宾环境保护立法的背景

每一种法制传统的特点都与其所存在的历史条件或民族发展历程紧密相连。政治上，菲律宾曾先后是古印度、西班牙、美国和日本的殖民地，其中受西班牙殖民统治时间达 330 多年，受美国殖民统治达 40 余年。历经几个国家的殖民统治，使菲律宾的政治法律体制在东方法的基础上融合了欧美普通法的因素。菲律宾作为古印度的殖民地时逐渐接受了《摩奴法典》，但相比而言，其法律体系和制度受西班牙和美国的影响最深。西班牙从 19 世纪开始颁布的一系列法典中很多也直接适用于菲律宾。1898 年被美国占领后，菲律宾又逐渐接纳了美国的法律体系，1946 年菲律宾独立后基本延续了大陆法和普通法相混合的法律传统。

菲律宾环境保护法典的出台也是其经济发展过程的特定产物。自 20 世纪 50 年代起至 20 世纪末，菲律宾大力发展制造业、采矿业，一些造纸厂、铜冶炼厂等建设项目兴起；同时不断采伐森林乃至后期发展为滥伐森林、种植经济作物以带动经济发展，导致菲律宾森林生态系统遭到严重破坏。此外早期受政教分离的影响，菲律宾未实行计划生育导致的人口快速增长和快速发展的城市化进程，也随之引发了较多的水污染、大气污染、固废污染等问题。这一时期，菲律宾的环境保护运动兴起，环境立法开始得到政府重视，大批环境保护相关法律包括环境法典被颁布实施。自 21 世纪以来，随着菲律宾环境污染及资源破坏问题不断加重，菲律宾总统号召在全国发起生态革命以拯救日益严重的大气污染、水污染和土壤污染等污染问题和资源耗竭问题，又陆续出台了诸多环境法律和相关的规范性文件。[1]

---

〔1〕 王竞：《菲律宾的环境与问题》，载《环境科学丛刊》1992 年第 4 期。

第二节　菲律宾环境保护立法体系的构成

一、菲律宾环境保护立法体系概况

菲律宾的环境保护立法体系基本上涵盖了大部分环境问题,包括水污染、空气污染、固体废物污染等污染问题以及森林退化、生物多样性丧失等自然资源保护问题。在形式上,除《菲律宾环境法典》、《1976年菲律宾水法典》、《1998 年菲律宾渔业法典》、《森林法典》(后修订为《森林改革法典》)等法典外,还有一系列通过总统令、共和国法案、最高法院决定等形式颁布的法律法规。1977 年菲律宾通过总统令的形式颁布了《菲律宾环境法典》(第 1152 号总统令),1987 年颁布的《菲律宾宪法》则明确规定了公民环境权,[1]即国家应保护和促进人民的健康权利,实现其与自然的和谐,实现生态平衡和健康,并强调了国家保护环境资源的职责义务和主要目标。

在《菲律宾环境法典》颁布前后,菲律宾出台了大量与环境保护相关的法律文件。在《菲律宾环境法典》颁布之前,马科斯总统通过第 1151 号总统令颁布《菲律宾环境政策》(Philippine Environment Policy),明确环境保护是政府的一项重要职责,并且是国家的持续性政策,从空气质量管理、水资源管理和使用管理、自然资源管理和养护、废物管理等方面进行了初步规定。《环境影响评价制度》(第 1586 号总统令颁布,后经第 8749 号总统令修改)则从微观的制度层面,对环境影响评价涉及的政府机构、程序规则、法律制裁、环境修复基金等进行了详细规范。除上述法律外,菲律宾与环境保护相关的法律主要有保护森林和生物多样性的法律、保护海洋和水产资源的法律、防治空气污染问

[1] 《1987 年菲律宾宪法》第 16 条规定:“国家促进和发展人民的权利,使其符合自然的节奏和和谐,使生态平衡和健康。”(Sec. 16. The state shall promote and advance the right of the people to a balanced and healthful ecology in accord with the rhythm and harmony of nature.)

题的法律、规制危险废弃物和其他与环境保护相关的法律，具体将在下文详述。[1]

二、保护森林和生物多样性的相关法律

菲律宾保护森林和生物多样性的相关法律主要有修订后的《森林改革法典》(第705号总统令)(修订前称为《森林法典》)，《植物检疫令》(第1433号总统令，1978年)，《人民小型采矿法》(第7076号法案，1991年)，《国家综合保护区域制度法》(第7586号法令，1992年)，《1995年菲律宾采矿法》(第7942号法案)，《野生动物资源保护法案》(第9147号法案)等。

1.《森林改革法典》(第705号总统令)。该法典对以下方面进行规范森林土地的管理、开发和利用；建立林地边界；针对森林土地占用和利用的许可及其指导方针；木材或森林加工厂的经营活动；引入重新造林的概念，以保护国家的林地。其前言为基本原则和定义，第一章为管理机构的组织与管辖，第二章为分类调查，第三章为利用与管理，第四章为刑事犯罪与刑罚。

2.《植物检疫令》(第1433号总统令，1978年)。该法令通过规范植物和植物产品的检疫来防止植物害虫的传播。作为一种预防措施，防止植物害虫进入菲律宾国内从而避免对农作物造成破坏。

3.《人民小型采矿法》(第7076号法案，1991年)。该法旨在促进和发展菲律宾小规模的采矿活动，以创造更多的就业机会。该法系统和有序地对小型采矿活动和矿物资源利用进行规范，例如承认地役权和所有权，组建管制委员会，并保护相应的土地使用活动。

4.《1992年国家综合保护区域制度法》(第7586号法令)。综合保护区对于保护和促进菲律宾自然资源的多样性具有重要的意义。该法以保护国家多样化的自然资源为宗旨。依据该法令所建立的综合保护区以其生物学方面的独特性和重要性而闻名。这些保护区被严格划分为自然保护区、自然公园、野生动物保护区、保护景观和海景、资源保护

---

[1] Rodrigo V. Cosico, *Philippine Environmental Laws: An Overview and Assessment*, Central Book Supply Inc, 2012, p. 2 - 12.

区、自然生物区和其他可以根据国际协议设立的保护区类别。

5.《1995 年菲律宾采矿法》(第 7942 号法案)。该法规定了比较详细的保障措施,以确保保护环境,并保护受影响社区居民的权利,其主要目标是对公共和私人土地上所有矿物资源的勘探、开发、利用和养护活动进行管制。

6.《国家洞穴和洞穴资源管理和保护法》(第 9072 号法案)。丰富的洞穴资源是菲律宾自然财富的一部分,该法有力地保护和管理了菲律宾的洞穴及相关资源。

7.《野生动物资源保护法》(第 9147 号法案)。该法旨在保护野生动植物物种及其栖息地,以促进生态平衡,增强生物多样性。

8.《2002 年铁链锯法》(第 9175 号法案)。该法主要规制非法采伐森林和其他形式的森林破坏活动。

三、保护海洋和水产资源的法律

菲律宾保护海洋和水产资源的法律主要有《1976 年菲律宾海洋污染法》(第 979 号法案),《菲律宾水法典》(第 1067 号法案),《1998 年菲律宾渔业法典》(第 8550 号法案),《2004 年菲律宾清洁水法》(第 9275 号法案);《2007 年石油污染补偿法》(第 9483 号法案)等。

1.《1976 年菲律宾海洋污染法》(第 979 号法案)。该法承认保护海洋环境的重要性,对造成海洋污染的行为,如向河流、小溪或泉水排放或倾倒等行为设置了严厉的惩罚。

2.《菲律宾水法典》(第 1067 号法案)。该法典规定了适当利用、控制和养护菲律宾水资源的内容框架,以缓解水资源供应紧张和资源日益短缺的局面。

3.《1998 年菲律宾渔业法典》(第 8550 号法案,后于 2014 年进行修订)。该法典由国会制定,旨在保护菲律宾的渔场和渔业资源,开发、管理和养护渔业和水资源。该法典对进入菲律宾的国外渔业和水产资源进行限制,以管理和发展该国的渔业区,保护渔民的权利,促进该国实现粮食安全。该法典设置了严格的惩罚条款,以消除或者减少对渔业和水域的环境破坏。

4.《2004 年菲律宾清洁水法》(第 9275 号法案)。该法旨在促进保护水资源的环境战略的实施，以保护和恢复菲律宾的淡水、咸水和海水水质；制定了一个综合的水质管理框架，以利用和发展菲律宾的供水资源，防止水污染。

5.《2007 年石油污染补偿法》（第 9483 号法案）。该法由国会制定，旨在实施《1992 年国际油污损害民事责任公约》和《1992 年国际油污损害赔偿国际公约》的相关规定，保护菲律宾在群岛水域、领海和专属经济区的海洋资源。它规定了因石油污染造成的损害应由责任人承担严格的责任，并规定了专门性的国际基金，以补偿因油轮泄漏而造成的损失。

四、规制危险废弃物和其他与环境保护相关的法律

菲律宾规制危险废弃物和其他与环境保护相关的法律主要有《菲律宾卫生法典》（第 856 号总统令），《1990 年有毒、危险物质与核废料控制法》（第 6969 号法案），《1997 年原住民权利法》（第 8371 号法案），《2000 年生态固体废物管理法》（第 9003 号法案），《2009 年菲律宾气候变化法》（第 9729 号法案），《1997 年农业与渔业现代化法》（第 8435 号法案），《2006 年可再生能源法》（第 9513 号法案）等。

1.《菲律宾卫生法典》（第 856 号总统令）。该法典的立法目的是保障人民的健康，保护和促进健康的公共服务。内容涉及食品场所、公共洗衣房、学校、公共游泳场所、公交车站等公共场所的卫生保障，并规定相应的保护条款和指导性措施。

2.《1990 年有毒、危险物质与核废料控制法》（第 6969 号法案）。该法由国会制定，旨在规范、限制或禁止进口、制造、加工、销售、使用和处置存在不合理风险和（或）损害健康或环境的化学物质和混合物。

3.《1997 年原住民权利法》（第 8371 号法案）。该法主要是保护原住民在利用自然资源方面的自由和知情同意权。

4.《2000 年生态固体废物管理法》（第 9003 号法案）。该法承认国家有责任采取系统、全面的固体废物管理方案，并规定了具体的规范措施。

5.《2009 年气候变化法》（第 9729 号法案）。该法宣布应对气候变化是菲律宾的一项政策，并规定将气候变化的概念纳入政策制定、发展计划、贫困战略和其他发展工具和技术的各个阶段，由政府机构和部门推动和执行。

6. 菲律宾防治空气污染问题的法律主要是《1999年菲律宾清洁空气法》（第8749号法案）。该法强调了人民享有在平衡和健康的生态环境中生活的宪法权利，进而规定了一个综合的空气质量改进框架，并相应推进管理和控制计划的实施，以减少和防止空气污染。

其他领域的立法中与环境保护相关的内容也可用于调整环境法律关系。如《菲律宾民法典》中一些关于权利滥用、妨害、地役权和侵权行为的条款，也可适用到处理环境损害赔偿的案件中，成为菲律宾环境法律的有益补充。

第三节　菲律宾环境保护法典的体例与主要内容

一、《菲律宾环境法典》的体例与主要内容

《菲律宾环境法典》颁布于马科斯总统时期，分七个部分，共有64条。颁布《菲律宾环境法典》的动机主要是启动综合环境保护与管理计划，以建立环境管理政策、明确环境质量标准。该法典主要分为空气质量管理、水质量管理、土地使用管理、自然资源管理与保护、废弃物管理、与环境保护相关问题以及效力这七个部分。其中有关空气质量管理、水质量管理、土地使用管理、自然资源管理与保护、废弃物管理的这五部分主要从立法目的、监测、标准、监管与执法等方面进行规范。《菲律宾环境法典》在空气质量管理部分从标准、监管和执法、监测等方面进行了规范，在标准的内容方面又细化为环境空气质量标准、国家排放标准、社区噪声标准、产生噪声的设备的标准，以及飞机排放与声震等方面的标准；自然资源管理与保护部分包括渔业与水产资源、野生动物、林业与土壤保护、洪水管控与自然灾害、能源开发、地表水、矿产资源保护与管理等内容；废物管理部分则分别对固体废物和液体废物进行了细化规定；与环境保护相关的其他问题主要通过列举的方式规

定了人口与环境平衡、环境教育、环境研究、国外环境信息的监控与传播、税收激励、财务补助/补贴、地方政府单位和私人个体的参与、历史与文化资源和遗产的保护、履行环境保护功能的政府机构、公共听证、术语定义等方面的内容。

《菲律宾环境法典》还明确了相关的政府主管部门及其具体职责。涉及的政府主管部门主要有环境保护委员会、教育与文化部、国家水资源委员会、自然资源部、农业部、国家污染控制委员会等机构。《菲律宾环境法典》在开始部分开宗明义重申了根据第 1121 号总统令创立国家环境保护委员会,以推进菲律宾的环境保护事业。在《菲律宾环境法典》的正文部分明确规定环境保护委员会根据第 1121 号总统令行使权力,询问具有环境意义的任何行动或事宜,可以就具有重大环境意义的事项举行公共听证;教育与文化部负责在学校课程中融入综合环境教育的内容或学科;国家水资源委员会和其他相关政府部门负责保护和改进菲律宾水资源质量,以防止、控制和减少水污染;自然资源部和农业部负责实施土壤保护计划;自然资源部负责建立森林资源合理开发体系;国家污染控制委员会负责与国家环境保护委员会进行协调以开展空气质量相关监测活动;等等。

二、《菲律宾森林改革法典》的主要内容

1975 年颁布的《菲律宾森林改革法典》在总则中对立法目的、定义进行了详细阐述。该法典涉及对公有土地的分类、管理和利用,并对林地和相关资源的多种用途进行评估,同时更加重视对林地的保护、恢复和开发,以促进可持续开发利用森林及林地资源。主要内容分为四章,分别是:第一章,林业发展局的组织和管辖权;第二章,分类和测量,包括对土地和林地、森林的分类和测量;第三章,利用和管理;第四章,刑事犯罪和处罚。

三、《1976 年菲律宾水法典》的主要内容

《1976 年菲律宾水法典》系为应对日益严重的水资源短缺和不断变化的用水模式而出台,致力于对水资源进行综合和多用途管理。该法典分九章,分别为:第一章,目标和原则声明;第二章,水域的所有权;第三章,水域的分配;第四章,水域的利用;第五章,水域的控制;第六

章，水域、流域及相关土地资源的保持和保护；第七章，水域管理和法典的执行；第八章，处罚规定；第九章，临时和最终规定。

四、《菲律宾卫生法典》的主要内容

1975 年 12 月颁布实施的《菲律宾卫生法典》以保护和促进健康为目的，对菲律宾公民在日常生产、生活中与卫生保持和促进相关的领域均有所涉及，并对相关术语进行明确定义。具体分为二十二章，分别为：第一章，一般规定，主要是术语解释、卫生部门及其负责官员的职能；第二章，供水；第三章，食品机构；第四章，市场和屠宰场；第五章，公共洗衣店；第六章，学校卫生和卫生服务；第七章，工业卫生；第八章，公共游泳或沐浴场所；第九章，休息区、公共汽车总站、公共汽车站和服务站；第十章，露营地和野餐场地；第十一章，舞蹈学校、舞厅和夜总会；第十二章，美发和美容机构；第十三章，按摩诊所和桑拿浴室；第十四章，酒店、汽车旅馆和公寓、宿舍、出租屋、经济公寓和共管公寓；第十五章，港口、机场、船舶和飞机卫生；第十六章，害虫控制；第十七章，污水收集和处理、排泄物处理和排水；第十八章，垃圾处理；第十九章，公害和厌恶性行业和职业；第二十章，环境污染；第二十一章，死者的处置；第二十二章，最终条款。

五、《1998 年菲律宾渔业法典》及其 2014 年修订版主要内容

《1998 年菲律宾渔业法典》主要对渔业和水产资源的发展、管理和保护进行规范，主要内容有：第一章，政策和定义声明；第二章，渔业与水生资源的利用、管理、开发、保护与分配制度，其中又分别从市政渔业，商业渔业，水产养殖，捕捞后设施、活动和交易等四部分进行规范；第三章，渔业和水资源局的改组以及渔业和水资源管理委员会的设立，具体分为渔业和水资源局的改组以及渔业和水资源管理委员会（FARMCs）的设立两部分内容；第四章，渔业保留区、禁渔区和保护区；第五章，渔业研究与开发；第六章，禁止与处罚；第七章，总则。

2014 年修订时对《1998 年菲律宾渔业法典》在结构及内容上做了大量调整。表现在：对术语定义，渔业与水资源的开发、利用及保护等制度，行政处罚，刑罚做了大量调整；增加了有关行政裁决的专门章节，以及公众参与战略诉讼等诉讼救济条款。

第四节 菲律宾环境法典的特点及其启示

一、菲律宾环境法典的特点

菲律宾的环境立法数量庞大，在立法形式上既有环境法典、水法典、森林法典等法典，也有普通法律文件；在内容上涵盖了自然资源各个领域的资源保护立法和很多单项污染防治立法，涉及环境保护的诸多领域。总体而言，菲律宾的环境（生态）法典化起步时间较早，体现了较先进的环境保护理念，且形式比较完备、内容覆盖面较广。这些立法对于规范和引导菲律宾的环境保护工作起到了重要作用，具有许多可资借鉴的优点，但也存在一些不足。

第一，《菲律宾环境法典》与《菲律宾水法典》、《1998 年菲律宾渔业法典》、《森林改革法典》等法典并存。分散式的法典编纂模式，虽然能照顾到环境保护不同部门和领域的专门化问题，但是对于环境保护立法体系来说，往往存在协调不足的问题，进而影响法律的有效执行。

第二，菲律宾的环境保护法典具有很多突出的优点。表现在：《菲律宾环境法典》出台时间较早，体现了该国对环境保护及环境立法的重视。结构方面，《菲律宾环境法典》虽然条款数量不多，但结构上却几乎囊括了环境与自然资源保护的所有领域，对指导其国内的环境保护工作起到提纲挈领的作用，为后续环境立法搭设了良好框架。立法技术方面，《菲律宾环境法典》等法典基本具备了法典的基本技术特征，如内容明确、条理清晰、逻辑严密、术语准确等。在这些法典中基本都有对所涉及术语的全面细致介绍，而且占据了相当多的条文篇幅。立法目的方面，菲律宾的几部环境保护法典基本遵循“一元论”的立法目的，明确以公众的健康、安全和公共福利为主要目的，体现了环境立法的基本价值追求。内容方面，通过其宪法明确规定了公民环境权，为环境保护立法奠定了公民权利基础；《菲律宾环境法典》比较重视对标准及监测的规范，并规定了相应的政府主管部门。此外，受普通法系尤其是美国立法的具体可操作性的特点影响，《森林改革法典》《1998 年菲律宾渔业法典》等法典的内容既有明确的权利义务规范，又有细致的便于执行的法律责任条款，体现了菲律宾环境保护法典明确、细致的特点。

第三，菲律宾的环境保护法典存在的问题与不足。表现在：《菲律宾环境法典》等法典主要是关于各个环境保护领域的实体性规范，很少有程序性规范的内容；虽然规定了一些政府机构，但是对这些政府机构间的权属关系、职权划分、管理体制等方面缺乏明确细致的规定，容易导致这些政府机构间出现职能交叉或者监管空白的情形，不利于环境执法；对法律责任的规定不明确，使这些法典的具体执行效果大打折扣。此外，与环境保护相关的其他法典或法律数量众多、体系庞大，但不免存在一些重合或交叉规定之处，既增加了立法成本，也对公民守法和执法造成诸多困惑，不利于法律的遵守和执行。

二、菲律宾环境法典对中国之启示

菲律宾环境保护立法与法典的内容与结构对我国今后环境法典的制定以及当前环境保护相关法律法规的出台均有很多启发。

第一，环境法典的出台较多地受一国自然地理条件及法制传统的影响。受其地理位置、经济结构和社会发展情况的影响，对自然资源破坏或者环境污染比较敏感，因此菲律宾对环境保护工作比较重视，很早就着手开展环境立法工作。在长期被殖民统治过程中，菲律宾逐渐形成了大陆法和普通法相混合的法律制度体系和法典化传统。在这种背景影响下，菲律宾很早就出台了环境法典。我国当前环境污染及资源破坏的严重形势对于我国的环境法典提出了较多的期待，且我国在历史传统中一直比较重视法律体系的系统化编纂，这些也为今后出台环境法典提供了有利的外部条件。

第二，环境（生态）法典化水平体现了国家对环境治理的重视程度。法典除具有内容上的强制力外，也具有重要的教育功能和宣示意义，体现了国家对环境问题和环境保护工作的重视。环境保护及其法典化发展水平与经济发展程度并非成正比的关系。菲律宾本身处于发展中国家，但是其环境法典以及其他相关立法颁布时间较早且立法数量多，体现了该国非常重视环境保护立法以及法典化建设。当前我国将生态文明建设纳入国家“五位一体”总体布局，2018 年修正的《宪法》明确将生态文明增列为五大文明内容之一，并明确规定国务院领导和管理生态文明建设，从理念、机制和制度等方面将生态文明建设写入宪法，彰显了我国重视生态文明、建设美丽中国的决心。在此背景下建议应适时开展环境法典的编制工作，完善环境法律体系，为生态文明建设奠定坚实的立法基础。

第三，环境法典的内容及形式选择根据国情不同而有所不同。法典编纂没有固定的形式，主要受国家环境保护的具体实际、编纂水平等因素的影响。理想化的法典在形式方面要求内容概括、明确，在一国之内具有普适性和实施的稳定性；调整范围方面要涵盖该调整领域的全面内容。法典作为成文法的集中体现，其本身的内容又往往滞后于实践，而且环境法涉及自然资源和污染防治领域等单行法，这些不同单行法在调整具体社会关系时所涉及的内容和特点又各不相同，并且牵扯到众多政府管理部门的部门职权和利益，所以如果追求大而全的理想化的法典编纂模式，可能会耗费巨大的人力物力，且耗时较久，使其脱离了法律本身所应肩负的调整社会关系的功能。因此正如张梓太教授所提出的，走适度法典化的道路不失为当下环境法典编纂的最优选择。

第九章　爱沙尼亚环境法的法典化：在守正与创新中分阶段推进

建立符合时代发展需求和系统完善的环境法治体系，是实现国家生态治理现代化的重要保障。当前，我国环境法制在立法目的、概念体系和制度体系等方面存在诸多体系化问题亟待加以系统性解决，制定中国环境法典是推动解决该体系化问题的核心路径。《爱沙尼亚环境法典总则》在立法目的条款、基本法律原则、基本概念体系、实体环境权、整体性治理等方面，对我国制定环境法典与解决环境法制体系化问题具有较大启发意义，值得深入研究和借鉴。

第一节　爱沙尼亚环境法典的立法背景及其进展

环境法制存在的体系化问题是爱沙尼亚制定环境法典的基本原因。历史地看，爱沙尼亚法制发展受德国、俄罗斯（苏俄）等国家法制传统和法学理论影响较大。爱沙尼亚在1991年脱离苏联实现独立后，就努力深化与欧盟的合作，以图实现其回归欧洲战略。借鉴德国等欧陆国家经验，制定爱沙尼亚环境法典就是其重要体现。

一、通过制定环境法典解决环境法制体系化问题

爱沙尼亚之所以启动环境法典制定工作，最根本的原因在于爱沙尼亚当时的环境法律制度系不同时期分别制定，也因此存在过度规制、

缺乏稳定性、法律概念体系缺乏一致性、环境法律制度相互之间缺乏衔接与协调等各种体系化问题。[1]

在过度规制方面，爱沙尼亚不同时期制定的环境法律其社会基础、立法理念与法律原则均明显不同，因此环境法律制度相互之间缺乏衔接和协调，诸如环境许可证等制度的规定过于繁杂、严重碎片化，造成对企业的重叠规制，增加了环境执法、司法和守法的成本和难度。这种体系化问题增加了制度性交易成本。

在环境法制缺乏稳定性方面，问题主要表现为：环境法律体系过于具体繁琐、缺乏抽象提炼，使环境立法缺乏适应性而频繁修改，同一概念术语在不同环境立法中的使用较为混乱、缺乏协调一致，新型环境治理市场机制（如环境税制度）与传统监管型机制（如排污标准制度）等制度间也缺乏充分协调与配合。

二、以法典为载体促进爱沙尼亚回归欧洲的战略

客观理性地说，上述这些导致爱沙尼亚制定环境法典的原因，是各国环境法制所面临的普遍性问题，[2]仅是启动环境法典制定工作的基本条件。解决上述问题的确需要进行环境法制体系化，但未必需要通过制定环境法典的方式来加以解决。制定环境法典作为立法工作本身就是一项政治活动，因此其启动和推进必然要获得强有力的政治支持。为此，就必须强化环境法典制定与政治决策层核心工作即爱沙尼亚的“回归欧洲战略”的融合，这是爱沙尼亚环境法典的重要支撑条件。

爱沙尼亚，与拉脱维亚和立陶宛并称为“波罗的海三国”，1991 年苏联解体之后宣布独立。此后，爱沙尼亚为谋求生存之道，确保国家安全，就不断与欧盟和欧陆国家强化沟通与合作。[3] 1994 年爱沙尼亚等

---

[1] Hannes Veinla, *Codification of Environmental Law: Major Challenges and Options*, 5 Juridica International 58 (2000).

[2] Richard B. Stewart, *A New Generation of Environmental Regulation*, 29 Capital University Law Review 21 (2001 - 2002).

[3] 黄振民：《中东欧国家争取加入欧盟进程、问题与前景》，载《国际问题研究》2000 年第 5 期。

波罗的海三国正式决定加入北约，寻求深化与北约的军事合作，以确保其国家安全。1997 年欧盟将爱沙尼亚等中东欧国家确定为第一批入盟候选国，2004 年爱沙尼亚成功加入欧盟。[1] 通过借鉴欧陆国家尤其是德国制定环境法典的经验与教训，爱沙尼亚不仅可实现其环境法制现代化，与欧盟环境法制的对接，更可以实际行动表明其回归欧盟和融入欧洲大家庭的决心。这或许是爱沙尼亚环境法典立法能够获得其最高政治决策层支持的重要原因。[2]

三、借鉴欧陆国家经验分阶段推进环境法典立法

爱沙尼亚之所以较早启动环境法典的立法工作，除与国内立法机关和学者的积极推动有关外，还与该国的地理区位、国际关系、在世界范围内不断扩大的环境（生态）法典化运动也有密切关系。爱沙尼亚属于中东欧国家、与俄罗斯接壤，其地理区位使该国必然与西欧、中亚等国家保持着密切沟通与交往。爱沙尼亚环境法典立法的启动和推进，在很大程度上也得益于其地理区位的特殊性。

在欧陆国家中，德国早在 20 世纪 90 年代就开始研究制定德国环境法典，[3] 对国际社会的示范效应不容低估。1995 年，在向比利时所属佛兰芒政府提交环境政策法令草案之际，由“环境法修订大学间委员会”主办，以环境（生态）法典化问题研究为目的的国际会议表明，在当时，德国、瑞典、荷兰、丹麦与法国等国家都在进行环境法典的起草工作。[4] 其后，与爱沙尼亚邻近的中亚国家哈萨克斯坦在 2007 年制定了环境法典，同一时期俄罗斯也正在研究制定生态法典。爱沙尼亚从 2000 年开始启动制定环境法典的研究工作，因此可以说其与哈萨克斯坦和俄罗斯环境法典的制定一样是欧陆国家环境法法典化运动在中东欧国家和中亚国家的延续。欧陆国家在环境法典立法方面的经验与教训，为爱沙尼亚稳步推进环境法典立法提供了宝贵的实践经验和理论

---

〔1〕 李兴汉：《列国志 · 波罗的海三国》，中国社会科学出版社 2010 年版，第 182 – 183 页。

〔2〕 魏百谷：《爱沙尼亚的生存之道》，载《台湾国际研究季刊》2018 年第 4 期。

〔3〕 刘如慧：《德国环境法典 2009 草案初探：以整合的开发行为许可制度为中心》，载《台北大学法学论丛》2010 年第 76 期。

〔4〕 Bocken Hubert et al. , *Codification of Environmental Law*, Kluwer Law International, 1996.

铺垫。尤其是，德国在环境法典立法方面的两次失败，使得爱沙尼亚立法机关充分意识到环境法典的立法难度较大。[1]

爱沙尼亚环境法学者从2000年就开始研究制定爱沙尼亚环境法典，成立了两个法典起草工作组，分别负责起草环境法典总则和分则。2007年，爱沙尼亚官方正式启动环境法典起草工程。2011年立法机关先行审议通过了《爱沙尼亚环境法典总则》。立法机关本欲在2013年完成《爱沙尼亚环境法典分则》制定工作，以确保该法典的总则和分则部分能同时生效。但是，尽管环境法典分则立法起草组在2010年向爱沙尼亚司法部提交了包含大约1100条的《爱沙尼亚环境法典分则》草案建议稿，但该法典分则的立法工作却未能如期完成。为此，立法机关只能决定将2011年审议通过的《爱沙尼亚环境法典总则》在2014年先行生效。目前《爱沙尼亚环境法典分则》仍处于立法过程中，具体颁布时间尚不确定。[2]

第二节 《爱沙尼亚环境法典总则》的主要内容

一、《爱沙尼亚环境法典总则》的基本情况

《爱沙尼亚环境法典总则》在初次审议通过后，已先后进行14次小幅度修改，最近一次修改发生在2020年6月。目前该法典共包括八章内容，其中有关国家对环境的监督管理和法律责任两章内容系后来在该法典的修法过程中所增加。

《爱沙尼亚环境法典总则》的内容较为凝练，较好地实现了立法机

---

〔1〕 沈百鑫：《两次受挫中前进的德国环境法典编纂》，载《中国人大》2018年第5期；沈百鑫：《德国环境法法典化的核心问题和受挫原因及其对我国的启示》，载吕忠梅主编：《环境资源法论丛》第11卷，法律出版社2019年版。Uwe Muller & Benjanin Klein, *The New Legislative Competence of Divergent State Legislation and the Enactment of a Federal Environmental Code in Germany*, 14 Journal of European Environmental and Planning Law 181 (2007).

〔2〕 Hannes Veinla & Kaarel Relve, *Estonia Environmental Law*, Wolters Kluwer, 2017, p. 30.

关统一法律概念、整合环境法律制度、优化环境法律体系、降低环境守法和执法成本和难度等立法预期。该法典确立了集中规定环境法主体的义务和权利的立法体例。该法典在对立法目的、适用范围、重要概念作出规定之后，先是对环境法的基本原则进行了规定，然后对环境法主体的一般法律义务、经营者的具体法律义务、包括非政府环境组织在内的公众所享有的实体环境权与程序环境权进行了系统的规定。此种立法安排更加凸显了环境保护的义务和权利在环境法中的地位。

二、《爱沙尼亚环境法典总则》的核心理念

总体来看，制定环境法典的初衷是解决生态环境治理碎片化问题，因此坚持整体性治理思维是贯穿《爱沙尼亚环境法典总则》编纂和制度设计始终的主线索。

所谓整体性治理，就是促进（不同层级或同一层级的）政府部门间通过充分沟通与合作，实现有效协调和整合，使彼此的政策目标连续一致，政策执行手段相互强化而非相互重叠，进而达到合作无间的目标的治理行动。[1] 这种整体性治理思维，在该法典的立法目的、基本概念体系、基本原则等方面均有体现。

在立法目的方面，该法典采取生态环境保护的二元（人 + 生态环境）目的论，即既要保护今世后代的人免受环境妨害的侵害，又要保护生态环境本身不受损害。这意味着，对生态环境本身的保护，不再需要依附于保护人的生命、健康或财产，因为生态环境就是环保立法的保护对象，这有助于实现人和自然的和谐共生。

在基本概念体系方面，该法典以“环境妨碍”为环境法制建构的逻辑起点，将“环境妨碍”区分为“环境威胁 + 环境风险”与“经由损害环境而致对人的侵害 + 对生态环境本身的侵害”两组概念，实现了从环境致害之问题源头（问题导向思维）和环境致害（或保护）之最终结果（目标导向思维）中抽象环境问题的类型，能更好地覆盖环境问题的各种形态，为建构更加科学的环境法基本原则和环境法律制度体系提供了更好的基础，也是生态环境整体性治理的重要体现。

---

〔1〕 叶璇：《整体性治理国内外研究综述》，载《当代经济》2012 年第 6 期。

在基本原则方面,整体性治理理念的体现更为明显。该法典明确提出生态环境保护应坚持高水平保护和一体化保护的原则,即环境保护措施必须确保对环境进行高水平保护,对环境进行一体化保护,以避免环境影响可能从一种环境要素转移到另一种环境要素。该法典还要求环境保护应当坚持融入原则,它要求为确保可持续发展,在为生活各个领域的发展提供指导时,必须将确保提供高水平环境保护的考量纳入其中。其实质是生态环境保护应坚持多元主体共治的思维。该法典还分别规定了与环境威胁和环境风险概念相对应的预防原则和风险预防原则。

三、《爱沙尼亚环境法典总则》的章节内容

第一章为一般规定,主要对立法目的、适用范围、关键概念的定义等进行了规定。该法典对立法目的的规定详尽且有层次,还对环境妨害(environmental nuisance)、环境风险(environmental risk)、环境威胁(environmental threat)、设备与经营者(operator)、排放(emission)、排放限值、环境质量之限值、排污行为(pollution)与污染结果(contamination)等重要概念进行了定义。

第二章对环境保护的原则和主要义务进行了规定。该法典规定,环境保护应坚持高水平和一体化环境保护原则、融入原则、预防原则、风险预防原则、使用者付费原则、节约利用自然资源的原则。任何人都应承担环境保护的注意义务,在进行可能引发环境危害的活动之前,有义务获取可以预防该环境威胁发生的知识。

第三章系对经营者义务的集中规定。该法典中,所谓经营者是指经营或拥有某一设备,因而控制该设备的运行,并且对该设备的技术运转负责的人。其法律义务包括:预防环境威胁和采取风险预防措施的义务,节约原材料、自然资源和能源的义务,在设备选址时必须要最大限度降低环境风险,必须在合理程度上确保对运行该设备的人员进行环境保护培训,在设备发生重大环境妨害时必须尽快通知环境监察员或者法律规定的其他机关,在该设备终止运行时必须确保不会发生重大环境妨害。该法典在后来的修改中,还规定对于法人在该法典或者在空气污染法等环境法律中金钱和非金钱的职责和义务,法人的授权

代表人、管理人员、组成机构及其成员负有应及时和充分地安排对其加以履行的义务。

第四章对环境权进行了系统规定。该章包括两节,分别对满足健康和福利需求的实体环境权和程序环境权(第一节)、使用他人土地和水体的权利(第二节)进行了规定。在环境权方面,该法典对公众享有的具有可诉性的实体环境权与环境信息获取权、环境决策参与权及诉诸司法的程序环境权利,以及非政府环境组织在提起环境公益诉讼方面的权利作出了相应规定。在使用他人土地和水体的权利方面,该法典对在他人土地上逗留、使用他人土地上的道路、拣拾他人土地上的浆果和蘑菇等自然产品、在他人土地上短暂宿营和长久停留、在他人土地上生火、对水体的公共利用、对河滩或者河堤道路的管理与使用等进行了规定。

第五章从实体和程序两个方面对环境许可证制度进行了全面规定。按照该法典规定,爱沙尼亚环境保护许可证主要包括环境许可证、综合环境许可证、为降低从事某一领域活动的环境风险而由法律规定的其他许可证等三种类型。三种环境许可证制度之间的关系是,环境许可证适用于法律规定的情形,但是对于法律规定的需要适用综合环境许可证的情形则不要求再申请环境许可证,其他环境许可证则适用于上述两种许可证适用对象之外的环境利用行为或者活动。该章主要规定了环境许可证的申请、地方行政机关的意见、公开程序和不公开程序下利害关系人的参与、环境许可证申请书及其行政决定的公开、作出环境行政许可的时限、环境许可证的部分授予,以及环境许可证的宣布、修改、暂停与撤销等内容。

第六章规定系该法典在后续修改中新增内容。主要涉及国家的监督管理、法律责任等内容。在国家的监督管理方面,该法典对国家监督管理的行政机关、可以采取的特别措施、国家监督管理权的详细内容、国家强制措施的使用等进行了规定。在环境法律责任方面,主要涉及环境行政罚款及其相应程序方面的规定。

第三节 《爱沙尼亚环境法典总则》的内容评价

以我国《环境保护法》(2014 年修订)为参照,《爱沙尼亚环境法典总则》创新之处颇多。该法典在立法目的条款方面的表述更加细化、更具层次性和包容性。在基本概念方面,该法典建立了以环境妨害为核心的元概念体系,使气候变化、生物安全风险等新型环境问题得以纳入环境法制体系。该法典实现了行政法上主观公权利性质的实体环境权的法典化,还建立了体现整体性治理理念的环境许可证制度。

一、立法目的条款更具有指导性和建构性

立法目的是立法的逻辑起点,立法目的的明确性和包容性是通过科学立法,建立完整法律制度,实现良法善治的基础。《爱沙尼亚环境法典总则》对立法目的的提炼和表述,对中国未来环境立法乃至制定环境法典都具有重要的启发意义。

我国《环境保护法》(2014 年修订)的立法目的是,"保护和改善环境,防治污染和其他公害,保障公众健康,推进生态文明建设,促进经济社会可持续发展"。此种立法目的通常被称为环境立法目的"二元论",即"环境立法目的(保护环境) = 保护人体健康 + 促进经济社会发展"。与之相对的,则是环境立法目的的"一元论",即认为保障人体健康乃是环境立法的唯一目的。[1] 问题在于,无论是保障人体健康,还是促进经济社会发展,都是以人为中心的,它使得对保护生态环境本身的法律制度建构无法从立法目的条款中获得支持。尽管《环境保护法》(2014 年修订)立法目的条款中也包含"保护和改善环境"的表述,但其所谓保护和改善环境最终还是为了保障人体健康和促进经济社会发展。

《爱沙尼亚环境法典总则》则规定,其立法目的在于:尽可能地降低环境妨害,以保护环境、人体健康、福利、财产和文化遗产;促进可持

[1] 胡静:《环境法本体论》,载《中国政法大学学报》2013 年第 1 期。

续性发展，确保环境能满足今世后代人的健康和福利需求；养育和保护生物多样性；使环境处于良好状态；预防环境损害并对已发生环境损害进行救济。该立法目的条款中关于"预防环境损害并对已发生环境损害进行救济"的表述则更加明确地表达了保护生态环境，不仅是为了保护人体健康，更是因为其本身有相对独立的价值。此种立法目的的表达方法为世界上很多国家的环境立法所采纳。比如，《南非宪法》第24条、[1]《法国环境法典》第L110－1条、[2]《瑞士环境法典》第1条[3]等。

更为重要的是，将环境损害救济（或者保护生态环境本身）直接写入立法目的，是更好地建立有关环境损害的概念体系和制度体系的前提和基础，即"立法目的—基本概念—基本原则—制度建构"是一个完整的逻辑链条，这样才能发挥环境法立法目的对基本概念和制度建构的涵摄作用。目前我国关于生态环境损害救济的法律制度，其问题恰恰在于过于注重构建实用性的法律制度，对于作为该环境法律制度建构之基础的立法目的及其概念体系则缺乏重视。

二、元概念体系更加具有包容性和解释力

《爱沙尼亚环境法典总则》创立了基于"环境妨碍"而建立起来的环境法元概念体系（环境问题的分类），对我国将来在环境法典中如何对环境问题（是否继续坚持学理上的环境问题二分法[4]）进行科学地表达和建构具有较大启发。

《爱沙尼亚环境法典总则》创造了"环境妨碍""环境风险""环境威胁"三个概念，使其成为爱沙尼亚环境法制体系建构的元概念。"环境妨害"是指人为引发的对环境的直接或者间接负面影响，包括经由环境对人体健康、福利、财产或者文化遗产造成的影响，以及未超过某

---

〔1〕 Eric C. Christiansen, *Empowerment, Fairness, Integration: South Africa Answers to the Question of Constitutional Environmental Rights*, 32 Stanford Environmental Law Journal 242 (2013).

〔2〕 《法国环境法典（第一至三卷）》，莫菲等译，法律出版社2018年版，第3－4页。

〔3〕 《瑞典环境法典》，竺效等译，法律出版社2018年版，第6页。

〔4〕 周珂主编：《环境法》，中国人民大学出版社2013年版，第3－9页。

一极限数值的对环境之不利影响，或者未受到极限数值规制的对环境之不利影响。“环境风险”是指“其发生可能性需要降低的环境妨害”，“环境威胁”则是指“其发生具有相当可能性的重大环境妨害”。[1]

分析上述关于“环境妨害”的定义可以发现，“环境妨害”实际上还包括两种情形：一是经由环境（要素）对人及其财产等造成的侵害，二是对环境（要素）本身的侵害，此即我国正在探索建立的生态损害赔偿制度之保护对象。尽管《爱沙尼亚环境法典总则》在基本概念部分并未使用诸如“生态损害”“环境损害”“自然资源损害”等旨在保护生态环境本身的法律术语，但它也确实建立了生态环境法治保护对象的二元论，[2]即将生态环境本身作为一种独立的法益进行保护，改变了以往为保护人（类）及其财产而保护生态环境的做法。也就是说，“环境妨害”概念本身实际上隐含着另外一种分类方法，即“环境妨害 = 经由损害环境所致对人的侵害 + 对生态环境本身的损害（生态损害/环境侵害/自然资源损害）”。

三、实体环境权之成文化表述具有创新性

建立了集成式系统性的环境权体系，即“一个可诉的实体环境权 + 三个可诉的程序环境权”，可以说是《爱沙尼亚环境法典总则》立法的最大亮点。[3]

《爱沙尼亚宪法》本身并未明文规定作为基本权利的环境权，但有学者认为该权利可以通过《爱沙尼亚宪法》第 10 条即概括性人权条款获得其宪法规范基础。该第 10 条规定，本章所列明的权利、自由和义务并不影响基于宪法精神或者按照人的尊严原则，以及基于社会正义、民主和法治而享有其他自由、权利和义务。[4]

就环境权的发展脉络而言，《爱沙尼亚环境法典总则》实际上是对《在环境问题上获得信息公众参与决策和诉诸法律的公约》（以下简称

---

〔1〕《爱沙尼亚环境法典总则》第 3、4、5 条。

〔2〕吕忠梅：《环境侵权的二元性》，载《人民法院报》2014 年 10 月 29 日，第 8 版。

〔3〕Hannes Veinla & Siim Vahtrus, *Substantive Environmental Right in Estonia – Basis for Citizens' Enforcement*, 3 Nordic Environmental Law Journal 7 (2016).

〔4〕朱福惠主编：《世界各国宪法文本汇编 · 欧洲卷》，厦门大学出版社 2013 年版，第 32 页。

《奥胡斯公约》）关于环境权规定的继承和发展。[1] 所谓继承主要表现在，《爱沙尼亚环境法典总则》系统规定了《奥胡斯公约》中规定的三个程序环境权（环境信息获得权、环境事务参与权、环境事项诉诸司法权）。所谓发展则表现为，《奥胡斯公约》仅在其第1条中提及了实体环境权，但是该实体环境权很难说是真正意义上的权利，因为该权利本身并不具有可诉性，因此它实际上是该公约所规定的三个程序性环境权之实施所欲追求实现的目标。《爱沙尼亚环境法典总则》实现了该实体环境权的制度化和法典化，使该权利成为名副其实的主观公权利，该实体环境权主体可以依据《爱沙尼亚行政法院程序法典》和《爱沙尼亚行政程序法》提起私益诉讼。

此实体环境权即《爱沙尼亚环境法典总则》第23条规定的"公众享有满足其健康和福利需求的环境权利"。该条规定的内容是：（1）任何人有权希望与其直接相关的环境能够满足其健康和福利需求。（2）如果某人经常停留在某一受影响的环境，或者经常使用受影响的自然资源，或者与该受影响的环境具有特殊关联，那么该环境与其直接相关。（3）在适用上述第（2）款时，可能受影响的环境或者自然资源也被视为受影响的环境或者自然资源。（4）在评价该环境是否满足人们的健康和福利需求时，需要考虑其他人的权利、公共利益和该区域的特点。如果超过环境质量之限值，那么就推定该环境没有满足人们的健康和福利需求。（5）为了支持本条第（1）款中规定的权利，某人可以要求行政当局保护某一环境免受损害，并且采取合理措施确保该环境满足其健康和福利需求。

按照《爱沙尼亚环境法典总则》第23条规定，当事人取得该实体环境权的核心要件是作为保护对象的环境本身的特殊性，即权利主体必须与其所欲保护的环境直接相关，并且该环境能够满足该权利主体的健康和福利之需求。尽管该条规定关于环境权主体的表述使用的是"任何人"，但从第23条规定的文本来看，该条中环境权的主体应限定

---

[1] Dinah Shelton, *Developing Substantive Environmental Rights*, 1 Journal of Human Rights and the Environment 89 (2010).

为自然人而不包括法人。所谓"直接相关"则是指,如果某人经常停留在被影响的环境,或者经常使用被影响的自然资源,或者与该被影响的环境有特殊关联,那么该环境与其直接相关。而且,所谓"被影响的自然资源"或者"被影响的环境"包括该自然资源或环境可能被影响的情形。

《爱沙尼亚环境法典总则》关于实体环境权之法律规定的重要意义在于,它可能是世界范围内首个在行政法层面对主观公权利性质的实体环境权进行建构和法典化表述的立法例。它意味着,作为行政法上主观公权利的实体环境权不再躲藏在保护规范理论的身后,或者说它实现了借助保护规范理论判断主观公权利是否存在之标准本身的法律化,使主观公权利直接站到了环境行政主观诉讼的台前而不是幕后。该法典第23条关于实体环境权的制度设计,能够起到"通过私人诉讼维护环境公益"[1]的作用。换言之,该实体环境权行使具有较强的环境公益保护之外溢效应。对照我国环境公益诉讼制度,可发现两者的不同之处:在中国,环境公益诉讼制度是以公益的手段(理论上原告与其保护对象不存在利害关系)实现公益的目标。在爱沙尼亚,环境权的行使则是以私人的手段(理论上原告与其保护对象存在利害关系)实现公益的目标。这种做法与美国公民诉讼制度的设计原理更接近,尽管在美国环境法中并无环境权的成文化规定。

四、环境许可证之法律制度更加便民友好

《爱沙尼亚环境法典总则》第五章整合了现有环境许可证的法律规定,建立了系统的集成式环境许可证制度,即从程序法方面对环境许可证、综合环境许可证和其他环境许可证等三种类型的环境许可证制度进行了系统性规定。对于环境许可证制度,爱沙尼亚环境法典总则与分则的分工是前者重在建立统一的环境许可证审批程序,至于各种环境许可证的管控对象等问题则由后者作出具体规定。

相较于环境立法法典化之前的环境许可证体系,《爱沙尼亚环境法典总则》的进步和创新主要表现在下列方面。第一,针对环境法的

---

〔1〕 王明远:《论环境权诉讼——通过私人诉讼维护环境公益》,载《比较法研究》2008年第3期。

不同领域,规定了一套统一的许可证程序和环境许可条件,即爱沙尼亚环境立法法典化从程序维度对环境许可证制度进行整合。第二,建立了综合环境许可证制度,该制度要求就计划进行的活动对各环境要素(包括水、大气、土壤等)的影响进行一体化评价,避免环境影响在环境要素之间进行转移。第三,环境许可证可以同时授权进行多项活动,即同时授权许可证申请人或者持有人从事对水体的特别利用、向大气排放污染物、废弃物管理、采矿、放射性活动等活动。第四,颁发环境许可证必须遵守正当法律程序,即环境许可证颁发机关对于环境许可证申请,必须通过公开程序征求公众意见或者征求其权利或者义务可能受到颁发或者拒绝颁发许可证影响的利害关系人的意见。第五,明确规定建立统一的环境决策信息系统,其目的在于简化综合环境许可证、环境许可证以及其他环境许可证的申请和审批程序,以及确保人体健康和安全免受辐射和核材料的影响。

《爱沙尼亚环境法典总则》对爱沙尼亚现行环境法律中的环境许可证制度进行了整合,并借鉴欧盟《污染物防治综合指令》(后修改为《工业污染物排放指令》)中关于综合环境许可证的做法,建立了爱沙尼亚的综合环境许可证制度,避免仅针对环境要素发放环境许可证,导致环境影响在不同环境要素之间转移而缺乏相应监管机制。另外,《爱沙尼亚环境法典总则》中关于环境许可证的规定,不仅解决了有关环境许可证规定的程序法问题,而且对相应实体法问题也作出了规定,即因为环境许可证的颁发或者拒绝颁发而使其环境权利或者义务受到影响的第三人的环境权益的保护问题。在我国,尽管国务院办公厅《关于印发控制污染物排放许可制实施方案的通知》(国办发〔2016〕81号)对建立全部固定污染源的单一的环境许可证制度、环境许可证制度与其他环境法律制度的衔接和协调等问题提出了明确要求,但是无论是2008年《排污许可证管理条例》(征求意见稿),还是2016年原环境保护部颁布的《排污许可证管理暂行规定》都未建立综合环境许可证制度,并且对环境许可证颁发也缺乏正当程序的规范和制约。《爱沙尼亚环境法典总则》关于环境许可证制度的规定能够为我国排污许可管理立法提供借鉴。

第四节 《爱沙尼亚环境法典总则》的启示

《爱沙尼亚环境法典总则》能够为我国推进环境法制体系化提供诸多启示。尤其是通过制定环境法典,爱沙尼亚实现了环境法(学)元概念体系的重构,该法典关于生态环境整体性治理的法律化与我国深化改革领域的系统思维相契合,其立法过程与成果表明,扎实的理论储备和分阶段制定是制定环境法典所不可或缺的。

一、制定环境法典是建构科学的环境法元概念体系所必需

《爱沙尼亚环境法典总则》将"环境妨害"概念作为环境法制建构的最基本概念。依据其发生的可能性程度的不同,将"环境妨碍"区分为"环境威胁"与"环境风险";依据保护对象的不同,将"环境妨碍"区分为"经由损害环境所致对人的侵害"与"对生态环境本身的损害(生态损害/环境侵害/自然资源损害)"。这两组概念体系的重要意义在于,它为我国今后环境立法及其法典化过程中检讨环境法制体系建构与环境法学理论建构元概念体系的科学性,即是否继续坚持以"环境问题"作为环境法(学)的最基本概念,是否有必要从元概念体系入手推动环境法(学)体系实现结构性变革与重塑,提供了诸多启发。

在我国,以"环境问题"作为环境法(学)的原初概念,并以其为基础构建环境法(学)元概念体系,是我国环境法制建构和环境法学理论建构的通识。我国将环境问题分为人为原因导致的环境问题与自然原因导致的环境问题,前者又区分为环境污染问题和生态破坏问题,这两组概念构成支撑我国环境法制建设的元概念体系。但是,这一概念体系越来越表现出明显的不周延性,主要表现在该概念体系无法为诸如气候变化等环境风险以及生态损害、生态修复等新兴环境问题,在环境法(学)建构和发展过程中提供栖身之地。有学者在学理上明确指出,应对环境风险是环境法的重要任务,[1]其敏锐地发现中国环境法制在

---

〔1〕 胡静:《环境法本体论》,载《中国政法大学学报》2013 年第 1 期。

某些领域已表现出对环境风险的回应,[1]洞察到现行环境法制存在风险预防法律地位不明、风险治理制度体系不健全等问题,建议以预防原则为接口重塑风险预防在环境立法中的表达方式。[2] 本书赞同上述观点,但是亦认为还应从重塑环境法的元概念体系入手,增强其对当代新型环境法问题的回应性、包容性和解释力。

环境风险概念在我国环境法制基本概念体系中的缺失,使得气候立法等环境风险立法无法被定位为环境保护领域基础性、综合性法律的《环境保护法》(2014 年修订)所接纳。[3] 我国正在研究制定“应对气候变化法”,2018 年国家层面应对气候变化事务主管部门由国家发展改革委调整为生态环境部,意味着不论应对气候变化是否专门立法,气候法制之于环境法制体系都将实现从“流浪”到“回归”的转变,但《环境保护法》(2014 年修订)却无法在概念体系和制度体系上容纳气候法制。[4] 类似挑战还体现在,《环境保护法》同样无法实现对《生物安全法》等生态风险法制的统领作用。[5] 因为《环境保护法》建立的元概念体系无法容纳“气候变化”“气候风险”“生物安全风险”。[6]若将“环境风险”确定为环境法制体系的元概念,则可以较好地发挥其对环境风险立法的统领作用。

生态损害概念在我国环境法制基本概念中的缺失,同样使得旨在预防和救济生态环境损害的环境法制无法得到系统性建立。比如,对于《环境保护法》(2014 年修订)第 64 条中规定的“因污染环境和破坏

---

〔1〕 吕忠梅:《中国环境法的转型——从后果控制到风险预防》,载《中国环境监察》2019 年第 Z1 期。

〔2〕 张宝:《从危害防止到风险预防:环境治理的风险转身与制度调适》,载《法学论坛》2020 年第 1 期。

〔3〕 刘洪岩:《从文本到问题:有关新〈环境保护法〉的分析与评述》,载《辽宁大学学报(哲学社会科学版)》2014 年第 6 期。

〔4〕 尽管美国联邦最高法院在“马萨诸塞州诉美国环保署”案件中将温室气体排放视为空气污染并将温室气体视为大气污染物,但这是司法解释的结果且是权宜之计,这种做法在世界范围内也没有获得普遍认可。参见李艳芳:《从“马萨诸塞州等诉环保局”案看美国环境法的新进展》,载《中国人民大学学报》2007 年第 6 期。

〔5〕 于文轩:《环境法视域下的生物安全风险规制》,载《中国环境管理》2020 年第 3 期。

〔6〕 朱炳成:《全球气候治理面临的挑战及其法制应对》,载《中州学刊》2020 年第 4 期。

生态造成损害的”，其所谓“损害”是否包括针对生态环境本身造成的损害，另外针对生态破坏是否适用《侵权责任法》第八章关于环境污染责任的无过错归责原则也存在争议。[1] 该问题随着《民法典》侵权责任编第1234条规定的出台似乎已经得到解决，但是似乎又产生了新问题，主要表现在有学者认为，应区别生态环境损害赔偿与自然资源资产损害赔偿。[2] 生态环境损害赔偿如何进行立法表达以实现其法治化也值得思考，[3]有学者建议就生态环境损害赔偿进行专门立法。[4] 本书认为，不论对生态环境损害赔偿是否进行专门立法，上述这些问题都表明保护环境本身的重要性，因此未来中国的环境法制建设应当借鉴《爱沙尼亚环境法典总则》将“环境损害”纳入“环境妨害”概念之中的做法，将“生态（环境）损害”确立为中国环境法制建设中的元概念，为中国环境损害救济法律制度的建构夯实在基本概念体系方面的基石。

二、制定环境法典是环境法领域坚持系统思维的最佳选择

对于我国环境立法乃至环境立法法典化而言，《爱沙尼亚环境法典总则》的启示首先在于整体性治理（holistic governance）之立法理念方面。整体性治理思维实际上与十八大以来党中央在全面深化改革过程中提出的坚持改革的系统性、整体性、协同性思维在内在精神上是相通的，当然后者更具战略性和方法论意义。

党的十八大报告将生态文明建设纳入“五位一体”总体布局，对“大力推进生态文明建设”作出全面要求，明确提出要加强生态文明制度建设。党的十八届三中全会明确提出，建设生态文明必须建立系统完整的生态文明制度体系，必须更加注重改革的系统性、整体性、协同

---

〔1〕 林潇潇：《环境侵权事实的规范内涵》，载《上海政法学院学报（法治论丛）》2018年第6期。

〔2〕 张新宝：《中华人民共和国民法典侵权责任编理解与适用》，中国法制出版社2020年版，第270-271页。

〔3〕 吕忠梅：《为生态损害赔偿制度提供法治化方案》，载《光明日报》2017年12月22日，第2版。

〔4〕 李艳芳：《生态环境损害赔偿诉讼的目的、比较优势与立法需求》，载《法律适用》2020年第4期；巩固：《环境民事公益诉讼性质定位省思》，载《法学研究》2019年第3期。

性。党的十八届四中全会提出,全面推进依法治国是一个系统工程。党的十八届五中全会提出要坚持创新、协调、绿色、开放、共享的发展理念。党的十九届三中全会提出,要坚持优化协同高效原则推进党和国家机构改革,通过组建自然资源部和生态环境部实现了生态文明领域国家监管体制优化。党的十九届四中全会提出,要加强系统治理、依法治理、综合治理、源头治理,把我国制度优势更好转化成国家治理效能。党的十九届五中全会提出,要坚持系统观念,加强前瞻性思考、全局性谋划、战略性布局、整体性推进。习近平总书记明确指出,“注重系统性、整体性、协同性是全面深化改革的内在要求,也是推进改革的重要方法”;深入推进改革,“既抓改革方案协同,也抓改革落实协同,更抓改革效果协同,促进各项改革举措在政策取向上相互配合、在实施过程中相互促进、在改革成效上相得益彰”。[1] 2018 年第十三届全国人大第一次会议决定组建自然资源部和生态环境部之后,环境法制中原本已经存在的理念陈旧、制度碎片化、缺乏体系协调等问题更加凸显。[2]

因此,上述环境法制体系化问题是生态环境立法领域亟待解决的问题。选择环境法制体系化的路径时,还应当考虑如何更好地贯彻党中央在全面深化改革中提出的要坚持系统性、整体性、协同性和坚持系统观念的要求。《爱沙尼亚环境法典总则》所体现出来的整体性治理思维,不仅体现在对作为保护对象的生态环境和今世后代之人(类)的整体性保护之上,更体现在环境立法目的的表述、基本概念体系的建构、环境法基本原则的确定,以及重要环境法律制度的设计等环境立法的诸多方面。就我国而言,环境法制体系化的问题也恰恰存在于上述方面。这意味着,对于我国以《环境保护法》作为环保领域基础性综合性法律所建构起来的环境法制所存在的诸多体系化问题,应当从源头上系统化地加以解决,而不能寄希望于通过对《环境保护法》以及其他环境单行法的修修补补来加以解决。换言之,制定环境法典是从环境

---

〔1〕 习近平:《习近平谈治国理政》(第 2 卷),外文出版社 2017 年版,第 109 页。

〔2〕 吕忠梅:《将环境法典编纂纳入十三届全国人大立法计划》,载《前进论坛》2017 年第 4 期;吕忠梅:《环境法典编纂:实践需求与理论供给》,载《甘肃社会科学》2020 年第 1 期。

立法目的、基本概念体系、环境法基本原则以及环境法的重要法律制度方面进行系统性地革新和完善的最佳路径。

三、制定环境法典是分阶段解决环境法体系化问题的主线

《爱沙尼亚环境法典总则》的立法经验表明，制定环境法典无法解决环境法制体系化（或法典化）的全部问题，毋宁说制定环境法典仅是环境法制体系化问题中的最核心手段之一。比如，尽管在爱沙尼亚规划法被认为是独立于环境法之外的法律领域，但土地利用规划在环境保护中的确发挥着重要作用。[1] 也就是说，在环境法典的体系化问题之外，还存在一个更大的环境法制体系化问题，后者的解决无法完全寄希望于环境法典。爱沙尼亚的经验表明，制定环境法典的实际难度可能会超出预期，因此尽可能充分的理论储备以及分阶段制定环境法典将是不得已选择。

所谓尽可能充分的理论储备，本书认为，首先表现在应当尽可能全面充分地研究环境法制体系化问题的发生机理、环境法制体系化问题的具体表现形态、制定环境法典在解决环境法制体系化问题方面的局限性、制定环境法典需要哪些前提条件，以及党和国家的生态文明建设决策部署对环境法制体系化的要求等方面。对此，爱沙尼亚环境法典的制定过程至少有两点值得我国在推进环境法制体系化过程中引起注意。一是在法典化过程中遇有相关环境问题涉及多部门问题时，部门之间共识的达成是继续推进环境（生态）法典化进程的前提和基础，但是这种共识的达成本身难以通过制定环境法典本身得以实现。因为部门间协调问题本来就是现代治理的重要挑战之一。[2] 爱沙尼亚在环境法典立法过程中亦是如此。比如，在爱沙尼亚，土壤保护立法问题涉及环境部、农业部、经济事务与通信部以及社会事务部等政府部门，但截至目前这些部门在土壤保护立法方面的协调均以失败告终，爱沙尼

---

〔1〕 Hannes Veinla & Kaarel Relve, *Estonia Environmental Law*, Wolters Kluwer, 2017, p. 191.

〔2〕 Jody Freeman & Jim Rossi, *Agency Coordination in Shared Regulatory Space*, 125 Harvard Law Review 1134 (2012).

亚环境法典也因此未能解决土壤保护的法律制度供给问题。[1] 二是《爱沙尼亚环境法典总则》表明其不可能对环境问题作出事无巨细的规定，即便制定环境法典，环境行政授权立法也是势在必行。因此，行政立法层面环境法制体系化问题具有相对独立性，非制定环境法典所能彻底解决。

本书认为，环境法制体系化问题本身具有多元性、复杂性和多因性，基于制定环境法典所面对的体系化问题与环境（相关）行政立法层面的体系化问题是环境法制体系化问题的重心所在。这两个问题虽然密切相关，但却非同一问题，后者更可能成为环境法制体系化问题的难点所在，当然该问题的解决在很大程度上有赖于环境法典制定工作的推进。通过推动研究和制定环境法典，可以发挥环境法典立法工作之“公共论坛”的平台作用，凝聚众智使环境法制体系化方面的问题得到集中挖掘、汇聚和暴露，深入分析环境法制体系化问题的发生机理。

要解决制定环境法典问题，还应当跳出问题本身，在“坚持党的全面领导”背景下，分析十八大以来党和国家在生态文明领域的重要战略决策部署，尤其从贯彻、落实和巩固《生态文明体制改革总体方案》和 2018 年生态环境领域国家机构改革的成果，以及注重全面深化改革的系统性、整体性、协同性之总体要求出发，分析和研究我国制定环境法典的客观需要与体系价值，分析如何能够更好地通过制定环境法典对生态文明领域全面深化改革的决策部署和改革成果加以法律化、制度化和体系化，在客观理性分析环境法典在实现环境法制体系化方面之局限性基础上，研究制定推进我国环境法典立法工作的路线图。因此，与其认为制定环境法典是最终目标，不如认为环境法典是解决环境法制体系化问题的必要阶段和主要手段，其最终目标是通过制定生态环境领域的良法实现良善行政与良善治理，实现生态环境领域国家治理体系和治理能力的现代化。

---

〔1〕 Hannes Veinla & Kaarel Relve, *Estonia Environmental Law*, Wolters Kluwer, 2017, p. 133.

余论　回应与契合：宪法视角下的中国环境立法法典化之路

我国环境法经过40多年的发展，已初步形成“以《环境保护法》为基本法，以环境污染防治法、自然资源保护法、生态保护法、资源循环利用法、节能减排法、防灾减灾法等多个门类的法律为主干，由法律、行政法规规章、地方性法规等多层次、体系较为完整的环境法律体系”。[1]然而随着立法数量的不断增长，环境法又面临着规范重叠与冲突、“环境法律制度对于社会关系的调整达不到建立与维护环境公平正义的要求，与新时代对生态文明法治建设的要求存在明显差距”的问题。[2]法典化作为法律制度发展的一种路径或模式，给部门法提供了一个由分散杂乱走向统合协调的机会，以至于有否编纂一部法典已成为判断法律部门是否成熟与完善的主要衡量标准。[3] 因此，为进一步推进环境法规范体系的完善与发展，在民法典编纂的浪潮之下，环境法的法典化自然为众多环境法学者所推崇。

环境法典有无编纂的必要以及内容如何编排等均属环境法学研究领域，相关研究也极具专业性，本书并无意介入相关专业性的讨论中。然而，环境法作为一个独立的法律部门，虽有其自足性，但各部门法并非封闭式的规范系统，彼此无关的平行并存，而是存在各种脉络关

---

[1] 黄锡生、史玉成：《中国环境法律体系的架构与完善》，载《当代法学》2014年第1期。

[2] 吕忠梅、窦海阳：《民法典“绿色化”与环境法典的调适》，载《中外法学》2018年第4期。

[3] 张梓太：《论法典化与环境法的发展》，载《华东政法大学学报》2007年第3期。

联。[1] 环境法典以何者为轴心进行体系化？如何具体化环境宪法的相关制度构建义务？由何立法机关通过何种程序通过法典草案？这些问题都处于宪法与环境法的交叉地带，亟须宪法学界与环境法学界展开充分的学术对话。鉴于此，本部分将突破传统部门法的畛域之见，尝试从宪法学视角切入，运用宪法释义学的方法，对环境法典编纂中的宪法问题进行深入具体的分析，并找出合宪合理的解决方案，确保法典编纂的顺利进行。

一、宪法视角下环境法典的目标

由于"始终缺乏统一的、根本的精神指引和原则性规范"，[2] 现行环境法经过一段时间较为粗犷式的发展之后存在诸如规范缺漏、重叠和矛盾等问题。消除环境法规范之间的割裂与冲突，形成一个有机联系、和谐自洽的规范体系，是环境法发展所必须突破的瓶颈。[3] 这就需要以环境宪法为根本价值指引，对环境法规范进行删繁就简和审查清理，进而形成统一协调、价值融贯的环境法典。

（一）环境法规范的重新整合

20 世纪 70 年代以来，世界各国针对各类环境问题制定了大量法律规范，为我国环境立法提供了丰富的法制经验与资源。[4] 我国立法机关通过制度学习、制度继受、制度创制等方式，不断丰富和发展环境法规范体系，先后制定了《环境保护法》《水污染防治法》《大气污染防治法》《森林法》《草原法》《渔业法》《土地管理法》等 30 余部环境法律，国务院及其他相关部门、地方人大和政府也依据相关法律法规，结合本部门或本地方的具体情况制定了数量庞大的环境行政法规、部门规章、地方性法规和地方政府规章，呈现出立法繁荣的景象，我国环境立法逐步迈入了"加法时代"。[5]

---

〔1〕 [德]卡尔·拉伦茨：《法学方法论》，陈爱娥译，商务印书馆 2003 年版，第 316 页。

〔2〕 吕忠梅、窦海阳：《民法典"绿色化"与环境法典的调试》，载《中外法学》2018 年第 4 期。

〔3〕 张梓太：《论法典化与环境法的发展》，载《华东政法大学学报》2007 年第 3 期。

〔4〕 竺效主编：《环境法入门笔记》，法律出版社 2017 年版，第 14 页。

〔5〕 何江：《为什么环境法需要法典化——基于法律复杂化理论的证成》，载《法制与社会发展》2019 年第 5 期。

然而，我国环境法体系存在以下几个主要问题。首先，资源管理法与生态保护法的价值相异，进而与生态整体主义理念相悖。我国环境法体系分为资源管理法和生态保护法两个亚法律部门。然而这两个法律系统的立法目的各有不同，[1]即自然资源管理法以资源开发利用为根本价值取向，较多关注自然资源的公共属性与财产价值；生态保护法以保护与保持自然环境要素经常处于可供人类可持续利用的状态及保护生物的多样性为立法宗旨，较多注重资源的生态价值。而生态系统具有一体性的特征，即“两法调整的对象共同栖息于不可拆分的同一生态要素”，[2]在获取环境要素的资源功能之时，不可避免地会影响其生态功能发挥。由此可见，我国环境法对生态环境问题的人为分割与基于生态整体主义视角下综合生态管理的发展趋势相违背，从而造成相关立法脱节和制度连接不畅等问题，大大降低生态文明建设效能。[3] 因此，“生态系统的整体性，要求保护生态系统的立法必须有一个对相关社会关系进行综合调整的法律”，[4]而“不再以简单地讨论环境法与自然资源法各自的价值导向来获得价值层面的正当性”。[5] 这就需要我们寻求两个规范系统之间的价值连接与规范融合，从整体上对环境资源的供给秩序与分配规则进行重构。

其次，由众多行政法规、部门规章和地方性法规组成的环境法规范体系呈现出碎片化与冲突性的特征。环境法具有较强的对策性，经常需要各地方和各部门根据具体情况和利益需求制定应急性的规范，以应对层出不穷的环境危机。这会造成两个严重后果。其一，造成环境法的分散性和碎片化。各主管部门和享有立法权的地方权力机关依据部门利益和地方利益对环境法进行适度的调适和细化，这的确能够增强法律的适应性和针对性。但由于多元立法主体的存在，极易导致环境法的分散性和碎片化，并进一步导致不同部门对自然要素的管理与

---

〔1〕 竺效主编：《环境法入门笔记》，法律出版社 2017 年版，第 133 页。

〔2〕 邓海峰：《环境法与自然资源法关系新探》，载《清华法学》2018 年第 5 期。

〔3〕 王灿发：《论生态文明建设法律保障体系的构建》，载《中国法学》2014 年第 3 期。

〔4〕 王灿发：《论生态文明建设法律保障体系的构建》，载《中国法学》2014 年第 3 期。

〔5〕 邓海峰：《环境法与自然资源法关系新探》，载《清华法学》2018 年第 5 期。

保护出现职能交叉、冲突与空白，[1]以及环境法的部门化和地方权力利益化倾向。其二，造成环境法规范之间的冲突与矛盾。我国已形成规模庞大的环境法体系，然而随之而来的是环境法律内容的不统一。[2] 备案审查制度是防止法律、法规、规章、条例等规范性文件与宪法相抵触，确保下位法与上位法相一致的一项重要制度设计。[3] 然而，我国虽已建立了一套多元化的规范审查系统，但由于不同审查机制之间的衔接联动不足、审查标准不一和审查机构分散等问题，致使其整体上运作不畅，规范冲突与不一致现象频发。环境法的分散性与碎片化特征在缺乏监管和审查的情况下，易造成不同层级或不同地方对同一问题的规定前后不一或上下抵牾。法律规范的衔接与协调是部门法规范体系得以证成的基本要求。因而，需要从宏观价值维度，对环境法规范进行系统的审查、修改与清理，解决环境法规范所面临的分散性与碎片化及冲突与矛盾的问题，保证法律体系的协调性与一致性。

最后，环境法律体系不够周延，一些重要领域的立法还处于缺位状态。长期以来，我国环境立法过于注重环境要素的经济利用价值，而忽视其生态价值，导致有关资源利用与开发方面的法律制度较为完备，而有关生态保护方面的法律制度却付之阙如。正如学者所言，“我国环境立法存在重污染防治，轻生态保护之嫌”。[4] 例如，“一些重要的生态利益保障制度，如生态利益的供给制度、公平分享制度、合理补偿制度没有完全建立，是造成实践中生态利益供给不足、分配不公和补偿不力的制度根源”。[5] 透过现象看本质，法律制度的缺漏实质上是相关价值缺位在规范层面上的具体体现。因此未来环境法典对环境法体系

---

〔1〕 长江流域水资源保护立法研究课题组：《长江流域水资源保护立法问题研究》，载《中国法学》1999 年第 2 期。

〔2〕 何江：《为什么环境法需要法典化——基于法律复杂化理论的证成》，载《法制与社会发展》2019 年第 5 期。

〔3〕 封丽霞：《制度与能力：备案审查制度的困境与出路》，载《政治与法律》2018 年第 12 期。

〔4〕 罗丽：《论生态文明理念指导下的环境法体系的完善》，载《环境与可持续发展》2014 年第 2 期。

〔5〕 黄锡生、史玉成：《中国环境法律体系的架构与完善》，载《当代法学》2014 年第 1 期。

的完善必须建立在对环境要素生态价值重要性的认识上。

环境问题的解决经常需要在全球范围内、区域范围内（至少在一国范围内）采取有计划的、综合的和协调的解决方案。[1] 然而，立法机关在缺乏系统思维与整体考量的情况下，简单地采取拿来主义与功利主义态度进行环境立法，实际上隐含着"头痛医头，脚痛医脚"的立法逻辑。[2] 正是在此种立法逻辑指引下，环境法体系呈现出规范碎片化、[3]价值相异化和立法缺位化的特征，缺乏完整性和系统性。正如学者所言："针对单行的环境与资源要素制定的具有应急性的环境法律与具有整体性和生态联系性的环境问题的解决之间存在不协调。"[4]因此我们可以借助体系化的法典编纂，在统一的价值指引之下，一方面，进一步完善环境法体系，加强生态保护方面的立法；另一方面，"减少法律条文的数量，及由此而导致的重叠与凌乱，在条文之间建立有效的逻辑联系，消除条文的冗余"。[5] 只有如此，方能实现环境法律体系的系统性和协调性，形成一个内部价值融贯联通、规范和谐融洽的秩序性法律系统。

（二）宪法价值指引下的环境法体系化

环境法法典化旨在将散布于不同领域和层级的环境法规范予以集合、整理，并对之进行技术修正，从而达至法律体系的一体性、系统性、稳定性与准确性的目标。而对规则与概念的整合必须建立在统一融贯的价值之上，如此方能建立起一个精神性的秩序整体。宪法"作为国家与社会的根本法，不仅是建构合法性的基础，同时也是社会共识的最高体现"。[6] 因此，宪法以下，不同层级的法律、法规、规章不仅不得违

---

〔1〕 Lael K. Weis, *Environmental Constitutionalism: Aspiration or Transformation?* International Journal of Constitutional Law, Vol:3, p. 855(2018).

〔2〕 何江：《为什么环境法需要法典化——基于法律复杂化理论的证成》，载《法制与社会发展》2019 年第 5 期。

〔3〕 李艳芳、田时雨：《比较法视野中的我国环境法法典化》，载《中国人民大学学报》2019 年第 2 期。

〔4〕 杜健勋：《国家任务变迁与环境宪法续造》，载《清华法学》2019 年第 4 期。

〔5〕 吕忠梅、窦海阳：《民法典"绿色化"与环境法典的调适》，载《中外法学》2018 年第 4 期。

〔6〕 韩大元：《民法典编纂要体现宪法精神》，载《国家检察官学院学报》2016 年第 6 期。

背而且要更好地实现宪法的根本决定。例如，德国法学界为了厘清环境保护手段问题的争议，曾于1981年秋成立了由七名法学教授组成的有关"国家目标条款与立法委托"的独立专家委员会。该专家委员会于1983年提交了一份报告，并给出了专业性意见，其认为，鉴于环境问题的长远性，其需要国家发挥关键性作用，并以宪法规范之，因此环保法治化有在宪法层面予以塑造的必要。[1] 我国《宪法》第5条第3款规定、"一切法律、行政法规和地方性法规都不得同宪法相抵触"，正是此种法理的规范验证。因此，环境宪法是国家在环境事务上的最高法律规范，是其他环境法规范的制定准则与运行遵守。环境法典编纂应以环境宪法的根本价值决定与内容要求作为规范整合和体系建构的轴心遵守，以此统摄法典整体，使得法典诸项规范协调融贯，体现宪法价值，符合宪法精神。

这就需要对我国环境宪法进行规范分析，从中抽取出国家在环境事务上的基本价值取向。总体而言，2018年《宪法》修正之前，国家对待环境事务的基本价值取向在我国宪法中呈明显缺位状态。宪法环境条款于1978年正式写入《宪法》文本，但规定较为简单，仅《宪法》总纲第11条第3款规定，"国家保护环境和自然资源，防治污染和其他公害"。1982年《宪法》环境条款得到了进一步的拓展，具体表现为：首先，综合性的环境保护规定单独成条。1982年《宪法》将环境保护与资源保护分离，并将二者安排在不同的条文中，体现了国家对生态保护重要性的进一步认知。其次，将环境具体区分为生活环境和生态环境，并在此基础上新增加了关于植树造林和保护林木的规定。最后，国家对环境事务从消极的保护转为积极的改善，从而对国家环境保护任务提出了更高要求。同时，值得注意的是，虽然1982年《宪法》与1978年《宪法》都将环境条款置于总纲之中，但周边条款环境却完全不同，即1978年环境条款位于《宪法》第11条第3款，周边条款的国家政策性较强，而1982年《宪法》环境条款位于第26条，周边条款的规范风格更

---

〔1〕 张翔、段沁：《环境保护作为"国家目标"——〈联邦德国基本法〉第20a条的学理及其启示》，载《政治与法律》2019年第10期。

浓。[1] 综上所述,2018 年《宪法》修正之前的环境宪法仅对国家保护环境义务作出了更为细致、具体的规定,但由于相关条款位于《宪法》总纲中,具有明显的规范要素,加之其周边条款环境,可知其并非具有价值统摄作用的基本国策条款,[2] 而是单纯的国家义务条款,价值完整性与引领性不足。

2018 年《宪法修正案》第 32 条中将《宪法》序言第七自然段第四句的后半段修正为:"推动物质文明、政治文明、精神文明、社会文明、生态文明协调发展,把我国建设成为富强民主文明和谐美丽的社会主义现代化强国,实现中华民族伟大复兴。"生态文明条款以国家根本任务的雄伟姿态进入我国宪法,宪法中环境事务的独立价值得到彰显,环境美丽已经与国家富强、人民民主等国家目标并驾齐驱,成为未来指引国家发展的指针,标志着国家发展方式的重要转变。因此,未来环境法典在处理环境事务与国家富强的关系时,一方面,要尊重宪法对环境独立价值的高度评价,将环境保护放在与经济发展、国家富强同等重要的地位,并在协调二者关系之时,不得因发展经济和富强国家,而轻易破坏环境,要时刻关照环境价值。另一方面,"宪法中的环保理念既不是纯粹以人类为中心的传统人道主义,也不是以生态为中心的生态主义,而是人道主义与生态主义的混合,或者说是弱的人类中心主义"。[3] 因此,在处理环境问题时,也不能过分拔高环境价值而忽视了国家发展的需要,进而对个人或组织予以过多的限制。环境法典需对以上两方面宪法价值予以兼顾统合,在此基础上对环境法规范删繁就简,实现环境法律体系的和谐统一。例如,环境法典对具有分散性和碎片化特征的环境法进行规范整合之时,要时刻注意环境价值独立性的体现,对于那些过分强调经济利益而将环境利益作为附庸,或者将经济利益放在首位而忽视环境利益的规范进行适当修正,或者在必要的时候予以删除,从而保证环境价值在法律体系中的一致性;同时,对于过分拔高环境利

---

[1] 王建学:《论生态文明入宪后环境条款的整体性诠释》,载《政治与法律》2018 年第 9 期。
[2] 王建学:《论生态文明入宪后环境条款的整体性诠释》,载《政治与法律》2018 年第 9 期。
[3] 王建学:《论生态文明入宪后环境条款的整体性诠释》,载《政治与法律》2018 年第 9 期。

益，而忽视国家和个人发展需要的规范也同样需要作上述处理。

二、宪法视角下环境法典的内容

环境法典的目标回应了法典编纂的必要性问题，而内容才是法典编纂的核心和根本，需从宪法与部门法关系的角度审视环境法典的必要内容。环境法典主要遵循具体化原则，即将环境宪法的制度构建要求妥当地嵌入到法典中，同时也应遵循双重不抵触原则，确保法典内容符合宪法所确立的框架秩序。

（一）环境法典是环境宪法规范的具体化

如果说法律体系是一个由不同层级的上位法规范和下位法规范组成的一个严整有序的金字塔式的秩序整体，那么宪法就处于这个金字塔的顶尖。宪法不仅可以决定立法机关和程序，而且在某种程度上还可以决定未来法律的内容，即既可以消极地决定法律必须不要某些内容，又可以积极地决定未来法律的内容。[1] 因此，宪法作为法律体系中终极意义上的授权规范，[2]其主要功能体现在两个方面：其一是“积极”功能，即为部门立法提供立法依据，决定所“授权规范”的具体内容；其二是“消极”功能，即为部门立法提供一种框架秩序，确保其所立之法不偏离宪法轨道。

环境法典对宪法的具体化体现了宪法与部门法的第一层关系，也是宪法“母法”论的核心内容，即宪法是一切法律的立法依据，“立法机关通过制定法律来具体化宪法以形成部门法秩序”。[3] 未来环境法典不仅要力求自身的逻辑自洽、体系融贯和价值统合，还要践行宪法承诺，承担起环境宪法规范之内容形成的使命，[4]将宪法中的相关制度构建义务较为稳妥地嵌入到环境法典之中。[5] 这也是环境法典的核心内容。

---

〔1〕［奥］凯尔森：《法与国家的一般理论》，沈宗灵译，商务印书馆 2013 年版，第 195 页。

〔2〕林来梵：《从宪法规范到规范宪法——规范宪法学的一种前言》，商务印书馆 2017 年版，第 316 页。

〔3〕张翔：《宪法与部门法的三重关系》，载《中国法律评论》2019 年第 1 期。

〔4〕林来梵：《民法典编纂的宪法学透析》，载《法学研究》2016 年第 4 期。

〔5〕刘志刚：《民法典的宪法使命及其实现》，载《政法论丛》2019 年第 4 期。

环境法典对宪法的具体化主要是通过设立制度、组织和程序来落实环境宪法基本国策的制度性保障。宪法学上的制度性保障理论主要适用于基本权利,即宪法对某些基本权利的保护旨在形构一套制度的制度性保障,并由国家立法予以承认和保护。[1] 因此,"宪法上的任何基本权利包含形成、保护和限制,这些任务须假手部门法完成"。[2] 但同时制度性保障理论也可适用于基本国策。正如学者所言:"基本国策的目的,是和宪法的人权规定一样,因此,一个规范,应该置于宪法的前言、宪法人权章或基本国策章,仅是制宪者对宪法章节的安排,而非对该规范内容有任何性质与效力(约束力)上的差别认知。"[3] 由此可见,宪法基本国策条款、基本权利条款和国家义务条款在规范效力上具有一定的通约性,即都依赖于立法来形塑各自的核心内容。然而,我们仍需鉴别环境法典究竟是在践行宪法中环境基本权利的制度性保护义务,还是在践行环境基本国策和国家环境保护义务的制度性保障义务,因为这关系到环境法典究竟应当以何者为核心进行制度构建的问题。此问题的解答需要回到我国的宪法文本上来。

以《宪法》第 9 条第 2 款、第 10 条第 5 款、第 26 条和第 33 条第 3 款为核心的环境宪法规范体系都是以国家义务方式进行规范设计的,这与《宪法》第二章中诸如公民劳动权、通信自由和宗教信仰自由等基本权利条款的规范设计存在明显不同。因此,宪法对环境事务的规制并非依靠传统的权利条款,而是通过宪法"指导性原则"来确立国家的环境保护义务,并由立法机关在指导性原则的引导下通过制定法律将之具体化。[4] 这种宪法设计在 2018 年《宪法修正案》中得到进一步印证。2018 年《宪法修正案》有关环境事务的规定有两点:其一是该修正

---

[1] 刘练军:《民法典应承载宪法对家庭之制度性保障》,载《法制与社会发展》2018 年第 2 期。

[2] 郑贤军:《作为宪法实施法的民法——兼议龙卫球教授所谓的"民法典制定的宪法陷阱"》,载《法学评论》2016 年第 1 期。

[3] 陈新民:《宪法学释论》,台北,三民书局 2014 年版,第 1014 页。

[4] Lael K. Weis, *Environmental Constitutionalism: Aspiration or Transformation?* 3 International Journal of Constitutional Law 847(2018).

案第32条对《宪法》序言的修改，新增加了生态文明基本国策；其二是该修正案第46条对国务院职权的修改，新增加了生态文明建设的职能。由此可见，有关环境事务的规制依然是以国家义务为内容的国家任务模式。正如学者所言，"环境宪法的规范表达的基本取向是设定国家目标，主要指向的是在宪法上通过客观法规范对国家各类权力课予不同层次和方面的义务"。[1]

由此可见，环境宪法是以环境保护基本国策与国家环保义务为核心进行规范构建的。与此相对应，环境法典的内容应在于实现宪法环境保护基本国策与国家环保义务的制度性保障。例如，《法国环境法典》不仅在一般意义上宣告并定义了环境公众参与原则，而且将这一原则具体化为一系列权利和子原则，配备了公众参与环境公共决策的具体机制和规则，设置了各类独立委员会来予以执行、监督和落实。[2]但是必须要明确的是，我国环境法典的内容应以国家义务模式为核心进行规范构建，以国家权力的作用效果与内容为规范制定的理路与面向，从而不同于传统部门法以权利为核心的制度构建。有学者认为"环境权应成为环境法体系的核心"，[3]这种观点从本部分的论述来看是值得商榷的。比如，通过对《宪法》第2条第3款和《宪法》第33条第3款的解释可以推得公民的环境公众参与权、知情权和救济权等程序性权利，[4]但环境法典对该环境宪法规范进行具体化之时，不能以公民的参与权、知情权等为核心进行制度构建，而是应当以国家权力如何具体运作才能充分确保公民的相关权利的实现为核心，否则就背离了环境法典的基本内容导向。

（二）规范合宪性审查基础上的环境法典

宪法母法论强调的是宪法作为其他普通法律立法依据的"繁殖功

---

〔1〕 张翔：《环境宪法的新发展及其规范阐释》，载《法学家》2018年第3期。

〔2〕 王建学：《论环境公众参与原则的宪法化及宪法审查——以法国〈环境宪章〉和〈环境法典〉为中心》，载《苏州大学学报（法学版）》2020年第4期。

〔3〕 李爱年、彭本利：《环境权应成为环境法体系的重心》，载《湖南师范大学社会科学学报》2004年第4期。

〔4〕 王建学：《论生态文明入宪后环境条款的整体性诠释》，载《政治与法律》2018年第9期。

能”,即普通法律是由宪法所派生出来的。然而宪法不仅具有授权规范的“积极功能”,还具有框架秩序的“消极功能”,即以框架秩序的身份调整着法律的内容,使其“不抵触”宪法的程序性规定与实体性规定,避免因违宪而无效。[1]

一方面,环境宪法为环境法典提供了立法依据,使其承载着具体化宪法规范的任务,遵循具体化原则;另一方面,环境宪法又为环境法典提供了框架秩序,确保其在宪法所容忍的规范空间内运作,遵循不抵触原则。那么环境宪法究竟在发挥何种功能?遵守哪种原则?两种功能究竟能否同时存在?两种原则是否应同时予以遵守?总体而言,确认性立法主要遵循不抵触原则,而创设性立法主要遵循具体化原则。[2]所谓确认性立法是指一些规范在人们的社会生活中已经自发形成,而法律只是将这些已经自发形成但却没有强制力的规范通过立法机关的确认上升为具备强制执行力的国家法,主要表现为民事法律规范。与此相反,创设性立法则是指根据权力法定的公法原理,将国家权力具体化的立法。因此,有关国家权力行使与运行的公法主要遵循的是具体化原则,而有关公民权利与义务的私法主要遵循不抵触原则。由此可见,以创设性规范为核心的环境法典理应遵循具体化原则,并以具体化国家的环保义务作为法典的核心内容。那么环境法典是否还应当同时遵循不抵触原则呢?本书认为应当同时予以遵守。一方面,公法与私法的界限已经逐渐模糊,出现公私法杂糅的现象,正如拉伦茨所言:“在公法与私法之间,并不能用刀子把他们精确无误地切割开,就像我们用刀子把苹果切成两半一样。”[3]另一方面,环境法典虽主要秉持具体化原则,但这并不排斥宪法规范的框架秩序功能。任何规范在具体化宪法时,都有可能因超越宪法许可的限度,过度限制公民的基本权利而遭受违宪之排除。因此,环境法典作为一种以公法规范为核心的法

---

[1] 王锴:《合宪性、合法性、适当性审查的区别与联系》,载《中国法学》2019 年第 1 期。

[2] 叶海波:《“根据宪法,制定本法”的规范内涵》,载《法学家》2013 年第 5 期。

[3] [德]卡尔·拉伦茨:《德国民法通论》(上册),王晓晔等译,法律出版社 2003 年版,第 7 页。

律秩序整体，其理应主要遵循具体化原则，但同时也应遵循不抵触原则。

具体而言，本书认为环境法典应当接受宪法的双重限制，遵循双重不抵触原则。之所以会存在双重限制，是因为我国环境宪法的特殊规范结构。2018年《宪法修正案》之前，《宪法》总纲第26条第1款是对国家环保义务的清晰表达，概括式地对国家课予义务，并统摄其他散布于总纲中的个别环保条款，从而形成了"以第26条第1款为主干、第9条第2款、第10条第5款、第26条第2款为辅助的环境保护条款体系"。[1] 然而，2018年《宪法修正案》引入"生态文明"基本国策后，环境宪法的规范结构已经发生改变，即形成以序言中的基本国策条款与总纲中的国家义务条款为核心的双核心结构。那么二者的关系如何呢？本书认为由于《宪法》序言与《宪法》总纲条款奉行不同的规范目标与文本逻辑，二者的规范地位不同，存在效力等级差。

首先，《宪法》序言是对宪法形成的政治基础与历史过程以历史叙事的方式进行描述，并在此基础上对国家的根本任务进行规范性决定。因此，《宪法》序言中的"生态文明"基本国策立意更加高远、统摄性更强、协调性更好。与此相对，总纲中的环境保护条款由于自身及周边条款都具有明确的规范要素，[2]其规范的统摄力、概括力与指导性较弱。其次，宪法规范主要由宪法制定规范、宪法核、宪法修改规范与宪法律组成，不同规范之间形成不同的等级系列，上位规范统摄下位规范，下位规范服从上位规范，不得改变上位规范。[3] 其中，宪法核是指为实定法提供客观合理依据的根本规范，是实定法创造的出发点。根据陈玉山教授的研究，"我国宪法的根本法规定包括三项内容，即基本权利保障，统治机构的架构以及国家根本任务的实现"。[4] 由此，以国家任务身份出现在《宪法》序言中的"生态文明"基本国策就成为统摄总纲

〔1〕 张翔：《环境宪法的新发展及其规范阐释》，载《法学家》2018年第3期。

〔2〕 王建学：《论生态文明入宪后环境条款的整体性诠释》，载《政治与法律》2018年第9期。

〔3〕 韩大元：《论宪法规范的至上性》，载《法学评论》1999年第4期。

〔4〕 陈玉山：《中国宪法序言研究》，清华大学出版社2016年版，第80页。

中作为宪法律的国家环境保护义务条款的宪法核，二者之间存在规范等级差。也正是基于此，才有学者提出“以宪法序言来作出这些表述，是对宪法‘总纲’部分环境保护条款的提升与超越”。[1]

基于《宪法》序言与《宪法》总纲条款之间的效力差，环境法典首先应不抵触作为宪法律的国家环保义务条款所界定的框架秩序，其次亦不得违背“生态文明”基本国策所蕴含的宪法精神与价值。环境法典应依据此“双重限制”框架对现行环境法律法规重新进行审视与评价，并在规范审查与清理的基础上，将合宪的环境法规范依次纳入法典之中。例如，正如上文所述，“生态文明”作为国家的根本任务进入我国《宪法》序言后，环境美丽已经与国家富强、人民民主等国家根本任务并驾齐驱，成为未来指引国家发展的指针，这也标志着国家发展方式的重要转变。鉴于国家根本任务与最高国家公共利益之间的关联性，[2]生态利益已经具备了独立的价值，并具备了与国家经济利益、民主利益、民族平等利益等国家重要公共利益相互竞争的资格。而“新《环境保护法》之立法目的仍然存在价值缺失与不足，虽然它倡导以实现社会经济可持续发展为目标，但其最终要旨仍然强调的是经济社会的发展，环境保护仅仅作为其发展过程中需要注意、协调的附属”。[3] 因此，《环境保护法》在具体内容设置方面明显与“生态文明”所蕴含的宪法价值与精神相抵牾。故，环境法典在此次编纂的过程中，对未来会相应转化为法典总则的《环境保护法》必须要做必要的调整，既不能抵触环境保护的国家义务规范，也不能抵触生态保护之基本国策，从而使得生态作为一种独立的价值能够在法典中得到彰显。

三、环境法典的立法主体与表决程序

上文对环境法典内容的论述厘清了法典在内容上所要表达和维护的宪法规范内涵和精神，然而法典的表决程序同样要体现宪法精神和

---

〔1〕 张翔：《环境宪法的新发展及其规范阐释》，载《法学家》2018 年第 3 期。

〔2〕 陈玉山：《中国宪法序言研究》，清华大学出版社 2016 年版，第 127 页。

〔3〕 高利红、周勇飞：《环境法的精神之维——兼评我国新〈环境保护法〉之立法目的》，载《郑州大学学报（哲学社会科学版）》2015 年第 1 期。

宪法价值。[1] 法律的制定程序事关“立法机关的组织和权力运行情况，是民主法治国家的中枢和核心”，[2]因此，其合宪合法性问题需要我们认真对待。

（一）环境法典的立法主体

根据我国《宪法》第 62 条第 3 项、第 67 条第 2 项和《立法法》第 7 条的规定，我国法律的制定主体有两个，即全国人大和全国人大常委会，不同的是全国人大制定的是基本法律，而全国人大常委会制定的是基本法律以外的其他法律。环境法典制定主体自然也不外乎全国人大或全国人大常委会，而判断的依据则是环境法典的规范等级，即如果环境法典是基本法律则应由全国人大制定，而如果是非基本法律则由全国人大常委会制定。

基本法律是指我国法律体系中那些地位仅次于宪法而高于其他法律的对国家政治、经济和社会生活的某个领域重大和全局性事项作出规范的法律。[3] 由此，对环境法典是否是基本法律可以从两个方面进行判定。

首先，就法律的规范层级而言，环境法典是否应是高于普通环境法的基本法律。正如学者所言，“环境法是否具有基础性法律的定位，在很大程度上取决于立法方法论上的法律创制方法”。[4] 根据我国《宪法》文本和宪法学基本理论，[5]全国人大制定的基本法律在位阶上高于由全国人大常委会制定的非基本法律。宪法之所以要作出这样的区分，就是为了严格厘定法律体系中不同法律形式的效力与位阶，[6]使基本法律对非基本法律的内容起到一定的框定作用。长期以来之所以

〔1〕 韩大元：《民法典编纂要体现宪法精神》，载《国家检察官学院学报》2016 年第 6 期。

〔2〕 韩大元、林来梵、郑贤君：《宪法学专题研究》，中国人民大学出版社 2008 年版，第 477 页。

〔3〕 韩大元、刘松山：《宪法文本中“基本法律”的实证分析》，载《法学》2003 年第 4 期。

〔4〕 周轲：《我国环境立法价值与功能之方法论研究——兼论彭真环境立法方法论》，载《政法论丛》2019 年第 5 期。

〔5〕 韩大元：《全国人大常委会新法能否优于全国人大旧法》，载《法学》2008 年第 10 期。

〔6〕 李克杰：《中国“基本法律”概念的流变及其规范化》，载《甘肃政法学院学报》2014 年第 3 期。

环境法学界始终认为《环境保护法》未能取得基本法地位，原因之一就是《环境保护法》是由全国人大常委会制定的，其法律位阶低于全国人大制定的基本法律，进而导致“当环境价值与其他价值发生冲突时，从效力位阶上难以与民商法、经济法等促进经济发展与财产利用的基本法律相抗衡，保护优先的价值宣示也就难以实现”。[1] 鉴于未来环境单行立法的必要性，为了更好地发挥环境法典对其他单行法律的统摄性功能和限制功能，应当确立环境法典的基本法地位。

其次，就法律所调整的社会关系而言，环境法典是否是对事关国家政治、经济和社会生活某个领域重大和全局性事项作出规范的法律。在国家环保事业迅猛发展的今天，答案似乎不言而喻，然而就法学研究而言，其仍需要我们进行谨慎的论证。其实早在 2003 年，韩大元教授就认为，有关环境保护制度的领域属于基本法律的辐射范围。[2] 然而在 2011 年 10 月 27 日国务院新闻办公室发布的《中国特色社会主义法律体系》白皮书中，环境保护法不仅未能作为独立法律部门列入中国特色社会主义法律体系中，反而被进一步肢解，即有关污染防治的法律被划入了行政法，而有关资源和生态保护的法律被划入了经济法，[3] 并进而引发了有关环境法独立法律部门地位的争议。[4] 因此，环境保护领域是否足够重要到应当制定基本法在以前是存疑的，起码是值得探讨的。需要注意的是，根据官方说法，制定《立法法》时之所以没有对“基本法律”的范围进行明确列举，是因为当时正处于改革开放的关键时期，许多社会关系还没有完全定型，将“基本法律”的事项进行一一列举存在许多实际困难。[5] 这句话背后其实有两个向度的意义：其一，基本法律的模糊定位是为了给未来立法权的行使预留出一定的规范空间；其二，基本法律的范围并不是静态的、不变的，而是动态的、发

---

〔1〕 吕忠梅：《将环境法典编纂纳入十三届全国人大立法计划》，载《前进论坛》2017 年第 4 期。

〔2〕 韩大元：《宪法文本中“基本法律”的实证分析》，载《法学》2003 年第 4 期。

〔3〕 王灿发：《论生态文明建设法律保障体系的构建》，载《中国法学》2014 年第 3 期。

〔4〕 李艳芳：《论生态文明建设与环境法的独立部门法地位》，载《清华法学》2018 年第 5 期。

〔5〕 张春生：《中华人民共和国立法法释义》，法律出版社 2000 年版，第 25 页。

展的，基本法律的范围会随着国家治理模式和执政理念的不断变化而不断发展。[1] 正如上文所述，2018 年《宪法修正案》施行以后，生态文明条款以国家根本任务的雄伟姿态进入我国宪法，环境美丽已经与国家富强、人民民主等国家目标并驾齐驱，成为未来指引国家发展的指针，标志着国家发展方式的重要转变，这也决定了环境保护领域已经成为事关国家发展的长远、重大和骨干领域。正如吕忠梅教授所言："一个法律部门的独立，首先应当是价值上的独立，或者说应该具有与其他法律部门明显差异的价值取向，这一点应成为一个独立法律部门的最为坚实的理论基础。"[2]

（二）环境法典的通过程序

在确定环境法典由全国人大以基本法律的形式通过后，接下来的问题是，全国人大究竟应以何种程序通过环境法典。法典的通过程序分为一次性"捆绑式"通过和分编通过。[3] 就规范层面而言，我国《宪法》和《立法法》都未就法典的通过程序进行明确规定，甚至分编通过的程序也只是法理上的分类，并无具体的规范支撑；就学术研究层面而言，有关法典编纂的探讨大多集中于实质性的法典内容上，而鲜有对法典表决程序的研究。本部分尝试对此进行初步研究，并认为环境法典应当采取分编通过的程序。

环境法典采取分编通过的方式为立法的民主性和科学性奠定了基础。立法程序是唯一能够产生法律的程序，不论是创设性规则还是确认性规则都是通过立法程序获得国家权力的背书，从而上升为具有强制执行力的法律。法律的合法性的强弱也取决于立法程序的优良程度，因此良好的立法程序不仅仅可以赋予法律强制力，更能使法律获得合法性，而法律的合法性正是人们信仰和服从法律的根源所在。[4] 而立法程序优良的关键则在于立法审议程序，因为只有通过立法审议程

[1] 李克杰：《我国基本法律的标准及范围扩张》，载《法制与社会发展》2012 年第 2 期。
[2] 吕忠梅主编：《环境法原理》，复旦大学出版社 2017 年版，第 110 页。
[3] 韩大元：《民法典编纂要体现宪法精神》，载《国家检察官学院学报》2016 年第 6 期。
[4] 汪全军：《合法性视角下的立法程序及其完善》，载《湖南大学学报（社会科学版）》2016 年第 2 期。

序对法律草案展开不同形式的讨论，才能使立法充分反映民意，这也是人民代表大会功能性优势及其正当性基础的必然要求。[1] 在我国的立法实践中，由于审议时间不足，往往只能就结构、文字表述等技术性问题发表一些浅显的常识意见，而难以就法规草案的主要问题和矛盾，提出有针对性、有深度、有价值的具体意见。[2] 因此在审议时间有限的情况下，要想提高立法审议的质量，一个有效的方法就是减少审议条文的数量，即减少人大代表的工作量，从而使其在有限的时间内对法律草案的一部分内容提出有针对性、有深度和有价值的意见。就环境法典的通过程序而言，采取分编通过而不是"捆绑式"一次通过的方式，可以从程序上更加真实地反映立法者的意愿，彰显立法者的责任感，保证环境法典的民主性和科学性。

---

〔1〕 宋方青、王翔：《论我国人大立法审议机制的功能与优化》，载《厦门大学学报（哲学社会科学版）》2018 年第 6 期。

〔2〕 田成有：《提高立法的审议质量》，载《人大研究》2018 年第 1 期。

参 考 文 献

一、中文文献

著作

1. [奥]凯尔森:《法与国家的一般理论》,沈宗灵译,商务印书馆 2013 年版。
2. [德]Eckard Rehbinder:《欧洲国家的环境法法典化》,沈百鑫译,载徐祥民主编:《中国环境法学评论》总第 9 卷,科学出版社 2013 年版。
3. [德]艾卡德·雷宾德:《德国环境法典编纂之论据》,章楚加译,载吕忠梅主编:《环境资源法论丛》第 11 卷,法律出版社 2019 年版。
4. [德]弗兰茨-约瑟夫·派纳:《公法法典化的思考——以环境法和营业法为例》,史仲阳、乔文豹译,载范健、邵建东、戴奎生主编:《中德法律继受与法典编纂》,法律出版社 2000 年版。
5. [德]卡尔·拉伦茨:《德国民法通论》(上册),王晓晔等译,法律出版社 2003 年版。
6. [德]卡尔·拉伦茨:《法学方法论》,陈爱娥译,商务印书馆 2003 年版。
7. [德]莱因哈德·齐默尔曼:《法典编纂的历史与当代意义》,朱淼译,载明辉、李昊主编:《北航法律评论》2012 年第 1 辑,法律出版社 2012 年版。
8. [德]施密特·阿斯曼:《秩序理念下的行政法体系结构》,林明锵等译,法律出版社 2012 年版。
9. [美]埃尔曼:《比较法律文化》,贺卫方、高鸿钧译,清华大学出版社 2002 年版。
10. [美]约翰·亨利梅·里曼:《大陆法系》(第 2 版),顾培东、禄正平译,法律出版社 2004 年版。
11. [意]安德烈·迪·波尔托:《罗马法中的环境保护》,罗智敏译,载费安玲主编:《罗马法与学说汇纂》第 2 卷,知识产权出版社 2009 年版。

12. 陈新民:《宪法学释论》,台北,三民书局2014年版。
13. 陈玉山:《中国宪法序言研究》,清华大学出版社2016年版。
14. 韩大元、林来梵、郑贤君:《宪法学专题研究》,中国人民大学出版社2008年版。
15. 李明华、陈真亮:《环境法典立法研究:理念与方法》,法律出版社2016年版。
16. 李兴汉:《列国志.波罗的海三国》,中国社会科学出版社2010年版。
17. 林来梵:《从宪法规范到规范宪法——规范宪法学的一种前言》,商务印书馆2017年版。
18. 吕忠梅主编:《环境法原理》,复旦大学出版社2017年版。
19.《法国环境法典(第一至三卷)》,莫菲等译,法律出版社2018年版。
20.《法国环境法典(第四至七卷)》,莫菲等译,法律出版社2020年版。
21. 彭峰:《法典化的迷思——法国环境法之考察》,上海社会科学院出版社2010年版。
22. 曲格平主编:《环境觉醒:人类环境会议和中国第一次环境保护会议》,中国环境科学出版社2010年版。
23. 沈百鑫:《德国环境法法典化的核心问题和受挫原因及对我国的启示》,载吕忠梅主编:《环境资源法论丛》第11卷,法律出版社2019年版。
24. 石佳友:《民法法典化的方法论问题研究》,法律出版社2007年版。
25. 吴卫星:《派生性环境权宪法渊源的比较研究——兼论中国环境权宪法化的路径选择》,载张仁善主编:《南京大学法律评论》2016年春季卷,法律出版社2016年版。
26. 习近平:《习近平谈治国理政》(第2卷),外文出版社2017年版。
27. 杨伟民:《用严格的法律制度保护生态环境》,载本书编写组编:《〈中共中央关于全面推进依法治国若干重大问题的决定〉辅导读本》,人民出版社2014年版。
28. 张春生:《中华人民共和国立法法释义》,法律出版社2000年版。
29. 张新宝:《中华人民共和国民法典侵权责任编理解与适用》,中国法制出版社2020年版。
30. 张忠利:《中国语境下碳排放交易制度与节约能源法制之间的冲突与协调》,载中国能源法研究会编:《中国能源法研究报告(2016)》,立信会计出版社2017年版。

31. 周珂主编:《环境法》,中国人民大学出版社 2013 年版。
32. 朱福惠主编:《世界各国宪法文本汇编(欧洲卷)》,厦门大学出版社 2013 年版。
33. 竺效主编:《环境法入门笔记》,法律出版社 2017 年版。
34.《瑞典环境法典》,竺效等译,法律出版社 2018 年版。

论文

1. [俄]C. A. 巴戈柳波夫:《立法文化工程》,载《俄罗斯法律杂志》2006 年第 10 期。
2. [意]纳塔利诺·伊尔蒂:《民法典的理念》,董能译,载《交大法学》2017 年第 1 期。
3. [意]约勒·法略莉:《古罗马的环境保护》,载《厦门大学学报(哲学社会科学版)》2012 年第 4 期。
4. 常纪文、焦一多:《新〈环境保护法〉的立法突破、缺陷与实效问题》,载《中国经贸导刊》2014 年第 18 期。
5. 陈慈阳:《环境永续过程中之法制缺漏与新制度之建构——以环境救济法典之建构为任务》,载《清华法治论衡》2012 年第 2 期。
6. 陈海嵩:《环境权实证效力之考察:以宪法环境权为中心》,载《中国地质大学学报(社会科学版)》2016 年第 7 期。
7. 党庶枫、郭武:《中国环境立法法典化的模式选择》,载《甘肃社会科学》2019 年第 1 期。
8. 邓海峰:《环境法与自然资源法关系新探》,载《清华法学》2018 年第 5 期。
9. 窦海阳:《推进环境规范的法典化》,载《中国国情国力》2018 年第 11 期。
10. 杜健勋:《国家任务变迁与环境宪法续造》,载《清华法学》2019 年第 4 期。
11. 段茂盛:《全国碳排放权交易体系与节能和可再生能源政策的协调》,载《环境经济研究》2018 年第 2 期。
12. 樊杰:《我国空间治理体系现代化在"十九大"后的新态势》,载《中国科学院院刊》2017 年第 4 期。
13. 封丽霞:《制度与能力:备案审查制度的困境与出路》,载《政治与法律》2018 年第 12 期。
14. 高利红、周勇飞:《环境法的精神之维——兼评我国新〈环境保护法〉之立法目的》,载《郑州大学学报(哲学社会科学版)》2015 年第 1 期。

15. 高敏、谷德近:《论我国环境影响评价中公众参与制度的完善》,载《当代法学》2003 年第 12 期。
16. 巩固:《环境民事公益诉讼性质定位省思》,载《法学研究》2019 年第 3 期。
17. 郭瑶帅:《瑞典环境法法典化对我国的启示》,载《环境与发展》2020 年第 2 期。
18. 韩大元、刘松山:《宪法文本中"基本法律"的实证分析》,载《法学》2003 年第 4 期。
19. 韩大元:《论宪法规范的至上性》,载《法学评论》1999 年第 4 期。
20. 韩大元:《民法典编纂要体现宪法精神》,载《国家检察官学院学报》2016 年第 6 期。
21. 韩大元:《全国人大常委会新法能否优于全国人大旧法》,载《法学》2008 年第 10 期。
22. 韩大元:《宪法文本中的"人权条款"的规范分析》,载《法学家》2004 年第 4 期。
23. 何江:《为什么环境法需要法典化——基于法律复杂化理论的证成》,载《法制与社会发展》2019 年第 5 期。
24. 胡静:《环境法本体论》,载《中国政法大学学报》2013 年第 1 期。
25. 黄锡生、史玉成:《中国环境法律体系的架构与完善》,载《当代法学》2014 年第 1 期。
26. 黄云:《我国环境领域公众参与之法律探析》,载《政治与法律》2011 年第 10 期。
27. 黄振民:《中东欧国家争取加入欧盟进程、问题与前景》,载《国际问题研究》2000 年第 5 期。
28. 雷磊:《融贯性与法律体系的建构——兼论当代中国法律体系的融贯化》,载《法学家》2012 年第 2 期。
29. 李爱年、彭本利:《环境权应成为环境法体系的重心》,载《湖南师范大学社会科学学报》2004 年第 4 期。
30. 李克杰:《我国基本法律的标准及范围扩张》,载《法制与社会发展》2012 年第 2 期。
31. 李克杰:《中国"基本法律"概念的流变及其规范化》,载《甘肃政法学院学报》2014 年第 3 期。
32. 李雪:《欧洲人权法院对未公开环境信息是否构成侵犯人权的认定——盖

拉等诉意大利案》,载《苏州大学学报(法学版)》2019 年第 1 期。
33. 李艳芳、田时雨:《比较法视野中的我国环境法法典化》,载《中国人民大学学报》2019 年第 2 期。
34. 李艳芳:《从"马萨诸塞州等诉环保局"案看美国环境法的新进展》,载《中国人民大学学报》2007 年第 6 期。
35. 李艳芳:《论生态文明建设与环境法的独立部门法地位》,载《清华法学》2018 年第 5 期。
36. 李艳芳:《生态环境损害赔偿诉讼的目的、比较优势与立法需求》,载《法律适用》2020 年第 4 期。
37. 李挚萍:《可持续发展原则基石上的环境法法典化——瑞典〈环境法典〉评析》,载《学术研究》2006 年第 12 期。
38. 李挚萍:《论欧盟环境立法之融合——以污染防治立法为例》,载《中国地质大学学报(社会科学版)》2011 年第 4 期。
39. 林来梵:《民法典编纂的宪法学透析》,载《法学研究》2016 年第 4 期。
40. 林潇潇:《环境侵权事实的规范内涵》,载《上海政法学院学报(法治论丛)》2018 年第 6 期。
41. 刘飞:《德国"法官造法"的功能解构》,载《华东政法大学学报》2009 第 1 期。
42. 刘洪岩:《从文本到问题:有关新〈环境保护法〉的分析与评述》,载《辽宁大学学报(哲学社会科学版)》2014 年第 6 期。
43. 刘洪岩:《俄罗斯联邦生态立法法典化》,载《求是学刊》2009 年第 2 期。
44. 刘洪岩:《俄罗斯生态立法的价值选择及制度重构》,载《俄罗斯中亚东欧研究》2009 年第 6 期。
45. 刘洪岩、马鑫:《独联体是怎样为生态立法的?》,载《中国人大》2017 年第23 期。
46. 刘洪岩:《多元文化体制下的俄罗斯法治文化的发展问题》,载《俄罗斯中亚东欧研究》2014 年第 6 期。
47. 刘洪岩:《风险社会语境下的俄罗斯生态安全立法》,载《政法论坛》2012 年第 1 期。
48. 刘洪岩:《俄罗斯生态安全立法及对我国的启示》,载《环球法律评论》2009 年第 6 期。
49. 刘洪岩:《俄罗斯现行生态政策问题研究》,载《黑龙江政法管理干部学院学报》2009 年第 6 期。
50. 刘洪岩:[俄]M. M. 布林丘克:《俄罗斯的环境保护与立法权》,载《北方法学》2007 年第 3 期。
51. 刘连泰:《“公共利益”的解释困境及其突围》,载《文史哲》2006 年第 2 期。
52. 刘练军:《民法典应承载宪法对家庭之制度性保障》,载《法制与社会发展》2018 年第 2 期。
53. 刘如慧:《德国环境法典 2009 草案初探:以整合的开发行为许可制度为中心》,载《台北大学法学论丛》2010 年第 76 期。
54. 刘志刚:《民法典的宪法使命及其实现》,载《政法论丛》2019 年第 4 期。
55. 罗丽:《论生态文明理念指导下的环境法体系的完善》,载《环境与可持续发展》2014 年第 2 期。
56. 吕忠梅、窦海阳:《民法典“绿色化”与环境法典的调适》,载《中外法学》2018 年第 4 期。
57. 吕忠梅:《环境法典编纂:实践需求与理论供给》,载《甘肃社会科学》2020 年第 1 期。
58. 吕忠梅:《将环境法典编纂纳入十三届全国人大立法计划》,载《前进论坛》2017 年第 4 期。
59. 吕忠梅:《论公民环境权》,载《法学研究》1995 年第 6 期。
60. 吕忠梅:《中国环境法的转型——从后果控制到风险预防》,载《中国环境监察》2019 年第 Z1 期。
61. 莫菲:《法国环境法典化的历程及启示》,载《中国人大》2018 年第 3 期。
62. 莫纪宏:《国家治理体系和治理能力现代化与法治化》,载《法学杂志》2014 年第 4 期。
63. 莫纪宏:《论习近平新时代中国特色社会主义生态法治思想的特征》,载《新疆师范大学学报(哲学社会科学版)》2018 年第 3 期。
64. 彭峰:《法国公众参与环境保护原则的实施及其对我国的借鉴》,载《环境科学与技术》2009 年第 11 期。
65. 彭峰:《法国环境法法典化的成因及对我国的启示》,载《法治论丛》2010 年第 1 期。
66. 彭峰:《法律进化与环境法法典化的未来》,载《东方法学》2010 年第 6 期。
67. 戚娟:《环境法法典化趋势及我国之借鉴——以瑞典和德国两国为例》,载《学理论》2011 年第 23 期。

68. 汝亚国:《德国环境立法的经验教训及其对我国的启示》,载《桂海论丛》2015 年第 5 期。
69. 沈百鑫:《两次受挫中前进的德国环境法典编纂》,载《中国人大》2018 年第 5 期。
70. 史玉成:《论环境保护公众参与的价值目标与制度构建》,载《法学家》2005 年第 1 期。
71. 舒国滢:《19 世纪德国"学说汇纂"体系的形成与发展 基于欧陆近代法学知识谱系的考察》,载《中外法学》2016 年第 1 期。
72. 舒国滢:《德国 1814 年法典编纂论战与历史法学派的形成》,载《清华法学》2016 年第 1 期。
73. 宋方青、王翔:《论我国人大立法审议机制的功能与优化》,载《厦门大学学报(哲学社会科学版)》2018 年第 6 期。
74. 宋方青:《立法质量的判断标准》,载《法制与社会发展》2013 年第 5 期。
75. 孙宪忠:《头等舱理论:民法典之外的民法体系》,载《人民法治》2020 年第 11 期。
76. 孙宪忠:《我国编纂民法典中的几个重大问题》,载《中国人大》2016 年第 4 期。
77. 田成有:《提高立法的审议质量》,载《人大研究》2018 年第 1 期。
78. 汪全军:《合法性视角下的立法程序及其完善》,载《湖南大学学报(社会科学版)》2016 年第 2 期。
79. 王灿:《瑞典环境法典的体系及其借鉴意义》,载《中国环境管理》1995 年第 5 期。
80. 王灿发、陈世寅:《中国环境法法典化的证成与构想》,载《中国人民大学学报》2019 年第 2 期。
81. 王灿发:《论生态文明建设法律保障体系的构建》,载《中国法学》2014 年第 3 期。
82. 王芳蕾:《论法国的违宪审查程序》,载《财经法学》2017 年第 4 期。
83. 王建学、朱福惠:《法国地方试验的法律控制及其启示》,载《中国行政管理》2013 年第 7 期。
84. 王建学:《"从宪法委员会"到"宪法法院"——法院合宪性先决程序改革述评》,载《浙江社会科学》2010 年第 8 期。
85. 王建学:《法国的环境保护宪法化及其启示——以环境公益与环境人权的

关系为主线》,载《暨南学报(哲学社会科学版)》2018 年第 5 期。
86. 王建学:《法国事后宪法审查机制的十年:总结与启示》,载《财经法学》2019 年第 6 期。
87. 王建学:《论环境公众参与原则的宪法化及宪法审查——以法国〈环境宪章〉和〈环境法典〉为中心》,载《苏州大学学报(法学版)》2020 年第 4 期。
88. 王建学:《论生态文明入宪后环境条款的整体性诠释》,载《政治与法律》2018 年第 9 期。
89. 王竞:《菲律宾的环境与问题》,载《环境科学丛刊》1992 年第 4 期。
90. 王锴:《合宪性、合法性、适当性审查的区别与联系》,载《中国法学》2019 年第 1 期。
91. 王琳琳:《论环境权的司法救济》,载《中国环境管理》2009 年第 3 期。
92. 王明远:《论环境权诉讼——通过私人诉讼维护环境公益》,载《比较法研究》2008 年第 3 期。
93. 王小钢:《以环境公共利益为保护目标的环境权利理论——从“环境损害”到“对环境本身的损害”》,载《法制与社会发展》2011 年第 2 期。
94. 王小钢:《环境法典风险预防原则条款研究》,载《湖南师范大学社会科学学报》2020 年第 6 期。
95. 魏百谷:《爱沙尼亚的生存之道》,载《台湾国际研究季刊》2018 年第 4 期。
96. 吴卫星:《环境权入宪的比较研究》,载《法商研究》2017 年第 4 期。
97. 吴卫星:《环境权入宪之实证研究》,载《法学评论》2008 年第 1 期。
98. 夏凌:《国外环境立法模式的变迁及中国的路径选择》,载《南京大学法律评论》2009 年第 1 期。
99. 徐国栋:《边沁的法典编纂思想与实践——以其〈民法典原理〉为中心》,载《浙江社会科学》2009 年第 1 期。
100. 徐祥民:《环境的自然空间规定性对环境立法的挑战》,载《华东政法大学学报》2017 年第 4 期。
101. 徐以祥:《论我国环境法律的体系化》,载《现代法学》2019 年第 5 期。
102. 许鹏、袁杰:《论后苏联地区公民爱国主义教育的法律遵循——以独联体〈爱国主义教育示范法〉为视角》,载《西南石油大学学报(社会科学版)》2020 年第 1 期。
103. 宣晓伟:《德国的中央与地方关系:参与联邦制和协商民主模式——“现代化转型视角下的中央与地方关系研究”之十二》,载《中国发展观察》2015

年第 7 期。
104. 薛军:《蒂堡对萨维尼的论战及其历史遗产——围绕〈德国民法典〉编纂而展开的学术论战述评》,载《清华法学》2003 年第 2 期。
105. 叶海波:《"根据宪法,制定本法"的规范内涵》,载《法学家》2013 年第 5 期。
106. 叶璇:《整体性治理国内外研究综述》,载《当代经济》2012 年第 6 期。
107. 于文轩、牟桐:《生态文明语境下环境法典的理性基础与法技术构造》,载《湖南师范大学社会科学学报》2020 年第 6 期。
108. 于文轩:《环境法视域下的生物安全风险规制》,载《中国环境管理》2020 年第 3 期。
109. 于彦梅、耿保江:《对中国环境法法典化路径的反思》,载《河北学刊》2014 年第 4 期。
110. 张宝:《从危害防止到风险预防:环境治理的风险转身与制度调适》,载《法学论坛》2020 年第 1 期。
111. 张建文:《面向人权保障的国有财产立法——〈独联体成员国示范国有财产法〉述评》,载《中国不动产法研究》2019 年第 1 辑。
112. 张璐璐:《德国环境法法典化失败原因探究》,载《学术交流》2016 年第 6 期。
113. 张宁:《简析哈萨克斯坦的绿色发展战略》,载《欧亚经济》2020 年第 2 期。
114. 张翔、段沁:《环境保护作为"国家目标"——〈联邦德国基本法〉第 20a 条的学理及其启示》,载《政治与法律》2019 年第 10 期。
115. 张翔:《环境宪法的新发展及其规范阐释》,载《法学家》2018 年第 3 期。
116. 张翔:《宪法与部门法的三重关系》,载《中国法律评论》2019 年第 1 期。
117. 张震:《生态文明入宪及其体系性宪法功能》,载《当代法学》2018 年第 6 期。
118. 张震:《中国宪法的环境观及其规范表达》,载《中国法学》2018 年第 4 期。
119. 张忠民、赵珂:《环境法典的制度体系逻辑及其表达》,载《湖南师范大学社会科学学报》2020 年第 6 期。
120. 张梓太、陶蕾、李传轩:《我国环境法典框架设计构想》,载《东方法学》2008 年第 2 期。
121. 张梓太:《论法典化与环境法的发展》,载《华东政法大学学报》2007 年第 3 期。
122. 张梓太:《中国环境立法应适度法典化》,载《南京大学法律评论》2009 年第 1 期。

123. 长江流域水资源保护立法研究课题组:《长江流域水资源保护立法问题研究》,载《中国法学》1999 年第 2 期。
124. 郑少华、王慧:《环境法的定位及其法典化》,载《学术月刊》2020 年第 8 期。
125. 郑贤军:《作为宪法实施法的民法——兼议龙卫球教授所谓的"民法典制定的宪法陷阱"》,载《法学评论》2016 年第 1 期。
126. 周静、沈迟:《荷兰空间规划体系的改革及启示》,载《国际城市规划》2017 年第 3 期。
127. 周轲:《我国环境立法价值与功能之方法论研究——兼论彭真环境立法方法论》,载《政法论丛》2019 年第 5 期。
128. 周穗明:《生态主义与自由主义、保守主义、社会主义和女性主义的关系》,载《国外社会科学》2003 年第 3 期。
129. 周旺生:《法典在制度文明中的位置》,载《法学论坛》2002 年第 4 期。
130. 朱炳成:《全球气候治理面临的挑战及其法制应对》,载《中州学刊》2020 年第 4 期。
131. 竺效:《论公众参与基本原则入环境基本法》,载《法学》2012 年第 12 期。

报纸

1. 杨伟民:《建立系统完整的生态文明制度体系》,载《光明日报》2013 年 11 月 23 日,第 2 版。
2. 吕忠梅:《环境侵权的二元性》,载《人民法院报》2014 年 10 月 29 日,第 8 版。
3. 吕忠梅:《为生态损害赔偿制度提供法治化方案》,载《光明日报》2017 年 12 月 22 日,第 2 版。
4. 吴舜泽等:《做实"一个贯通"和"五个打通"　推进国家生态环境治理体系和治理能力现代化》,载《中国环境报》2018 年 9 月 12 日,第 1 版。

二、外文文献

著作

1. Albrecht Rittmann, Länderpositionen zum UGB – Entwurf – ein Überblick, in Wolfgang Köch (Hrsg.), Auf dem Weg zu einem Umweltgesetzbuch nach der Föderalismusreform, Baden – Baden: Nomos Verlag, 2009.

2. Alexander Kenyeressy, Die integrierte Vorhabengenehmigung – Statement aus Sicht der Wirtschaft, in Wolfgang Durner (Hrsg.), Umweltgesetzbuch – Umweltrechtstage Nordhein – Westfalen am 10. Und 11. Juni 2008, Köln: Carl Heymanns Verlag, 2009.

3. BMU (Hrsg.), Entwurf der Unabhängigen Sachverständigenkommission zum Umweltgesetzbuch beim Bundesministerium für Umwelt, Naturschutz und Reaktorsicherheit, Duncker & Humblot GmbH, 1998.

4. Christof Sangenstedt, Der Referentenentwurf für ein Umweltgesetzbuch, in Wolfgang Köch (Hrsg.), Auf dem Weg zu einem Umweltgesetzbuch nach der Föderalismusreform, Baden – Baden: Nomos Verlag, 2009.

5. Eckard Rehbinder, Kodifikation des Umweltrechts in Europa – Rechtsvergleichende Betrachtungen, in Klaus – Peter Dolde & Stefan Paetow & Eberhard Schmidt – Aßmann & Klaus Hansmann (Hrsg.), Verfassung – Umwelt – Wirtschaft: Festschrift für Dieter Sellner zum 75. Geburtstag, München: Verlag C. H. Beck, 2010.

6. Hannes Veinla and Kaarel Relve, *Estonia Environmental Law*, Wolters Kluwer, 2017.

7. Hans Hermann Seiler, Die Bewahrung von Kodifiationen in der Gegenwart am Beispiel des BGB, in Okko Behrends & Wolfgang Sellert (Hrsg.), Der Kodifikationsgedanke und das Modell des Bürgerlichen Gesetzbuches (BGB), Göttingen: Vandenhoeck & Ruprecht Verlag, 2000.

8. Henry Buller, H., *France: getting between the vertical*, in A. Jordon & D. Liefferink eds. Environmental Policy in Europe: The Europeanisation of National Environmental Policy, Routledge, London and New York, 2004.

9. Josef Isensee, Idee und Gestalt des Föderalismus im Grundgesetz, in Josef Isensee & Paul Kirchhof (Hrsg.), Handbuch des Staatsrechts der Bundesrepublik Deutschland – Band VI – Bundesstaat, Heidelberg: C. F. Müller Verlag, 2008.

10. Michael Anderheiden, Mitwirkung der Länder bei der Gesetzgebung, in Josef Isensee & Paul Kirchhof (Hrsg.), Handbuch des Staatsrechts der Bundesrepublik Deutschland – Band VI – Bundesstaat, Heidelberg: C. F. Müller Verlag, 2008.

11. Michael Pollmann, Umweltrecht und Wirtschaft aus Sicht der Politik, in Rolf Stober & Hanspeter Vogel (Hrsg.), Umweltrecht und Umweltgesetzbuch aus wirtschaftsrechtlicher Perspektive, Köln: Carl Heymanns Verlag, 2001.
12. Ministry of the Environment, *The Swedish Environmental Code: A Resume of the Text of the Code and Related Ordinances*, Ministry of the Environment (Stockholm, Sweden), 2001.
13. Per Molander, Mannheimer Swartling, *swedish environmental law - a brief presentation*, published in International Centre for Commercial Law (Legalease), 1999.
14. Reiner Schmidt, Berücksichtigt das geltende Umweltrecht in ausreichendem Maße die Anforderungen der Wirtschaft? in Rolf Stober & Hanspeter Vogel (Hrsg.), Umweltrecht und Umweltgesetzbuch aus wirtschaftsrechtlicher Perspektive, Köln: Carl Heymanns Verlag, 2001.
15. Rolf Stober, Die zehn Gebote eines wirtschaftsnahmen Umweltrechts, in Rolf Stober & Hanspeter Vogel (Hrsg.), Umweltrecht und Umweltgesetzbuch aus wirtschaftsrechtlicher Perspektive, Köln: Carl Heymanns Verlag, 2001.
16. Walter Frenz, Berücksichtigt das geplante Umweltrecht die Anforderungen der Wirtschaft. ? in Rolf Stober & Hanspeter Vogel (Hrsg.), Umweltrecht und Umweltgesetzbuch aus wirtschaftsrechtlicher Perspektive, Köln: Carl Heymanns Verlag, 2001.
17. Wolfgang Löwer, Abweichungsrecht der Länder im Naturschutzrecht, in Wolfgang Durner (Hrsg.), Umweltgesetzbuch - Umweltrechtstage Nordhein - Westfalen am 10. Und 11. Juni 2008, Köln: Carl Heymanns Verlag, 2009.
18. Боголюбов С. А. Экологическое право: Учебник. М. 2004.
19. Боголюбов С. А., Колбасов О. С. Закон об охране природы в СССР. Каким ему быт ь? М. 1991.
20. Бринчук М. М. экологическое право . М. 2005.
21. Бринчук М. М. Экологическое право: Учебник. М. 2005.
22. Бринчук М. М., Дубовик О. Л. Акт уальные проблемы развит ия экологического права в 21 веке. М. 2007.
23. Дубовик О. Л. Экологическое право: Учебник. М. 2006.
24. Красов О. И. Экологическое право: Учебник для вузов. М. 2004.

25. Моск. университ ет а. Сер. 11. Право. 1990. №1;Он же. Экологическое право России: Учебник. М. 1995.
26. Подробнее См. : Васильева М. И. Публичные инт ересы в экологическом праве. М. 2003.
27. Экологическое право: Сборник акт ов // Под ред. А. К. Голиченкова М. 2004.

论文

1. Andrea Farì, *Complexity and Perspectives of Environmental Codification in Light of Italian Law Experience*(paper represented at the International Conference on the Translation and Publication of thc Environmental Codes of Various Countries, Beijing, October 2017).
2. A. du Plessis, *Public Participation*, *Good Environmental Governance and Fulfilment of Environmental Rights*, in Potchefstroom Electronic Law Journal 11, no. 2, 2008.
3. Cary Coglianese, Heather Kilmartin & Evan Mendelson, *Transparency and Public Participation in the Federal Rulemaking Process: Recommendations for the New Administration*, George Washington Law Review 77, no. 4, June 2009.
4. Danilo Pappano, L'evoluzione della disciplina ambientale in Italia, dalla frammentazione alla codificazione (paper represented at the International Conference on the Translation and Publication of the Environmental Codes of Various Countries, Beijing, October 2017).
5. Dinah Shelton, *Developing substantive environmental rights*, 1 Journal of Human Rights and the Envlronment 89 (2010).
6. Discours de Jacques Chirac, le 3 mai 2001 à Orléans, in Revue Juridique de l'Environnement, numéro spécial, 2003, p. 78.
7. Dominique Bourg & Kerry H. Whiteside, *France's Charter for the Environment: Of Presidents*, *Principles and Environmental Protection*, in Modern & Contemporary France, Vol. 15:2(2007).
8. Eric C. Christiansen, *Empowerment*, *Fairness*, *Integration*: *South Africa Answers to the Question of Constitutional Environmental Rights*, 32 Stanford Environmental Law Journal 242 (2013).

9. Frederik H. Kistenkas et al., *Implementing Sustainable Development into One Integrated Domestic Environmental Legislative Act: A Law Comparison between Two Frontrunners: New Zealand and the Netherlands*, 6 European Energy and Environmental Law Reviews 240 (2020).
10. Giampaolo Rossi, *The Evolution of Environmental Law in International, European and National Legislations, with Particular Reference to Italy* (paper represented at the International Conference on the Translation and Publication of the Environmental Codes of Various Countries, Beijing, October 2017).
11. Hannes Veinla & Siim Vahtrus, *Substantive environmental right in Estonia – Basis for citizens' enforcement*, 3 Nordic Environmental Law Journal 7 (2016).
12. Hannes Veinla, *Codification of Environmental Law: Major Challenges and Options*, 5 Juridica International 58 (2000).
13. Hannes Veinla, *Theoretical Problems of Codification of Environmental Law in Estonia*, Rechtstheorie, Vol. 31:3 – 4(2001).
14. Jean – François Calmette, «Le droit de l'environnement: un exemple de conciliation de l'intérêt général et des intérêts économiques particuliers», *Revue Juridique de l'Environnement*, n°3, 2008.
15. Jody Freeman & Jim Rossi, *Agency Coordination in Shared Regulatory Space*, 125 Harvard Law Review 1134 (2012).
16. Lael K. Weis, *Environmental Constitutionalism: Aspiration or Transformation?* International Journal of Constitutional Law, Vol. 16:3(2018).
17. Massimo Luciani, *The Principles of Environmental Law and Their Complex Regulatory Transposition in Italy* (paper represented at the International Conference on the Translation and Publication of the Environmental Codes of Various Countries, Beijing, October 2017).
18. Richard B. Stewart, *A New Generation of Environmental Regulation*, 29 Capital University Law Review 21 (2001 – 2002).
19. Susan Rose Ackerman, *Environmental Policy and Federal Structure: A Comparison of the United States and Germany*, Vanderbilt Law Review, Vol. 47:5 (1994).
20. Uwe Muller & Benjanin Klein, *The New Legislative Competence of Divergent*

State Legislation and the Enactment of a Federal Environmental Code in Germany, 14 Journal of European Environmental and Planning Law 181 (2007).

21. Veinla Hannes, *Codification of Environmental Law*, Journal of Periodontology, Vol. 76:8 (2007).
22. Yves Jégouzo, «Le Rôle Constituant de la Commission Coppens», *Revue Juridique de l'Environnement*, n° spécial, 2005.
23. Голиченков А. К. Учебники и учебнве пособия по экологическому праву: ист оричечкий обзор и перспект ивы // Вест ник Моск. Ун – т а. Сер. 11. Право. 1999.

其他文献

1. BMELV: Leitlinien des Bundesministeriums für Ernährung, Landwirtschaft und Verbraucherschutz zum Umweltgesetzbuch (UGB) vom 11.09.2006.
2. Christian Huglo, La QPC: Quelle Utilisation en Droit de l'Environnement?, *Les Cahiers du Conseil Constitutionnel* n° 43, avril 2014.
3. Michel Prieur, Promesses et Réalisations de la Charte de l'Environnement, *Les Cahiers du Conseil Constitutionnel* n° 43, avril 2014.
4. Michel Prieur, Vers un Droit de l'Environnement Renouvelé, *Les Cahiers du Conseil Constitutionnel*, n° 15, Janvier 2004.
5. 《Réponse à la question écrite de M. Serge Mathieu》, Sénat, *Journal Officiel*, 24 juill. 2003.
6. Yann Aguila, Les Acteurs Face à la Constitutionnalisation du Droit de l'Environnement, *Les Cahiers du Conseil Constitutionnel* n° 43, avril 2014.
7. Пет ров В. В. Проект Закона СССР об охране окружающей природной среды// Вест ник.

后　记

《域外环境法典编纂的实践与启示》著作文稿源自中国法学会环境资源法学研究会“环境法典研究（2018—2020）”规划第一批发布的环境法典研究课题的部分结项成果。2020 年 7 月，在研究会负责人吕忠梅教授的统筹下，本书将其中涉及域外环境（生态）法典编纂的相关研究，包括中国社会科学院法学研究所刘洪岩研究员、天津大学法学院王建学教授、俄罗斯联邦国立司法大学阿列克谢·谢尔盖耶维奇·施拉博科夫（Алексей Сергеевич Широбоков）副教授、天津大学法学院施珵讲师、天津大学法学院李铮博士研究生的研究成果作为本书的主体部分予以汇集和整理。同时，为了充分展示环境法学界对域外环境（生态）法典编纂问题的最新研究进展，本书又吸收和补充了本人及中国人民大学竺效教授，中国社会科学院法学研究所岳小花助理研究员、张忠利助理研究员，上海海洋大学张燕雪丹讲师，清华大学法学院田时雨博士后，中国人民大学法学院李钧博士，俄罗斯科学院国家与法研究所马鑫博士等学者与域外环境（生态）法典编纂相关的研究成果，使本书内容得到进一步充实。

作为环境（生态）法典化域外比较研究的成果，本书详尽地对目前国外相关国家正在进行的或已经颁布的环境（生态）法典编纂的历史背景、法典化进程、法典的结构体例、法典的形式内容、问题与启示等进行了多维度的系统阐释，力图能较为全面地深度发掘、整理和剖析域外环境（生态）法典编纂实践中所涉及的核心问题、根本症结和经验启示，以期能够扬长避短，为中国环境法典编纂提供典型的范例参照及建构理路上的智力支撑。

本书根据域外不同国别环境(生态)法典编纂的实践路径、体例结构、编纂技术、风格特点等差异,分为绪论、统一环境法典编、统一生态法典编、生态示范法典编、综合编和余论六大部分,共九章,涉及的国家和地区有德国、法国、俄罗斯、哈萨克斯坦、瑞典、意大利、菲律宾、爱沙尼亚和独立国家联合体(独联体)。具体的作者分工情况如下:

刘洪岩作为本书主编,承担了全部文稿的组织、统稿、整理、优化工作,并承担了本书第三章、第四章和第五章大部分内容的撰写。其他情况是:(1)张忠利撰写了本书绪论和第九章;(2)施理撰写了本书的第一章;(3)王建学撰写了本书的第二章;(4)阿列克谢·谢尔盖耶维奇·施拉博科夫(Алексей Сергеевич Широбоков)参与了本书第三章部分内容的撰写;(5)马鑫参与了本书第四章和第五章部分内容的撰写;(6)竺效、张燕雪丹和田时雨共同撰写了本书的第六章;(7)李钧撰写了本书的第七章;(8)岳小花撰写了本书的第八章;(9)李铮撰写了本书的余论部分。中国社会科学院大学硕士生张文秋亦承担了部分文字的校对和格式编排工作。

由于本书参写的作者较多,每位作者写作风格迥异,内容繁简不一,且时间有限,为保证本书体例结构和风格上的和谐统一,本人根据吕忠梅教授的指导,对书稿的文本进行了统一的编排、修改、补充和优化。本书能够如期付梓,还得益于焦艳鹏教授不厌其烦的定期督促。作为编者,很荣幸能为助力中国生态法治建设、促进中外法律文化交流、推动中国生态环境法典化的进程贡献绵薄之力。尽管本人力求做到尽善尽美,但碍于能力有限,难免存在疏漏与不足,望各位同仁指正赐教。

刘洪岩

2021 年 4 月 20 日

于北京止止斋

图书在版编目(CIP)数据

域外环境法典编纂的实践与启示 / 刘洪岩主编. --
北京 : 法律出版社, 2021(2022.4 重印)
(中国环境法典研究文丛)
ISBN 978-7-5197-5768-7

Ⅰ. ①域… Ⅱ. ①刘… Ⅲ. ①环境保护法-法典-立法-研究-世界 Ⅳ. ①D912.604

中国版本图书馆 CIP 数据核字(2021)第 145127 号

域外环境法典编纂的实践与启示
YUWAI HUANJING FADIAN BIANZUAN DE SHIJIAN YU QISHI

刘洪岩 主编

责任编辑 吴 昉 宋丽娜
装帧设计 凌点工作室

出版发行 法律出版社
编辑统筹 法律教育出版分社
责任校对 王晓萍
责任印制 刘晓伟
经　　销 新华书店

开本 A5
印张 10.375　**字数** 284 千
版本 2021 年 8 月第 1 版
印次 2022 年 4 月第 2 次印刷
印刷 北京建宏印刷有限公司

地址:北京市丰台区莲花池西里 7 号(100073)
网址:www.lawpress.com.cn
投稿邮箱:info@lawpress.com.cn
举报盗版邮箱:jbwq@lawpress.com.cn
销售电话:010-83938349
客服电话:010-83938350
咨询电话:010-63939796

书号:ISBN 978-7-5197-5768-7
定价:38.00 元
凡购买本社图书,如有印装错误,我社负责退换。电话:010-83938349